21세기 국제환경과
대한민국의 생존전략

〈증보판〉

21세기 국제환경과
대한민국의 생존전략
〈증보판〉

이상우

기파랑

증보판을 펴내며

우리 자손들이 살아갈 대한민국
함께 앞길을 찾읍시다

대학 초급학년 학생들을 염두에 두고 썼던 『21세기 국제환경과 대한민국의 생존전략』을 반년 동안 내용을 보태고 주석을 달아 온전한 책으로 만들어 '증보판'이란 말을 앞에 얹어 다시 낸다.

초판을 쓸 때 21세기에는 나라마다 각자도생의 길로 나서는 '지도자 없는 혼란의 질서'가 오지 않을까 걱정하면서 조심스럽게 국제질서의 해체 가능성을 논했었는데 반년 만에 '코로나바이러스 사태'가 닥치면서 우려가 현실로 나타나고 있다.

전세계의 나라들이 뜻과 힘을 모아야 막을 수 있는 지구환경 파괴의 흐름을 국가들마다 자국의 이익을 지키려고 경쟁적으로 파괴 행위를 펴나가고 있다. 지구 온난화, 대기오염, 생물 생태계 파괴가 지금처럼 빠르게 진행되면 21세기가 끝나기 전에 인류 모두가 삶의 터전을 잃는 비극이 닥치리라 전문가들이 내다보고 있다. 인류 문명을 초토화시킬 수 있는 핵무기를 손에 쥐고 있는 나라들이 자기 나라의 이익을 지킨다는 명분으로 그 무기를 내려놓지 않고 있다. 민주주의를 내세우고 착한

백성들을 속이면서 자기 집단의 장기 집권을 모색하는 대중영합주의가 널리 번지면서 많은 나라가 사실상의 독재국가로 변화해가고 있다.

우리 자손들이 살아갈 대한민국도 내우외환內憂外患에 시달리고 있다. 앞을 내다보면 답답함이 앞선다.

한 국회의원 당선자는 "열심히 일해서 내가 잘 살고 어려운 사람 도우면서 사는 삶"을 산다고 했다. 한국 자동차 공업의 신화를 만들어낸 분 중의 한 사람인 이현순 전 현대자동차 부회장은 열정, 도전, 끈기와 나라를 위한 헌신, 이 네 가지를 좌우명으로 삼고 살았다고 했다. 모든 한국인들이 이런 분들과 생각을 같이 하고 나선다면 21세기의 태풍 같은 험한 환경 속에서도 우리 손녀, 손자들이 자긍심을 가지고 살 수 있는 대한민국을 지켜 나갈 수 있을 것이다.

지금 해서는 안 될 일, 앞으로 가야 할 길을 짚어서 앞날을 걱정하는 분들과 함께 생각을 다듬어보기 위해 80 노인이 이 글을 썼다.

2020년 6월
이상우

초판의 <들어가는 말>

1

앞길이 험해도 닥칠 위험을 미리 알면 자신을 가지고 발을 내디딜 수 있다. 그리고 함께 가는 동료를 믿을 수 있으면 자신이 생긴다.

'대한민국 70년'은 우리 한국인 모두의 자랑이다. 일본 식민지배를 벗어난 가난한 나라를 세계인 모두가 놀라운 눈으로 쳐다보는 '민주화와 경제 발전을 동시에 이룬 나라', 세계 200개국 중에서 "인구 5천만 명 이상, 1인당 GDP가 3만 달러 넘는 나라"를 일컫는 '5030 클럽'에 7번째로 들어선 나라로 만들었으니 자랑해도 좋다.

그러나 지나온 70년의 역사가 순탄했던 것은 아니다. 전쟁도, 혁명도 겪었다. 봄마다 '절량농가 몇 백만'이라는 배고픔도 견뎠다. 금융 위기에 어린 아이 돌반지까지 내어놓던 때도 있었다. 그러나 모두 이겨냈다. 오늘의 고통을 견뎌내면 밝은 내일이 온다는 확신을 가졌기 때문에 어려움을 참고 견뎌냈다. 견해가 달라도 잘 사는 나라를 만들어 자식들에게 넘겨주겠다는 뜻을 국민들이 함께 했었기 때문에 나라의 근본을 흔드는 정치 갈등도 무사히 넘겼다.

지금 대한민국은 '외우내환'에 시달리고 있다. 대한민국의 자유민주 헌정을 뒤흔드는 북한의 정치적, 군사적 도전을 받고 있다. 대한민국의 자주권을 위협하는 사회주의 1당지배 전제국가 중국의 끊임없는 괴롭힘도 겪고 있다. 대한민국 존립 자체를 위협하는 외우에 우리는 시달리고 있다. 여기에 한국 사회를 갈라놓는 이념 갈등과 세대 갈등이라는 내환이 겹쳐 한치 앞을 내다보기가 어렵다.

인수봉에 오르다가 낙반 사고로 죽을 뻔 했었다. 손으로 잡고 있던 바위가 깨어지면서 추락했다. 앞서 오르던 동료가 동반 추락의 위험을 무릅쓰고 '앵커자일'을 놓지 않아 목숨을 구했다. 함께 오르는 동료와의 믿음이 있어 암벽 등반이 가능했다. 나라의 생존 전략의 핵심은 국민 모두가 서로 믿음을 나눌 수 있는 '하나의 주체'가 되도록 만드는 일이다. 공동의 위협을 함께 내다보고 이를 이겨내기 위하여 감수해야 할 개개인의 희생을 서로 협의해 나갈 수 있다면 외환은 이겨낼 수 있다.

2

21세기는 지나온 수천 년의 인류 문명사의 단순한 연장이 아니다. 인간이 인간의 삶을 윤택하게 하기 위하여 이루어 놓은 과학기술 문명이 임계점을 넘어 인간의 통제를 넘어 인간 문명을 절멸시킬 수 있는 문명 전환의 세기가 되리라고 한다. 인간이 만든 문명의 이기利器가 인류 문명 자체를 파괴할 수 있는 경지에 이르렀다.

4차 산업혁명으로 기계가 인간을 소외시키는 시대가 오고 있다. 교통통신 혁명으로 전세계가 하나의 삶의 마당으로 되어 한구석에서 일어난 재앙이 인류사회 전체로 번지는 시대가 되었다. 인간이 만들어 손에 쥐고 있는 무기는 전지구를 사람이 살 수 없는 곳으로 만들 수 있는 파괴력을 가지고 있다.

국가 간 경쟁이 격화되고 있다. 생존 경쟁이 치열해지고 있다. 모든 나라가 힘을 모아야 풀어 나갈 수 있는 대기오염, 지구 온난화 같은 문제를 나라마다의 이기주의로 해결하지 못하고 있다.

생각을 모아야 살 길을 찾을 수 있는 때가 되었다.

3

이 책에 실린 글은 신아시아연구소가 발간하는 계간학술지 『신아세아新亞細亞』 100호 기념호에 실었던 기조연설문을 조금 풀어 쓴 것이다. 격식을 갖춘 학술서가 아니라 보고 느낀 것을 토대로 '대한민국'의 앞날을 걱정하면서 살아나갈 길을 찾으면서 정리해놓은 확대된 시론時論이다.

네 토막으로 책을 엮었다. 제1장 증보판 1장, 2장에서는 인류 문명사에서 21세기의 의미를 짚어보았다. 그동안 우리가 친숙하게 생각했던 틀로는 다룰 수 없는 일이 벌어지는 새 시대라는 것을 알리는 내용이다. 제2장 증보판 3장, 4장에서는 21세기적 시대 상황에서 예상되는 국제환경 변화와 이에 따른 국제질서의 재편 방향을 예상해 보았다. 우리가 적응해 나가야 할 환경이 되기 때문에 짚어본 것이다.

제3장 증보판 5장, 6장, 7장에서는 대한민국을 '잘 사는 자주국가', '모든 국민이 인권이 보장되는 자유를 누릴 수 있는 나라'로 만들기 위하여 우리가 선택해야 할 생존 전략을 열거하였다. 이 책으로 제안하고 싶었던 나의 생각이다. 제4장 증보판 8장은 책을 다듬다가 부딪친 '원초적 문제', 즉 누구의 대한민국이 생존 전략의 주체인가 하는 문제를 다루는 글이다. 한국 국민이 모두 같은 이해관계와 같은 사상, 이념을 가지기를 기대할 수는 없다. 그러나 뜻을 모아야 함께 살아남을 수 있는 길이 보인다면

어떻게, 어떤 점을 내세워 타협해 나갈 수 있을까를 고민해본 글이다. 답은 없다. 함께 생각해보자는 제안이다.

4

2013년에 『우리들의 대한민국』을 썼다. 고교생과 대학 초급학년생을 상대로 우리가 살아갈 길을 논의해보자는 제안을 한 책이었다. 2017년에 『살며 지켜본 대한민국 70년사』를 썼다. 한국인들이 대한민국을 어떻게 세우고 지키고 키웠는지를 기록한 '한 개인이 기록한 역사'를 정리한 책이었다. 『21세기 국제환경과 대한민국의 생존전략』은 위 두 책의 속편인 셈이다. 내일의 한국을 지켜내려면 우리가 어떻게 해야 할까를 살펴본 책이다. 다음 세대의 한국인과의 대화의 기회를 마련해준 기파랑의 안병훈 사장의 깊은 뜻을 고이 간직하겠다.

이 책에 담긴 글 중 상당 부분은 짧은 글로 여러 강연에서 발표했던 내용들이다. 한권으로 묶다보니 중복되는 부분도 발견된다. 이 책도 앞서 출간했던 책들과 마찬가지로 동학同學인 황영옥黃永玉의 '사전 검열'을 거쳤다. 내 글의 '모난 표현'을 부드럽게 고쳐주었다.

흩어진 글들을 모으고 다듬는 일은 신아시아연구소 박정아朴正娥 사무차장이 맡아주었다. 궂은일을 좋은 낯으로 빈틈없이 해준 박 차장에게 고마움을 전한다.

2019년 10월
지은이 李相禹

목차

3부
대한민국의 생존전략

오늘의
바른 대비가
밝은 내일을
가져온다

개요

사 람은 자연의 일부이다. 사람의 몸은 자연을 이루는 여러
물질로 구성되어 있다. 세상의 모든 물질은 자연질서에
내재된 법칙의 지배를 받는다. 사람도 마찬가지로 자연법칙의 지
배를 받는다.

모든 자연 물질은 무한 공간의 일부를 차지한다. 그리고 사람
이 알지 못하는 과거로부터 먼 미래까지 한 방향으로 흐르는 시
간 속에 놓여 있다. 자연의 모든 물질은 무한 공간宇과 끝없는 시
간 흐름宙이 이루는 우주라는 장場 속에 놓여 있다. 자연의 일부
인 사람은 이 우주장 속에 놓여 있는 존재로 이 장의 제약 속에
서 삶을 누린다. 우주 공간에 존재하는 중력, 강력, 약력, 전자력
등의 힘을 피할 수 없으며 과거로부터 미래로 흐르는 시간을 거
슬러 지나온 시간 속으로 들어갈 수 없다. 우주의 자연질서는 사
람이 거역할 수 없는 '주어진 삶의 조건'이 된다.

사람은 무기물이 아닌 생명체이다. 아직도 인간은 생명이 무엇
인지 알지 못한다. 인간이 가진 다섯 가지 인지 능력인 시각, 청
각, 후각, 미각, 촉각이라는 제한된 능력으로는 인지할 수 없으나
존재한다는 사실은 알고 있는 어떤 힘이 생명이다. 생명은 자연
의 여러 물질로 '사람'을 만들어 존재하게 하는 힘이다. 그 힘이

다하면 사람의 몸은 분해되어 자연으로 회귀한다. 생명이 신체를 잡고 있는 동안 사람은 생명체로 존재한다.

사람은 다른 생명체들과 마찬가지로 자기 삶을 지키려 하고 더 좋은 조건에서 유지하려 한다. 욕심이다. 생명을 지키려는 욕심추구가치(1)*, 생명체로서 삶을 영위하는데 필요한 물질적 조건을 안정되게 누릴 수 있는 풍요의 욕심추구가치(2), 그리고 자기의 삶을 자기가 선택한 상태로 발전시키려는 자아실현의 욕심추구가치(3)을 가지고 있다. 한마디로 사람은 잘 살아보려는 의지를 가진 존재이다. 사람은 오늘보다 더 나은 내일을 꿈꾸는 존재이다.

사람은 자연의 일부이기 때문에 피할 수 없는 자연 조건에 묶인다. 자연 현상에 내재하는 자연질서는 인간이 삶을 설계할 때 피할 수 없는 제약이 된다. 생명의 안전을 지키고 삶에 필요한 물자를 안정적으로 확보하려는 욕심, 그리고 자아실현이라는 정신적 충족을 얻으려는 욕심은 모두 이러한 자연질서의 제약 속에서 추구되어야 한다.

---

* 인간이 추구하는 가치를 Abraham H. Maslow는 생리적 욕구, 안전, 사랑, 존중, 자아 실천 등 다섯 가지로 정리했다. Richard Falk는 평화, 풍요, 인권 생태 환경 등 네 가지로 압축했다. Hedley Bull은 국가가 지켜주어야 할 가치로 생명, 진실, 자산 등 세 가지를 꼽았고 R. J. Rummel은 'freedom with dignify'로 단순화했다. 여러 가지 추구가치를 종합하여 (1) V-1: 생명과 신체의 완전성 보존, (2) V-2: 삶에 필요한 물자의 안정적 확보, (3) V-3: 자아실현의 환경 확보로 정리해 보았다. 인간이 추구하는 '오늘보다 나은 내일'의 공통된 내용이다. Abraham H. Maslow, Motivation and Personality, 2nd ed., New York: Harper & Low, 1970; Richard A. Falk, A Study of Future Worlds, New York: Free Press, 1975; 이상우, 『럼멜의 자유주의 평화이론』, 서울: 오름, 2020 참조.

사람들의 삶을 제약하는 또 한 가지 족쇄가 있다. 인간 스스로가 만든 사회질서이다. 사람들은 다른 사람과 함께 공동체를 이루고 산다. 협동을 통한 시너지 효과를 얻기 위해서 공동체라는 집단을 만들어 살아가고 있다. 공동체 내에서 각 구성원은 일정한 역할을 맡아 수행한다. 그리고 이러한 역할간의 관계를 정해 놓은 규칙을 지키면서 살고 있다. 공동체 내의 구성원들의 역할 분담과 지켜야 할 규칙을 사회질서라 한다. 사회질서는 구성원들이 만든 것이지만 일단 만들어지면 지켜야 한다. 사회질서는 자연질서처럼 사람이 고칠 수 없는 질서는 아니나 구성원 개개인에게는 역시 '주어진 조건'으로 작용한다. '더 나은 미래'를 설계할 때는 자연질서와 마찬가지로 자기가 속한 공동체의 '현재의 질서'도 존중해야 한다. 다만 사회질서는 구성원들이 뜻을 모으면 '고칠 수 있는 조건'이다.

미래는 아직 도착하지 않은 시간이다. 따라서 인간은 자연의 미래 상태를 감지할 수 없다. 다만 예측해볼 수 있을 뿐이다. 지나온 과거의 상태, 그리고 직접 관측할 수 있는 현 상태에서 얻은 지식을 바탕으로 자연에 내재되었다고 믿어지는 변화 흐름의 연장으로 미래 상태를 추정할 수 있을 뿐이다. 인간은 이렇게 추정해 놓은 미래 환경에서 자기가 추구하는 삶을 펼칠 수 있는 '마당場'을 찾는다. 그 미래 환경에서 변화시킬 수 없는 '주어진 조건'이 무엇인지 지금부터 노력하면 개선할 수 있는 것이 무엇인지를 가려 대응 계획을 짠다. 대응 계획에 따른 오늘의 행위 선택이 대비對備이다. 미래 예측이 완전할 수 없으므로 예상할 수 있는 여러 상황 속에서 가장 바람직한 상황이 이루어질 수 있도록 오늘의 행위를 선택하는 것이 대비이다. 그런 뜻에서 대비를 "더 나빠지지 않도록 환경과 욕구를 조화시키는 사전준비 행위"라 할 수 있다.

미래 예측을 토대로 한 성취 목표 설정은 '가능의 역域' 안에 목표를 두고 이를 성취하기 위하여 오늘부터 감수해야 할 희생을 감안하여 결정하여야 한다. 인간의 바람에는 세 가지가 있다. 내가 생각해도 불가능하다고 판단되고 객관적으로도 불가능하다고 생각되는 바람을 환상幻想이라 한다. 환상은 누구에게도 피해를 주지 않기 때문에 '아름다운 꿈'으로 놓아두면 된다. 객관적으로는 이루어질 수 없는데 자기는 이루어질 수 있다고 믿는 꿈은 망상妄想이다. 망상에 기초한 대비는 비극을 가져온다. 주관적으로도, 객관적으로도 실현 가능하다고 믿어지는 미래 상태를 이상理想이라고 한다. 대비책 마련은 이상을 전제로 해야 한다.

바른 대비가 밝은 미래를 가져온다. 위기가 예상될 때는 위험을 줄이는 대안을 찾을 수 있다. 선택을 바로 하면 위기를 축복으로 전환시킬 수도 있다. 전략은 그래서 필요하다. 오늘보다 나은 내일을 기대하려면 지혜를 쏟아 바른 전략을 짜내야 한다.

이 책에는 이러한 생각을 바탕으로 앞으로 전개될 21세기 미래 국제환경을 예측하고 예상되는 위기를 감안하여 다음 세대의 한국인들이 보다 안전하고 풍족한 삶을 누릴 수 있는 대한민국을 만들고 지켜나가는 전략을 담았다. 다음 세대를 위하여 앞선 세대가 어떤 희생을 하여야 할지를 살펴보았다. 〈서장〉은 책 전체의 논리 전개의 바탕을 제시한 글이다.

1. 시공의 제약과 생물학적 한계

인간이 지구 자연을 파괴적으로 지배해온 시대를 지질학자들은 인류세人類世, Anthropocene라고 부른다. 일부 학자들은 1만 년 전부터 현재까지를 칭하는 충적세沖積世, Holocene의 뒤끝을 1945년 핵폭탄 사용 이후를 끊어 새로운 이름을 붙였다.[2] 인류가 지구환경에 되돌릴 수 없는 변화를 가져오기 시작한 때라 보기 때문이다. 인류가 지구상에 등장한 때를 200만 년 전이라고 본다면 그때부터 지금까지의 그 긴 시간에 인류가 문명 발전을 통하여 지구환경을 변형시켜온 것보다 지난 70여 년 동안 변화를 만들어놓은 것이 더 크다는 것을 암시한다. 그리고 이 추세대로라면 '인간세'는 21세기를 넘길 수 있을까 걱정된다. 그 정도로 가파르게 인간에 의한 자연환경 파괴가 진행되고 있다.

인류 문명이 자멸의 길로 질주하는 이 흐름을 막을 수는 없을까? 있다. 그러나 특단의 결심을 하지 않으면 어렵다. 인간이 넘을 수 없는 자연질서의 한계가 있고 인간 스스로가 집착하고 있

---

2 농업 시대가 시작된 1만 2천 년 전부터 현세까지를 인류세라 부르던 것을 최근에 와서 1945년 이후의 급격한 환경 파괴를 주목하면서 새롭게 이렇게 분류하는 학자들이 나타났다. 아직 정설은 아니다.

는 생각들에 묶여 피하기 어려운 제약 조건이 있기 때문이다. 우선 주어진 자연적 제약부터 확인해 보기로 한다.

1) 무한 공간과 시간의 일방적 흐름

사람은 제한된 공간 속에서만 살아갈 수 있는 존재이다. 무한에 가까운 우주 공간 속의 작은 은하계 우주, 그 속의 한 점에 불과한 태양계, 그리고 그 태양의 130만 분의 1의 질량을 가진 지구라는 행성에서 인간은 수백만 년 동안 진화를 거듭하면서 살아왔다. 오늘날 축적된 과학기술의 힘을 이용하여 인간은 '우주여행'의 시대를 열었지만 사람의 생활공간은 5억 1천만㎢의 지구표면에 국한된다. 이 공간 내에서 얻을 수 있는 자원을 활용하여 이 공간 내에서 삶을 이어 가야 한다.[3]

인간의 과학기술 수준이 석기 시대를 넘어서지 못했던 시대에는 인구 증가 속도도 더뎠고 멀리 떨어져 살던 다른 인간 종족 간에는 만날 일도 없어 종족 간 갈등, 전쟁이 있을 수 없었다. 그러나 교통통신 기술이 발달하여 전 지구표면에 걸쳐 인간들이 쉽게 이동하고 소통할 수 있게 된 '역사 시대'부터는 종족 간의 교

---

3 광대한 우주 속의 지구에 대한 상세한 설명은 다음 책에 잘 소개되어 있다. Ann Druyan, *Cosmos: Possible Worlds*, Washington, D. C.: National Geographic, 2020(한국어판, 『코스모스: 가능한 세계들』, 서울: 사이언스북스, 2020); 배철현, 『인간의 위대한 여정』, (서울: 21세기북스, 2017.)

류 협력, 갈등과 경쟁 등의 '관계'가 형성되었으며 종족의 앞날을 설계할 때 다른 종족과의 관계를 의식하고 관계를 조정하면서 살게 되었다. 인간은 자연이 부여한 공간의 한계를 미래 계획의 불변의 조건으로 받아들일 수밖에 없었다.

시간은 한 방향으로만 흐른다unidirectionality. 시간의 일방적 흐름은 인간의 삶의 중요한 제약이 된다. 지나온 시간, 즉 과거로 사람은 되돌아갈 수 없고 그 과거에 일어난 일, 상태에 대해서는 어떤 행위도 취할 수 없다. 오직 회상할 뿐이다. 오지 않은 미래도 마찬가지이다. 미래는 기대 속에만 존재한다. 인간이 행위를 선택하여 택할 수 있는 시간은 오늘, 지금 뿐이다. 인간은 더 좋은 삶의 환경을 가지려면 미래가 오기 전에 미래를 예상하면서 미래에 바라는 환경에 이르는 오늘의 행위 선택을 해야 한다. 과거는 기억 속에, 미래는 기대 속에 있고 인간이 행위 선택을 할 수 있는 시간은 '오늘', 그리고 '지금' 뿐이라는 제약은 인간의 삶을 설계하는데 있어 중요한 한계로 작용한다.

2) 생물로서의 한계

인간은 자연의 일부이다. 자연의 물질적 존재를 생명을 가진 생물과 무생물로 나눌 때는 생물에 속한다. 인간은 자연을 구성하는 물질로 이루어져 있으나 생명이라는, 인간의 지능으로는 알 수 없는, 혼魂이 지배하는 힘을 가지고 일정 기간 독자적 행위 주체로 존속하는 유기체인 생물이다. 생물인 인간은 생명을 유지하고 활동하는데 필요한 에너지를 신체 외부에서 얻어야 한다. 생명체인 인간은 생명을 유지하기 위한 물질을 끊임없이 공급받아야 삶을 유지하는 존재이다.

생물체인 인간은 생명을 유지하기 위하여 일정한 온도, 기압 등 상태 조건을 보장받아야 하며 생명체를 유지하는데 소요되는 물자를 안정적으로 보급 받아야 한다. 인간은 이러한 물질적 조건이 확보되지 않으면 생명체로 존속할 수 없는 존재이다.

생물체로서 생명을 유지하기 위해서 인간은 신체의 완전성을 물리적으로 보장받는 안전security과 생명 유지에 필요한 물질의 안정적 공급을 보장받는 소요 물질의 넉넉한 보급의 확보, 즉 풍요wealth를 '존재 조건'으로 보장받아야 존재할 수 있는 생명체이다. 그리고 이러한 조건은 인간이 인간으로 살아남기 위해서는 최소한의 조건으로 모든 활동에 걸쳐 제약받는 한계라 할 수 있다.

생물로서의 인간이 개인으로나 단체로 '오늘보다 나은 내일'을 위해 삶을 기획할 때 목표 가치에 반드시 포함시켜야 할 조건은 '신체의 완전성을 보장하는 안전의 확보'와 '물질적 풍요'이다. 국민들의 이 두 가지 추구가치가 미래 전략을 세울 때 가장 기초적으로 채택되어야 할 국가의 기본적 추구가치가 된다.

2. 사회적 존재로서 인간이 추구하는 자유

1) 자존을 지키려는 자유

인간은 생명체로서의 욕구를 넘어서는 정신적 추구가치를 마음속에 간직하고 있다. 예를 들어 자기의 신체적 욕구보다 특수 관계에 있는 다른 사람의 신체적 욕구를 더 앞세우는 정신적 욕구가 있다. 정상적인 엄마는 자기 자식의 욕구를 자기 것보다 앞세운다. 군인들은 국가이익을 지키기 위하여 자기의 목숨도 흔쾌히 내놓는다. 이러한 초물질적인 욕구는 생활 속에서 형성된 문화가 만들어내는 정신적 욕구이다.

사람은 부모 자식 간의 관계를 바탕으로 이루어진 가족-친족-부족의 혈연공동체의 소속원으로 생활양식을 공유하면서 형성된 집단자아集團自我를 가지게 된다. 나의 배고픔보다 집단 내 다른 사람의 배고픔을 충족시키는데 더 큰 관심을 가지는 '마음의 상태'가 인간의 추구가치를 공동체의 추구가치로 확산한다. 나아가서 집단 내의 다른 구성원이 자기에게 보여주는 평가를 소중히 여기는 마음이 바탕이 되어 생각을 달리하나 서로를 포용할 수 있는 사람들과의 공존공생을 추구하게 한다. 이러한 초물질적인 정신적 욕구가 생물로서의 추구가치를 넘어서 제3의 가치인 '자유'를 추구가치에 추가하게 만든다.

자유自由는 행위 선택의 기준을 남이 아닌 자기 판단으로 할수 있는 상태를 말한다. 사람은 왜 자유를 누리고자 하는가? 자기를 귀하게 여기는 자존自尊의 마음이 있어서이다. 자존의 기초는 자아自我의식이다. 한정된 짧은 기간에 단 한 번 주어진 삶은 누구에게나 소중하다. 이 삶을 갖게 된 자기를 사랑하는 마음自愛이 자기 존재에 대한 자각自覺을 낳고 그 자각이 자존의식을 갖게 하고 그 자존의식이 자유를 가지고 싶게 한다.

생명체로서 건강하게 삶을 유지할 수 있는 안전, 그리고 삶을 유지하는데 소요되는 물질을 안정되게 공급받을 수 있는 풍요의 보장, 그리고 인간 존엄성이 보장된 자유의 확보가 인간이 살면서 추구하는 가장 기본적인 세 가지 가치가 된다.

2) 개인 자유의 집단 자유로의 승화

사람은 홀로 살 때는 자유를 마음껏 누린다. 행위 선택을 못 하게 하는 사람이 없기 때문이다. 자유는 행위 선택을 누구의 제약도 받지 않고 스스로 할 수 있는 상태를 말하는데 제약을 할 다른 사람이 존재하지 않으면 항상 자유롭기 때문이다. 자유의 가치는 다른 사람과 공생해야 하는 조직의 구성원이 되었을 때 문제가 된다. 나의 자유로운 행위 선택이 조직 내의 다른 사람의 자유와 부딪히기 때문이다. 뜻을 같이하면 충돌은 없다. 그러나 사람마다 추구하는 가치가 같을 수가 없기 때문에 충돌은 불가 피해진다. 그래서 공동체 내에서는 대다수 구성원들이 추구하는 공통가치를 찾게 된다.

공동체는, 특히 이익공동체는 구성원 간의 분업체제로 시너지 효과를 창출하여 결과적으로 구성원 각자가 기여한 공헌보다 훨씬 큰 이익을 나누어 가질 수 있는 집단이다. 구성원은 혼자서 창출할 수 있는 효과보다 큰 배분을 기대하고 자기 자유의 일부를 포기하고 공동체의 결정에 따르게 된다. 이러한 과정을 통하여 구성원 각자의 자유의 일부는 희생되고 전체를 위한 집단 자유가 형성된다.

국가는 구성원 전체의 안전을 위하여 군사력을 구축하여 국가의 자주권을 지킨다. 구성원의 다양한 능력을 결합하여 식량과 생활필수품을 공동으로 생산한다. 이렇게 집단 안전, 집단 풍요를 추구한다. 그리고 구성원의 의사의 공통부분을 모아 집단 자유를 지킨다. 국가의 생존전략은 이러한 집단 안전, 집단 풍요, 집단 자유를 추구하는 것을 목표 가치로 하여 수립된다.

3. 자아 인식의 변천과 국가의 목표 가치

1) 서구 문명을 지배해온 인간 중심주의

서구 정신문화의 바탕을 이루어온 헤브라이즘Hebraism의 믿음 구조는 온 세상을 창조한 조물주인 유일신의 절대 권위와 인간의 특수 지위로 구성되어 있다. 신神이 천지 창조 과정에서 신의 모습을 가진 특별한 생명체로 인간을 창조하였다는 믿음과 세상 만물은 인간이 자기 삶을 위하여 사용할 수 있도록 신이 만들어 준 것이라는 믿음으로 구성되어 있다. 이 전통에 따라 서양 사상에서는 인간과 자연을 창조 과정에서부터 창조 목적이 다른 대상이라고 인식하였으며 인간과 자연을 대립하는 존재로 보는 인간관과 자연관을 지켜 왔다. 그리고 이러한 인식을 토대로 인간에게는 있는 정신이 다른 생물과 무생물에는 없고 인간은 자기 필요에 따라 다른 생물과 무생물을 자유롭게 개조하고 사용해도 된다는 생각을 서구 문화에서는 상식으로 공유해왔다.

서양 문명의 기초를 이루는 인간 중심주의anthropocentrism는 지구 생태계 파괴의 바탕이 되었다. 인간은 인간이 필요로 하는 동물을 선택하여 인위적으로 번식시키고 사육하고 필요하지 않은 동물은 멸종시켜 왔다. 식물도 마찬가지이다. 인간이 식량이나 건축 자재로 사용하게 된 식물은 집중적으로 심고 나머지 식물들은 멸종시켰다. 오늘날 지구 생태계의 파괴로 인간의 삶 자체가 위협받게 된 데는 인간 중심주의라는 인간들의 자아 인식이 크게 작용하였다.

인간은 육체적 능력에 있어서 다른 포유동물과 비교하여 크게 뛰어나지 않다. 다만 잘 진화된 발성 기관을 가지게 되면서 다양한 소리를 낼 수 있게 되어 이를 이용하여 언어라는 지식과 경험을 서로 전달할 수 있는 능력을 가지게 되어 다른 모든 동식물을 지배하는 지위에 올라섰을 뿐이다. 언어로 타인과 경험을 공유할 수 있게 되면서 인간은 자기가 직접 경험하지 않은 것에 대한 지식도 획득할 수 있게 되어 비약적인 지식 축적이 가능해져서 다른 동식물이 도전할 수 없는 지배력을 갖게 된 것이다.

인간은 과학기술의 축적을 통하여 삶의 조건을 혁명적으로 향상시켜 왔으나 바로 그 과학기술로 지구환경을 파괴하는 자해행위를 하기 시작했다. 인간이 생태계 파괴 행위를 멈추지 않으면 인류 문명이 종말을 고할 수도 있는 지경에 이미 도달해 있다.

인간 중심주의는 범인류적 보편 사상은 아니었다. 인간을 자연의 일부로 보는 문화전통을 가진 인간집단도 있었다. 유라시아 대륙 북방 지역에서 수렵, 유목을 생업으로 살아온 이누이트, 네네츠, 퉁구스, 사모예트, 한티, 야쿠트, 축치족 등은 모든 동물과 식물을 사람과 똑같은 '지구 주민'으로 여기고 나무 하나 자를 때

도 사정을 고하고 양해를 구하는 의식을 가진다.[4]

콜럼버스가 미 대륙에 도착할 때 현재의 미국 땅에 살던 원주민은 약 1천만 명이었다(남북미 전체에는 약 4천만 명의 원주민이 살았다고 추정하고 있다). 유럽인들이 도착해서 이들 원주민의 거의 전부의 생활 기반을 파괴하고 생명을 앗아서 21세기 현재는 300만 명만이 남았다. 1만 년 동안 수천만 명의 원주민이 200여 개 부족국가를 세우고 살아왔었으나 그들이 남긴 유적은 거의 없다. 그들은 자연을 인간의 목적을 이루기 위해 파괴해도 좋은 '주어진 선물'이라 생각하지 않았다. 인간도 다른 동식물과 똑같은 자연의 자손이라 여기고 공생을 하려고 애썼다. 최소한의 천막을 짓고 살았으며 대지에 큰 변화를 주는 일은 삼갔다. 그래서 그들은 왕궁도, 사원도, 거대한 주택도 남긴 것이 없다. 그들이 석조 건물 등을 세울 기술과 능력이 없어서가 아니었다. 그들은 스스로를 '자연의 일부'로 생각하면서 자연의 보전을 생각하는 자아

---

4 시베리아 원주민의 역사와 문화 등에 대해서는 다음 책을 참조할 것. James Forsyth, *A History of the Peoples of Siberia: Russia's North Asian Colony 1581-1990*, London: Cambridge University Press, 1992(한국어판, 『시베리아 원주민의 역사』, 서울: 솔, 2009).

의식을 지녔기 때문이었다.[5]

남북미 대륙 원주민은 모두 아시아에서 약 1만 3천 년 전에 베링해협을 넘어 이주한 사람들이었다. 이들 중 멕시코 부근에 정착하여 아즈텍 왕국을 세웠던 종족과 페루 중심으로 거대한 잉카 왕국을 세웠던 원주민들은 신을 모시는 종교적 신앙과 관련하여 신을 모시는 거대한 피라미드와 석조 건물들을 지었었다. 그러나 자기들의 집은 짓지 않았다. 그들은 자연을 지배하려 하지 않았고 자연과 공생하려고 애썼다. 자연과 인간간의 관계를 어떻게 인식하는가에 따라 삶의 양식이 결정되었었다.[6]

인류 역사는 인간 중심주의 자연관을 가졌던 서구인들이 주도하는 역사로 되었다. 서구인들은 자연을 지배하고 변형시키면서 앞선 과학기술을 이용하여 자연 친화적인 종족들을 지배하면서 지구환경을 파괴하는 문화를 전세계적으로 펼치면서 21세기의

---

5 미대륙 원주민들의 자연관, 인간관은 그들의 기도문, 연설문에 잘 나타나 있다. 북미 원주민들의 지혜와 격언을 모아 번역한 김욱동 교수의 저서 『인디언의 속삭임』, (서울: 세미콜론, 2016)에 60개의 기도문이 실려 있다. 알콘퀸족 추장의 기도문에서는 "대지는 우리 어머니이다... (삼라만상은) 뿌리가 같으며 그 뿌리는 어머니인 대지다"라 했으며 수(sioux)족의 기도문에서는 "... 살아있는 것들의 얼굴은 모두 똑같습니다... 그들은 하나 같이 대지에서 태어났습니다... 살아 있는 모든 것은 친척"이라 하고 있다. 이들은 살아 있는 모든 피조물들은 정복과 착취의 대상이 아니라 친척이라고 했다. 두와미시-수콰미시족 추장 세알트(영어 표기: Seattle)는 땅을 팔라는 미국 정부의 요구에 "대지가 인간에 속해 있는 것이 아니고 인간이 대지에 속해 있다"고 거절했다.

6 잉카문명을 남긴 마야인들의 자연관에 대해서는 다음 책이 참고가 된다. Adrian Gilbert, *The End of Time: The Mayan Prophecies Revisited*, 2006(한국어판, 『마야의 예언: 시간의 종말』, 서울: 말글빛냄, 2007).

환경 파괴를 이끌고 있다.

　호모 사피엔스Homo Sapiens라 불리는 인간들이 다른 문화를 가진 인간들을 모두 동류라 생각하지 않고 이들과 공생하려는 생각을 가지지 않고 자기 민족, 자기 종족의 번영만을 추구하는 선공후사先公後私 정신 대신 선사후공先私後公의 생각만을 가지고 다른 민족, 다른 집단과 경쟁을 편다면 자연 존중의 문화를 가진 집단은 앞선 과학기술로 자연을 파괴하면서라도 자기들의 번영을 추구하는 집단에 질 수밖에 없다. 다이아몬드Jared Diamond교수가 지적한 대로 총과 쇠를 먼저 만들어 쓰면서 전염병균과 싸워 면역이 된 유럽인들이 원주민들을 제압하고 미주 대륙을 점령했던 것처럼 앞으로도 현재 세계를 지배하는 독선적이고 이기적인 국가가 자국 국민의 번영만을 앞세운다면 인간에 의한 자연 파괴는 지속될 것이다.[7]

2) 인본주의

유일신의 절대 권위를 기초로 하는 종교에서 인간 행위의 선악 판별은 신이 하는 것이지 인간이 하는 것이 아니라고 주장한다. 이런 종교 국가에서는 신의 이름으로 성직자가 선악 판단을 담

7　제레드 다이아몬드, 『총, 균, 쇠』, 제3판, 김진준 역, 서울: 문학사상사, 2013, 제11장 pp.297-326 참조.

당하였다. 유럽 정신문화의 중심에 있었던 기독교는 전형적인 유일신 절대의 종교로서 14~15세기까지 기독교 국가에서는 사회의 모든 선악 판단을 성직자를 통하여 신이 주재하였다. 자유로운 인간의 상상력과 판단은 모두 신의 이름으로 제약을 받았다. 예수 강림으로부터 천 년 동안 유럽인들은 '정신적 암흑기' 속에서 지냈었다.

14세기에 시작된 종교혁명, 인간 정신의 해방 운동은 '신으로부터 인간의 해방'을 의미한다. 인간 행위의 선악 판단은 신이 아닌 인간 자신이 한다는 '인간의 신으로부터의 해방'을 뜻하는 인본주의 humanism 혁명과 신으로부터 비교적 자유스러웠던 그리스 문명 시대로의 회귀를 뜻하는 '인간 이성의 해방'을 우리는 르네상스라 부른다.

인본주의의 핵심은 인간의 이성에 대한 신뢰에 바탕을 두고 있다. 내 스스로가 나의 삶의 주인이고 나의 삶과 관계된 행위 선택의 기준은 내가 원하는 것인지 아닌지를 분별하는 나의 판단이다.

나의 행위 선택이 나의 판단으로 이루어진다는 자유는 인본주의에서 도출되는 최고 가치이다.

문제는 최고 가치를 가지는 자유가 나 개인의 자유인가 아니면 내가 속한 공동체의 다른 구성원과 함께 누려야 하는 자유인가이다. 즉 '나의 자유'와 '우리의 자유'의 조화이다. 우리를 강조하면 개인의 자유를 억압하는 전체주의로 발전하고 나를 강조하면 공동체의 질서가 허물어진다.

더 중요한 문제는 인간과 자연과의 관계 설정에서 생긴다. 개인 자유를 앞세우면 구성원간의 경쟁이 심화되고 경쟁이 심화되면 경쟁에서 이기기 위하여 자연 파괴의 과학기술에 더 의존하게되어 인류 모두가 공멸할 자연 파괴도 눈감고 방치하게 된다. 가령 세계 모든 국가가 뜻을 모아 함께 지구환경 악화를 막기로 합의할 수 있으면 지금 눈앞에서 진행되고 있는 지구 온난화, 공기의 질 악화, 생물 다양성 파괴 등을 막을 수 있을 것이나 인류 전체의 이익보다 소속 국가의 이익, 그리고 국가 내의 자기 집단의 이익을 앞세우고 서로 경쟁한다면 모두 공멸하게 된다. 인간의 자아 인식이 세계 인류 전체를 우리라 생각하는 집단 자아 인식이 아니라 민족, 종족 등의 작은 단위의 집단 자아로 계속 분화된다면 인간의 장래는 어두워질 수밖에 없다.

3) 국가 생존전략의 목표 가치

오늘보다 나은 내일을 소망하는 인간의 기대가 더 나은 미래 환경을 만들려는 생존전략의 존재 이유이다. 문제는 누가 생존전략의 주체가 되어야 하고 누구의 내일을 목표로 해야 하는가 하는 것이다.

수렵·채취 시대에는 아마도 자기 개인 또는 혈연으로 연결된 가족이 미래 설계의 목표 단위였을 것이다. 협동으로 생산력의 시너지를 창출하여 참가자의 풍요를 증대하게 된 농업 시대에 들어서면서 오늘보다 나은 미래 설계의 추진 단위는 생산 단위를 이루는 씨족, 부족 정도의 규모로 늘어났을 것이고 농토의 쟁탈전 등이 일어나게 된 원시국가 시대에는 미래 설계의 주체가 좀 더 큰 국가가 되었을 것이다. 민족사회가 형성된 때부터는 민족국가가 생존 경쟁 투쟁의 단위로 등장했을 것이다. 그리고 산업혁명이 일어나면서 공업 생산력을 극대화할 수 있는 분업체계 구축 단위인 현대 국가가 미래 설계의 추진 주체가 되었다.

산업화 초기 단계인 19세기 전반까지만 해도 공업화 수준이 높지 않아서 민족국가 단위로 미래 설계가 가능했었다. 소요 노동력, 자원, 시장 등도 일정 크기를 가진 국가들이라면 자체로 충족할 수 있었기 때문이다. 그러나 산업화가 급속히 진행되어 분업체계가 세분화되면서 생산 단위, 생활 단위가 국가 범위를 넘어서게 되었고 19세기 후반~20세기에 들어서면서는 국가 간 상호 의존이 불가피해졌고 생활 단위가 국가를 넘게 되면서 국가 생존전략 수립에서 문제가 생기기 시작하였다. 국가 간 연계를 고려하는 생존전략이 필요해졌기 때문이다. 고립된 민족국가로서는 생존이 어렵게 되어 국제적 협력이 불가피해졌다.

19세기부터 시작된 제국주의 국가경영체제는 20세기에 전세계를 무대로 한 식민지 쟁탈 시대로 발전하였다. 선진 강대국들은 후진국들을 식민지로 경영하면서 자국의 발전 속도를 높이는 경쟁을 펴기 시작했다. 그리고 이러한 제국주의 경쟁 시대에는 경쟁에서 이기기 위하여 지구환경 파괴를 무릅쓰고 자국의 국력 증강에 힘을 기울였다. 그 결과로 인류사회 자체의 종말을 앞당

기는 환경 파괴가 방치되었다.

21세기에 들어서면서 자연환경 파괴는 점점 더 심각해지고 있다. 과학기술 수준이 급격히 향상되었기 때문이다. 인류사회의 자멸을 초래할 자살적 경쟁을 막기 위해서는 모든 국가가 함께 생존전략을 수립해 나가면서 지구환경 파괴 행위의 자제自制를 협의해 나가야 한다. 아니면 인류사회는 공멸한다. 21세기 각국의 생존전략에서는 목표 가치를 자국 국민의 삶의 질 향상에만 맞추어서는 안 된다. 전지구적, 전인류의 삶 전체를 염두에 둔 국가 전략을 세워야 한다. 한국의 21세기 시대 환경에서의 생존전략 수립에 있어서도 인류사회 전체의 삶의 질 향상을 고려하여야 한다. 좁은 지구표면에서 모든 국가가 하나의 생활권으로 묶이고 있어 더 이상 우리나라만의 안녕과 번영을 추구하는 생존전략을 세울 수는 없다. 고립된 생존전략은 허용되지 않을 뿐 아니라 바람직하지도 않다. 전인류의 생존전략과 조화될 수 있는 한국의 생존전략을 세워야 한다.

4. 각자도생 시대의 생존전략

오늘보다 나은 내일을 설계하려면 내일의 환경이 어떻게 변화할지 예측을 해야 한다. 그리고 환경 조건 중에서 주어진 조건과 개선 가능 조건을 식별하여야 한다. 다음으로 예측된 미래 가능 상황에 대응할 수 있도록 구체적 대응 방안을 마련하여야 한다. 전략은 희망하는 미래를 위하여 지금부터 실시해 나가야 할 행위 계획을 짜는 일이다. 예측, 대비, 행위 선택이 미래 전략 수립의 세 가지 기본 요소이다.

1) 예측

아직 오지 않은 미래의 시간에 일어날 일을 지금 관측할 수는 없다. 오직 추정할 수 있을 뿐이다. 시간에 따른 사물事物의 변화 흐름을 지배하는 법칙을 알게 되면 그 법칙을 적용하여 미래의 사물의 위치와 상태를 추정할 수 있을 뿐이다.

　인간은 지나온 시간 속에서 일어난 일, 사물의 위치 변화 등을 관찰하여 그 변화에 내재하는 법칙성을 추정하고 그 법칙을 적용하여 현재 사물의 상태가 장차 특정 시간에 어떤 위치에 있을 것이며 어떤 형태를 가질 것인지를 짐작한다.

인간은 현상의 관측에서 발견된 법칙law을 적용하여 미래를 추정하는 논리체계를 세워서 활용하고 있다. 예를 들어 지구상의 모든 물체는 높은 곳에서 낮은 곳으로 움직인다는 법칙을 발견하여 이를 응용하여 어떤 물체가 몇 초 후에는 어느 위치에 도달할지를 예측한다. 공기 저항을 무시하면 $S=4.9t^2$이라는 낙하 공식을 이용하여 몇 초 후에 어떤 물체가 어느 곳까지 추락할지 예측할 수 있다. 1초 후에는 4.9m 아래, 그리고 2초 후에는 약 19.6m 아래에 도달할 것이라 예측한다. 지구 중력에 의한 물체의 낙하 법칙을 알기 때문에 계곡에서 흘러내리는 물이 막힘이 없다면 궁극에는 바다에 이를 것이라고 예측한다.

예측의 정확도가 높아야 전략의 적실성이 높아진다. 예측이 현실과 멀어지면 전략은 기대하는 성과를 내지 못한다.

2) 대비

손자孫子는 군사전략의 핵심을 미래에 일어날 수 있는 가장 불리한 상태에 대응할 수 있는 준비를 해두는 데 두었었다. 그의 병법책의 제8편 구변편九變篇에서 손자는 희망적 관측을 믿지 말고 어떠한 나쁜 상태가 와도 대처할 수 있도록 준비를 해두라고 했다無恃其不攻, 恃吾有所不可攻也. 전략의 핵심은 일어날 수 있는 가장 나쁜

상태를 극복할 수 있는 대응책을 마련하는 대비에 두라고 했다.[8]

우주 삼라만상은 쉬지 않고 변한다. 변하지 않는 것은 없다. 다만 변화 속도와 변화 내용이 다양할 뿐이다. 긴 시간에 걸쳐 일어나는 변화는 짧은 기간을 사는 사람에게는 불변으로 느껴질 뿐이다. 전략은 모든 조건과 환경이 변한다는 것을 전제로 짜야 한다. 그 변화의 속도와 방향을 내다보면서 모든 가능한 변화를 대비해 나가는 것이 전략 수립의 기본이어야 한다.

우리가 변화를 알 수 있는 법칙으로 미래를 예측할 수 있다면 그 법칙을 믿고 변화를 원하는 방향으로 이끌 수 있도록 환경을 만들면 된다. 물이 높은 데서 낮은 대로 흐르는 법칙을 알면 물이 흘러갈 물길을 미리 만들어 놓으면 물은 그 물길을 따라갈 것이다. 물을 앞에서 가로막아 돌리기는 어렵지만 둑을 쌓아 원하는 길로 흘러가게 유도하면 우리가 원하는 '미래의 상태'를 만들 수 있다. 이것이 전략 설계의 핵심이 되는 '대비'의 논리이다.

3) 21세기 시대 환경 속에서의 생존전략

냉전 시대가 끝나던 20세기 말에는 세계 모든 나라가 공존 원칙에 합의하고 하나의 행위규범 체제를 공유하는 '단일 세계평화체제'가 곧 올 것이라는 꿈에 들떠 있었다. 자유민주주의 이념

---

8 노태준 역해, 『신역 孫子兵法』, 서울: 홍신문화사. 1983, pp.182-3.

이 범세계적 보편 가치로 자리 잡고 국제연합 체제가 질서 관리의 틀로 발전되리라 온 세계 시민들이 기대했었다. 냉전에서 승리한 미국은 이러한 시대 흐름을 타고 '하나의 자유민주주의와 시장경제에 바탕을 둔 세계공동체 one world community of free market democracy'를 만든다는 '미국 주도의 평화 Pax Americana'를 내세우고 세계 전체를 관리하는 하나의 정치체제를 구축한다는 목표를 세우고 다양한 외교적 노력을 폈다. 소수의 비민주 국가의 민주화를 위한 군사 개입도 주저하지 않았고 경제적으로 낙후되어 건강한 민주주의체제를 유지할 수 없는 나라를 경제적으로 돕는 일에도 적극적으로 나섰다.

그러나 이러한 단일 세계평화체제 구축의 꿈은 21세기에 들어서면서 깨어지기 시작했다. 한때 전세계 200개의 국가 중에서 80% 이상의 나라가 민주주의 헌법을 채택하고 민주주의 정치체제를 정착시키는 노력을 폈었으나 점차로 민주시민 의식이 자리 잡지 못한 신생 민주국가에서 대중영합주의 전략이 성행하면서 민주국가들이 '비자유 민주주의 illiberal democracy'라는 신형 전제국가로 전락하는 이른바 '민주주의 퇴보' 흐름이 일어나기 시작하였다. 2020년경에 이르면 건전한 자유민주주의 국가로 평가받는 나라가 20개 정도로 줄어드는 '민주주의의 퇴보 Democracy in Retreat'가 급속히 진행되고 있다.[9]

---

9 Joshua Kurlantzick, *Democracy in Retreat*, New Haven: Yale University Press, 2013 참조.

세계 경제질서도 허물어지고 있다. 4차 산업혁명이 빠른 속도로 진행되면서 국가 간 경제발전 수준의 격차가 급속히 확대되어 '세계 단일시장'의 질서가 흔들리고 있다. 또한 선진국의 기술 독점으로 선진국과 후진국 간의 생산 능력의 차이가 급속히 확대되면서 국가 간 빈부 격차가 심해져서 빈한한 나라로부터 선진국으로 옮겨 가려는 경제난민이 늘어나 선진국 사회도 극도의 혼란을 빚고 있다.

여기에 더하여 공산전체주의 이념을 국가의 지도 이념으로 하는 중국이 '미국 주도의 평화'에 도전하고 있다. 21세기에 들어서서 미국 다음의 경제대국으로 올라선 중국이 미국 주도의 국제질서를 인정하지 않고 '중국 지배의 아시아'의 재건을 시도하고 있다. '일대일로―帶―路'의 재건을 구호로 내걸고 중국과 유럽을 연결하는 과거의 실크로드silk road 해당 국가들과 바다의 실크로드에 해당하는 동남아-남아시아-중동-유럽을 잇는 해안 국가들을 묶어 중국의 영향 하에 두려는 중국몽中國夢을 펼치기 시작했다. 이러한 중국의 도전으로 전세계는 미·중 패권 경쟁이라는 새로운 냉전 시대로 들어서고 있다.

전세계적으로 자기들이 통치하는 독립된 민족국가를 가지고 싶어 하는 민족이 3,000개가 있다. 그러나 현재의 국제연합 체제에서는 200개 정도만 주권국가로 인정하고 있다. 대부분의 민족들은 다른 민족이 지배하는 국가 내의 소수민족이라는 2등 국민으로 편입되어 있다. 이들 소수민족들의 독립 욕구가 여러 나라에서 내전을 일으키고 있다. 종교의 자유를 위하여 독립 국가를 세우려는 비국가 단체도 여러 곳에서 투쟁을 벌이고 있다.

21세기에 '하나의 평화적 공존질서'가 출현할 가능성은 희박해지고 있다. 세계 단일 경제시장 질서가 자리 잡는 것도 기대하기 어려워지고 있다. 지구 온난화 방지, 대기와 해양오염 문제를 해결할 수 있는 국제협력체제 구축도 어려워지고 있다. 국가 간 빈부 격차를 줄일 수 있는 길도 열리기 어려워지고 있다.

국제협력체제가 약화되고 국가 간 갈등이 여러 분야에서 심화되면 강대국들은 모두 각자도생各自圖生의 길로 나설 것이다. 국가 간의 협력은 당사국 간의 공동이익을 높이는 방향에서만 선별적으로 이루어질 것이다.

대한민국의 생존전략을 세울 때는 이러한 시대 흐름을 냉철히 반영하여야 한다. '각자도생'이 21세기 국제사회에서의 생존 대책이라면 한국도, '독자 생존'獨自生存의 계획을 세워야 한다. 한국의 국력, 한국 국민의 추구가치, 주변 환경 등을 모두 감안한 현실적인 전략을 세워야 한다. 주변 강대국과 비교할 때 대등한 국력을 갖출 수 없는 한국의 현실 조건을 바로 이해한다면 한국의 생존전략은 철저한 현실주의적 접근 자세를 갖추고 세워야 한다. 예상되는 위협 상황을 정확히 예측하고 철저한 대비책을 세워야 한다. 다음 세대의 한국인들의 안전하고 풍요로운 삶을 위하여 오늘 이 사회를 이끌고 있는 한국인들은 희생적 노력을 감수하여야 한다.

5. 밝은 내일을 위한 오늘의 희생

시간의 등속성과 불가역성, 즉 시간은 같은 속도로만 흐르고 한 방향으로만 흐른다는 우리들의 상식을 깨는 현대 물리학이론이 자리 잡아가고 있으나 현실에서의 삶에 있어서 인간은 지나온 과거의 행동을 고칠 수도 없고 아직 오지 않은 미래 시간 속의 삶의 환경을 바꾸어 놓을 수도 없다. 인간은 오직 미래를 예측하면서 우리가 만나게 될 확률적으로 가능한 여러 상태를 가정하고 역시간적으로 현재 나의 행위 선택과 연계시키면서 원하는 미래 상황을 창출할 수 있는 오늘의 행위를 고르는 대비만 할 수 있을 뿐이다.

바람직한 미래 상태를 가져올 오늘의 행위 선택은 대부분 나의 오늘의 행복 조건의 희생을 토대로 이루어진다. 오늘의 가용 자원과 시간을 미래의 기대 상태를 위해 투자하는 것이 미래 계획이다.

미래는 나와 우리 세대의 사람들이 누리게 될 삶의 환경이 아니다. 우리 다음 세대의 삶의 환경이다. 그런데도 인간들은 자기 생의 한계를 넘어서는 미래 환경을 위하여 자기의 '오늘'을 기꺼이 희생하려 한다. 미래를 누릴 다음 세대의 인간들이 '남'이 아니라 '나의 연장'이라 생각하기 때문이다. 인간은 자기 개인을 포함한 '우리'라는 집단을 자기처럼 생각하는 '집단자아'라는 의식을 가지고 있으며 그 '우리'에 가족, 친족, 민족 등이 포함된다. 바로 이 집단자아 때문에 인간은 자기 후속 세대의 안전과 풍요, 그리고 자유를 위해 자기의 오늘을 흔쾌히 희생한다. 그리고 그 희생정신 때문에 미래 전략이 세워진다.

대한민국의 생존전략은 오늘 이 시대를 살고 있는 한국인들의 다음 세대를 생각하는 마음 때문에 필요하기도 하고 가능하기도 하다. 다음 세대가 살아갈 밝은 내일은 현세대 한국인의 희생을 바탕으로 하는 치밀한 미래 전략으로 보장된다.

1부

21세기 시대 환경

시간: 긴박하게 진행되는 환경 변화

- 응급처방이 필요한 미래

제1장

21세기는
문명 전환의
세기

개요

21세기는 인류사회가 지금까지 겪어왔던 삶의 양식 변화가 혁명적으로 바뀌는 '문명 전환'의 세기이다. 이러한 급격한 문명 변화 속에서는 우리가 그동안 친숙해졌던 미래 전략 설계로는 살아남기 어렵다. 대응 전략도 혁명적으로 바꿔야 한다. 우선 혁명적 문명 전환이 어떤 것인지를 먼저 알아야 한다.

수렵채취 시대에서 농축산 시대로 넘어온 약 1만 년 전부터의 정형화된 인간의 삶의 양식을 인류 문명이라 부른다. 살면서 얻은 환경에 대한 지식을 서로 교환하면서 축적하여 최선의 삶의 방식으로 정형화하여 후손에게 물려주면서 사람들은 집단마다 '삶의 정형'을 만들어냈다. 이러한 삶의 정형을 문명이라 한다. 자생한 식물에서 씨를 얻어 땅에 심어 곡식을 만들어내는 농업기술, 야생동물을 데려다 먹이고 증식시켜 고기와 젖 등을 얻는 축산기술 등이 축적되면서 특정 집단의 농업 문명이 생겨났다.

정형화된 생산 양식 뿐만 아니라 생산품의 소비 양식도 정형화되어 문명의 중요한 요소가 되었으며 생산 소비에 참여하는 사람들 간의 협동 방식도 문명의 요소에 포함되었다. 문명은 인간집단의 '정형화된 삶'이라 할 수 있다.

인간의 지식이 축적되면 문명 요소에 변화를 가져온다. 새로운 지식이 새로운 기술을 만들어내고 새로운 기술이 문명 요소의 정형을 바꾸어 놓는다. 인류의 문명사는 이러한 문명의 변화 과정의 기록이다. 1만 년이라는 긴 세월 속에서 인간은 살고 있던 특정 지역의 환경 특성에 맞는 다양한 문명을 이루어 왔다.

시간이 흐르면서 지식의 축적이 지속적으로 이루어지고 문명은 발전한다. 그리고 다른 문명과의 접촉을 통하여 지식의 교환이 이루어지면서 한층 더 발전된 문명이 탄생한다. 인류 문명은 하나의 유기체처럼 다른 문명의 산물을 흡수하고 또한 자기 것을 나누어주면서 꾸준히 성장-발전해 왔다. 오늘의 인류 문명은 이러한 과정을 거쳐 이루어진 인류 공동의 자산이다.

인간의 지식의 축적으로 문명은 성장하며 변화하고 발전한다. 그리고 지식의 축적이 점진적이면 문명 발전도 점진적 변화를 거친다. 그러나 문명의 기초가 되는 인간의 지식이 급격한 변화를 거치게 되면 문명도 혁명적으로 변한다. 일정 기간 안정되게 유지되던 문명이 새로운 문명으로 변신하게 된다. 이때 우리는 '문명 전환'이라고 부른다.

인류 문명사는 원시시대부터 18세기 산업혁명이 일어날 때까지 혁명적 변화를 겪지 않고 꾸준히 수준이 높아지는 선형발전線形發展을 기록했다. 인간의 과학지식이 감각 기관으로 감지할 수 있는 자연 현상을 이해하는데 머물러 있었고 기술 수준도 자연자원의 물리적 이용에 한정되었기 때문이다. 동물의 힘을 사용하여 인간의 노동을 보완하고 흐르는 물을 이용하여 동력을 얻는 정도였다.

18세기에 들어서면서 증기 기관의 발명으로 동력혁명을 가져왔고 기계공업 중심의 산업혁명이 이루어졌으며 자연자원을 화학적으로 이용하기 시작하였고 이어서 20세기에 이르러서는 전파의 이용, 핵에너지의 이용 등 기술이 추가되면서 과학기술은 혁명적으로 발전하였다. 이에 따라 문명도 혁명적 변화를 겪게 되었다.

4차 산업혁명이 진행되는 21세기에 들어서서는 인간의 지식 수준이 인간의 통제 영역을 넘어서는 수준으로 높아져서 인간의 삶을 상상을 초월한 정도로 좋게 변화시킨 것에 그치지 않고 한 발 더 나아가 인류 문명 자체를 궤멸시킬 수 있는 수준으로 발전해가고 있다. 이제 인간이 과학기술을 통제하는 기술을 갖추지 못하면 인류사회가 영원히 소멸할 수도 있는 시대로 접어들었다.

과학기술의 혁명적 변화가 인간의 삶의 양식에 가져올 큰 변화를 몇 가지 짚어 본다.

첫째로, 생산 양식에서 노동의 양이 아닌 노동의 질이 생산 능력을 결정하게 됨에 따라 대량 실업사태가 벌어진다. 학자들은 21세기 중반에 이르면 전인구의 70% 이상이 생산에서 불필요한 '쓸모없는 계층useless class'으로 전락할 것이라고 예측하고 있다. 이러한 사회 구조 변화는 정치체제의 변화를 강요할 것이다.

둘째로, 급속히 발전하고 있는 교통통신 수단으로 전지구가 정보를 실시간으로 공유하는 공간으로 되는 초연결 사회가 될 것이다. 부유한 강대국은 후진국의 인재들을 선별하여 수용하면서 국가 간 빈부 격차를 촉진하게 될 것이고 가난한 나라의 실업자들이 강대국으로 옮겨 가는 경제난민의 폭주로 국가 간 마찰이 격화될 것이다.

셋째로, 새로운 세계평화체제의 지배 이념과 체제 양식에 대한 전세계 인민의 의견을 한 가지로 모으는 시간을 미처 갖기도 전에 생산양식, 사회체제, 추구가치 등이 급격히 변하면서 20세기에 널리 퍼지던 단일 세계평화공동체 출현의 꿈은 깨어지고 각 국가가 자국의 안전, 풍요, 평안을 추구하는 각자도생의 경쟁 질서가 자리 잡게 될 것이다.

이러한 시대 환경에서 각 나라는 자국의 생존전략을 스스로 세워야 한다.

1. 문명 전환의 의미

1) 문명이란 무엇인가?

문명文明은 인간의 지식이 쌓여文 그 바탕 위에서 인간의 삶을 품
위 있게 만들어 놓은 상태明를 말한다.

　문명이란 인간집단의 정형화된 삶의 양식을 말하며 구성원들
이 공유하는 생활필수품의 생산, 획득 방식, 가치판단 기준, 행동
양식, 규범 등을 갖춘 상태를 말한다. 문명은 인간들이 하나의 공
동체를 이루고 살아가면서 획득하는 삶의 양식의 집합이라고 할
수 있다. 문명을 구성하는 요소에는 언어, 의식, 의식주에 사용하
는 물품의 생산 양식, 행동 양식, 제도, 규범 등 일상생활과 관련
된 기본 행동 양식이 모두 포함된다.

　1인 문명이란 존재하지 않는다. 문명은 인간집단에서 만들어
진다. 구성원 중 문명 창출에 많은 기여를 한 사람도 있을 것이고
강제로 명령에 따라 수동적으로 행동한 사람도 있을 것이나 문
명 그 자체는 공동체를 이루는 사람들의 공동 작품이다.

　문명은 한순간에 이루어지지 않는다. 시간의 흐름 속에서 축
적되어 만들어진다. 그러므로 오늘을 사는 사람에게는 지나온

시대에 앞서 살았던 사람들이 만들어 놓은 문명이 주어진 환경 조건이 된다. 문명은 물려받은 자산이 되기도 하고 제약이 되기도 한다. 공동체의 미래를 설계할 때는 물려받은 문명이 자산이 되기도 하고 부채가 되기도 한다.

2) 과학기술, 문명, 문화

과학기술 발전이 생활양식에 변화를 주고 생활양식의 총화인 문명에 변화를 가져온다. 그리고 문명은 문명을 공유하고 있는 집단 구성원들의 문화를 특정 짓는다.

교과서적 정의로는 본능적 행위가 아닌 '의식적으로 만든 모든 행위 양식'을 문화라 한다. 집단생활을 하는 사람들은 축적해온 과학지식과 기술을 바탕으로 생활한다. 그 생활양식은 사람들이 갖춘 과학기술 수준에 맞도록 선택된다. 그리고 공동체의 표준 생활양식을 바탕으로 사람들은 공동체 내의 다른 사람, 공동체, 나아가서 자연환경에 대한 '마음가짐'을 가지게 되고 다시 이 마음가짐을 반영하는 특정 행위 양식을 만들어낸다. 이렇게 의식적으로 만들어낸 행위 양식을 문화라 한다. 문화는 주어진 시공의 환경에서 만들어지는 것이므로 시대 환경, 삶의 공간 환경이 변화하면 문화도 변한다. 문명이 과학기술의 발전과 환경 변화를 반영하여 자연스럽게 형성되는 행위 정형인데 여기에 인간이 자기 의지를 더하여 '의지적으로' 행동 양식을 만들어 놓으면 우리는 문화라 부른다. 문화는 인간의 마음가짐, 가치 정향이 보태져서 형성되는 행위체제여서 인간집단마다 특색 있는 문화를 창출해낸다.

문화는 주어진 삶의 공간 속에서 구성원들이 갖게 되는 '마음가짐'을 바탕으로 하는 자기 스스로에 대한 인식, 함께 사는 이웃과 조직 구성원 모두에 대한 생각이다. 이러한 구성원 개인의 마음가짐이 다른 사람의 마음가짐과 공명共鳴을 일으키면 집단문화가 형성된다.

마음가짐의 표현은 소리음악, 그림, 문학, 행동으로 표현되기도 하고 언어, 문자로도 표현된다. 공동체 사회에 풍미하는 문화는 구성원에게는 '마음가짐'을 가지게 되는 환경을 이룬다. 그래서 한 시대, 한 장소에서는 그 시대, 그곳에 특이한 문화가 자리 잡게 된다.

공동체는 구성원들의 행위를 규율하는 규범체계를 가지고 있다. 그리고 각 구성원이 있어야 할 자리와 해야 할 일을 정해 놓은 제도가 있다. 규범과 제도를 아울러서 체제라 한다. 이런 체제를 갖춘 인간의 집단을 공동체라 한다. 그리고 규범을 누가 누구의 뜻에 따라 정하며 제도를 어떤 절차로 만들고, 규범을 어길 때는 누가 어떤 제재를 가하는가를 정한 '정치체제'를 갖춘 공동체를 국가 등의 '정치공동체'라 한다.

정치공동체는 규범 제정의 권한을 누가 가지고 있는가, 제도는 누가 어떤 절차로 만드는가에 따라 전제주의 국가 또는 민주주의 국가로 구분하기도 한다. 어떤 정치체제를 선택하는가 하는 것은 공동체 구성원들의 지배적 '마음가짐', 즉 지배적 정치문화를 대변하는 정치 지도자들의 몫이다.

공동체 구성원들 중 다수가 '구성원 모두는 동등한 격을 가진 구성원이다'라는 마음가짐을 가지게 되면 이런 정치문화를 반영한 주권재민의 민주주의 정치체제가 자리 잡게 된다. '가장 우수한 사람의 결정을 따르는 것이 공동체 구성원 모두에게 이롭다'라는 마음을 가진 구성원의 뜻이 반영되면 전제정치체제가 자리 잡게 된다.

문제는 구성원들의 '마음가짐'과 제도가 불일치할 때 생겨난다. 아무리 좋은 민주주의 제도를 채택해도 국민 대다수의 민주의식이 뒷받침되지 않을 때는 그 제도가 제대로 작동하지 못한다. 민주적 정치문화가 자리 잡힌 공동체라야 안정된 민주정치 제도를 운영할 수 있다. 오늘날 '비민주적 민주주의 국가 illiberal democratic state'라 불리는 '민주주의 탈을 쓴 독재 국가'가 지구 각 지역에 생겨나면서 가져온 '민주주의의 위기'는 민주정치 문화가 정착되지 않은 사회에서 무리하게 민주제도를 채택하기 때문이다.

고대 중국의 정치체제를 논한 『예기禮記』의 내용을 읽어보면 그때도 정치체제 논의에서 정치문화의 중요성을 강조했음을 알 수 있다. 사람을 자연의 일부로 보는 고대 중국인들의 생각을 바탕으로 한 '예악형정禮樂刑政'의 논리체계를 간단히 소

개한다.[10]

중국인들은 대자연에는 내재하는 질서가 있다고 믿었다. 하늘天이라고 표현하는 대자연의 질서를 도道라고 했으며 자연의 일부인 사람은 '주어진 질서'인 자연질서 cosmos를 따라야 한다고 믿었다. 그리고 인간이 만든 공동체의 질서法도 마땅히 이 자연질서를 반영하여야 한다고 했다. 도법자연道法自然이 사회질서의 기본이었다. 하늘자연 질서와 땅인간사회의 질서가 일치天地合─하게 하는 것이 사회질서 제정, 운영의 기본 원칙이 되었다.

하늘 질서에 맞추어 공동체 통치체제를 만들어 놓은 것을 예禮라 했다. 질서의 핵심은 규범과 제도이고 제도의 핵심은 역할 지정과 역할간의 관계序이다. 예를 행위 형식으로 표현한 것이 의儀이다. 사회 구성원 모두가 자연의 일부이므로 이들의 의식 속에도 자연질서인 도道가 깔려 있지만 스스로 깨우치지 못한 사람들이 있어 이를 타일러 깨닫게 해주는 일이 필요하다. 이것이 정政이다. 그래도 깨닫지 못하고 예를 어기는 사람은 벌을 주어 정신을 차리게 해야 한다刑. 그러나 가장 바람직한 것은 사람들의 마음속에 잠재되어 있는 하늘 질서의 '그림자'이다. 마음속에 내재되어 있는 자연질서의 음영陰影과 하늘의 질서의 원 흐

---

10 예악형정(禮樂刑政)의 논리체계에 대해서는 서강대 정외과 졸업생들의 학술모임인 반산회(盤山會) 세미나에서 집중적으로 다루었다. 2010년 4월 세미나에서 발표한 논문: 李相禹, "21세기 평화질서: 禮樂秩序와 Pax Consortis," 미발간 자료집: 『반산세미나 모음집 2007-2012』, 서울: 반산세미나 준비위원회, 2013; 권오돈 역해, 『신역 예기(禮記)』, 서울: 홍신문화사, 2003; 한흥섭 역, 작자 미상, 『예기·악기』, 서울: 책세상, 2007을 참조할 것.

름과의 공명이 일어나는 것이다. 이렇게 되면 자연스럽게 모든 사람이 하늘의 법인 도道를 따르게 되고 자연질서와 '마음가짐'이 일치하는 악樂의 경지에 이르게 된다. 중국의 통치체제는 이렇게 예악형정 禮樂刑政의 네 가지 요소로 구축되어 있다.

'예'와 '악'의 기능에 대하여 부연하면 '예'가 사회 구성원 각자의 다른 역할을 밝혀 주는 것이라면 禮者爲異 '악'은 인간의 '공통된 본성', 즉 구성원 마음가짐의 공통점을 밝혀 주는 것樂者爲同으로 '예'는 하늘과 땅의 질서를 밝혀 주는 것禮者天地之序이고 '악'은 하늘과 땅의 감성적 일치 樂者天地之和를 목표로 한다고 보면 된다. 사람은 각자 개성을 가진 존재로 각자가 맡아 할 수 있는 일은 다르나 모두가 자연의 일부로 세상에서 자기 뜻을 펴고 사는 존재로서의 동등한 자격을 가진 사회 구성원이라는 만민평등의 뜻도 포함하고 있다. 중국 고전에서 정리 제시한 인간공동체 통치체제는 모든 사람들이 자연질서를 이해할 수 있는 이성理性을 갖추고 있으며 자연질서를 똑같이 수용할 수 있는 감성感性도 갖추고 있다는 것을 전제하고 있다.

과학기술 발전에 따라 문명이 진화하고 진화하는 문명 속에서 사람들은 자기에 대한 존재감, 다른 구성원에 대한 생각, 소속된 공동체에 대한 생각 등을 포괄하는 '마음가짐'으로서의 문화도 변한다. 21세기 시대 환경에서 '더 나은 미래'를 만들기 위한 전략을 세우려면 이러한 문화의 변화 흐름을 예측해야 한다. 사람들이 바라는 바가 무엇인지 알아야 거기에 맞는 대비책을 마련할 수 있기 때문이다.

3) 문명의 혁명적 변화

과학기술이 완만하게 발전해오던 시대에는 사람들의 생활양식도 점진적으로 변하면서 문명의 기본 틀은 유지되었었다. 마차가 자동차로 변화하고 촛불이 가스등으로 바뀌면서 인간의 삶은 더욱 유족해졌지만 생활양식에 큰 변화는 없었다. 그러나 증기 기관의 발명으로 방직기가 등장하고 철도·교통체제가 도입되면서 생산양식, 생활양식에 큰 변화가 일어났다. 그래서 우리는 이런 큰 변화를 산업혁명이라고 부른다.

증기 기관 발명으로 대륙 횡단 철도, 대양 횡단 증기선이 등장하면서 전지구 표면을 잇는 교통망이 출현하여 전세계적인 인적, 물적 교류가 가능해졌고 이에 따라 생활양식의 균질화가 시작되었다. 뒤이은 내연 기관의 발명, 전기통신, 전파통신기술의 발전으로 전세계적으로 급격한 생활양식의 변화가 일어났다. 화약을 이용한 무기의 파괴력 향상과 전차, 군함, 항공기 등 무기의 등장으로 국가 간 전쟁 규모가 커지면서 상비군 유지라는 국가 조직 구성 변화도 일어났다.

산업 기술의 발전으로 공업생산체제가 대규모 공장체제로 바뀌면서 인구 집중에 따른 도시화가 진행되고 사람들의 삶의 양식도 크게 바뀌었다.

4차 산업혁명이 시작된 21세기에는 인간의 삶의 양식이 또 한 번 혁명적으로 변화할 것이다. 이미 생산 공정의 자동화로 많은 공업 노동자가 직장을 잃고 있으며 인공지능을 갖춘 기계가 단순 노동자를 대체해 나가고 있어 21세기 후반에 들어서면 사회 구성원의 70% 이상이 '쓸모없는 계급'으로 전락하게 된다고 한다. 이에 따른 사회 구조 변화로 사람들의 생활양식은 혁명적으로 변하게 될 것이다.

문명 전환은 생산양식 변화, 사회 구조 변화를 가져오면서 문화 변화도 촉진할 것이고 이에 따라 사회 구성원의 추구가치도 급격히 바뀌리라 전망된다. 과학기술의 발전이 완만한 상승 추세에서 급격한 지수함수적 상승 곡선을 그리게 되면 문명 변화도 혁명적으로 일어나게 될 것이고 이러한 혁명적 문명 전환의 흐름을 예측하여야 '더 나은 미래'를 창조하기 위한 전략 수립이 가능해질 것이다.

21세기에는 인류사회가 지금까지 이루어온 문명 발전을 넘는 변화를 인류가 겪게 될 것이라 예상된다. 이렇게 급격한 문명의 혁명적 전환에 대응하기 위해서는 국가 생존전략 구상에서도 혁명적 발상이 필요해진다.

생활양식의 총화인 문명이 혁명적으로 바뀌면 이에 따라 각 국가는 모두 혁명적인 발상으로 생존전략을 세울 것이며 이렇게 되면 국가 간 경쟁을 통제하는 '게임 규칙'도 변한다. 미래전략 기획에서는 이러한 '게임 규칙' 변화의 철저한 분석이 절대적으로 필요하다.

2. 21세기 문명의 특성

21세기에 진행되고 있는 문명 전환의 흐름 중 미래전략 수립에서
반드시 고려하여야 할 중요한 변화를 정리해 본다.

1) 인간의 통제를 넘어선 과학기술 발전

사람은 자연의 일부이다. 사람은 물질을 특정한 형태로 구성해 놓
은 존재이다. 물질을 사람으로 만들어 유지하는 힘이 생명이며 생
명이 있는 동안 사람으로 존재하고 생명이 다하면 다시 해체되어
물질로 되돌아간다. 생명은 비가시적非可視的인 영靈적 존재이다. 그
정체를 인간은 아직 모른다. 무기물을 유기물인 생명체로 묶는 힘
이라는 것만 알고 있다. 태어났을 때 나타나서 죽게 되면 없어진다.
　물리학자 장회익 교수는 온생명global life이라는 새로운 개념
을 제시했다.[11] 지구라는 물질적 바탕 위에 태양에너지가 작용하

11　장회익, 『장회익의 자연철학 강의』, 서울: 청림출판, 2019, 제7장 "생명이란 무
　　엇인가."

여 만들어지는 '자체 촉매적 국소질서'로 이루어지는 '자유에너지 최소화' 효과로 형성된 '물질의 특수 배열 상태'를 '온생명'이라 하고 한 사람 한 사람, 하나하나의 생명체의 생명은 그 일부인 '낱생명'이라고 본다는 주장이다. 이 이론은 학계의 주목을 받고 있으나 생명 자체를 이해시키지는 못하고 있다. 그러나 분명한 것은 사람이란 '생명을 가진 유기체'라는 점이고 자기의 삶을 아끼고 지키는 '주체적 존재'라는 사실이다. 장회익 교수는 "삶이란 생명의 주체적 운영"이라고 했다.

생명체인 사람은 1차적으로 자기의 생명과 신체의 완전성을 지키려 한다. 그리고 삶을 유지하는데 필요한 물자와 환경을 안정되게 확보하려 한다. 다음으로 사람은 타인의 통제에서 벗어나 자기의 삶을 스스로 관리하는 자유를 누리려 한다.

사람은 자연을 이용, 변형시켜 자기의 삶을 풍족하게 하려 한다. 스스로 얻은 경험과 남의 경험을 통해 배운 것을 종합하여 자연에 내재하는 법칙성과 질서를 배워 이를 응용하여 자연을 이용한다. 이렇게 배워 알게 된 것을 지식知識이라 한다. 그리고 지식을 취합하여 자연질서의 흐름을 지배하는 원리를 짐작해보려 한다. 그것이 지혜智慧이다.

지식과 지혜의 총합을 문文이라 하고 이러한 문으로 사람의 삶의 환경을 더 낫게明 만드는 것을 문명文明이라 한다. 20만 년 전 출현한 호모사피엔스Homo Sapiens는 집단생활을 시작하면서 언어를 발명하고 언어로 여러 사람의 지식과 지혜를 축적하여 4만 5천 년 전쯤에 가족-씨족집단을 이루고 함께 살면서 사는 방법을 공유하는 사회생활을 시작한 것으로 인류학자들은 의견을 모으고 있다. 얻어진 자연 현상 지배 질서에 대한 지식과 지혜로 그 수준에 맞는 자연 지배로 집단이 공유하는 삶의 양식이 형성되면 우리는 그것을 그 집단이 대표하는 문명이라고 부른다. 수메르 문명 기원전 5,500년~4,000년, 초기 에게 문명 기원전 3,000년~1,500년, 이집트 문명 기원전 3,000년~300년 등으로 부르는 문명은 그 시대 환경에서 인간이 가진 과학기술 지식을 응용한 삶의 방식을 말한다.[12]

과학기술의 발전에 따라 인류 문명은 꾸준히 발전해왔다. 석기시대, 청동기시대, 철기시대 등 도구의 발달로 생활양식은 여러 번 크게 바뀌었었다. 그러나 산업혁명이 시작되던 17세기 이전까지는 자연의 물리적 이용 방법 개선이라는 한정된 과학기술 발달로 생산양식, 교통통신 방식이 개선되는데 그쳤었다. 그래서 문명사를 논하면서도 혁명이라 부르지 않았었다. 그러나 내연기관 발명, 전기의 이용, 전파의 활용 등과 같은 과학기술의 혁신적 발달로 인간의 삶의 방식이 근본적으로 바뀌기 시작했다. 그리고 이러한 과학기술 발전으로 인간의 추구가치, 생산양식, 사회질서, 정치체제 등 모든 영역에서 큰 변화가 일어나기 시작했다. 교통통신 발달로 전지구가 하나의 생활 마당이 되면서 흩어져 살던 민족집단 간의 문화교류가 활발해지면서 국가 경영 방식, 국가 간

---

12 인류 문명의 발달사를 잘 정리해 놓은 글로 다음을 참조할 것. Yuval N. Harari, *Homo Deus: A Brief History of Tomorrow*, 2015(한국어판, 『호모 데우스: 미래의 역사』, 김명주 역, 서울: 김영사, 2017의 제1부 pp.106-216).

경쟁의 방식도 표준화되었다. 20세기에 들어서면서 전세계의 모든 국가가 비슷한 사회체제, 정치체제를 갖추게 되었다. 그리고 모든 나라가 참가하는 국제질서가 형성되었다. 이른바 범세계적 현대 사회의 정착이 이루어졌다.

그러나 과학기술 발전이 가속화되면서 21세기에 들어서서는 점진적 발전을 이어오던 인류 문명은 전혀 다른 단계로 건너뛰는 변화를 강요하고 있다. 그동안 인간이 발전시켜온 과학기술은 인간의 물리적 노동을 기계가 대체함으로써 인간의 삶에 여유를 주어왔으나 21세기에 들어서서는 과학기술이 인간의 인식 능력, 판단 능력까지 대신하기에 이르렀다. 디지털기술혁명으로 인공지능AI: Artificial Intelligence을 갖춘 기기가 등장하면서 이제 기계가 사람을 대신할 뿐 아니라 생산체제에서 단순 노동자들을 소외시킴으로써 사회 구조를 변혁시키고 있다. 사회 구조 변화는 정치체제 변화를 가져오고 나아가서 국제정치질서도 혁명적으로 바꾸어 놓고 있다. 21세기는 그런 뜻에서 '문명 전환의 세기'라고 부른다.[13]

인간은 인간 자신들의 삶의 질을 높이는데 필요해서 과학기술을 발전시켜 왔다. 과학기술 발전은 그 자체가 목적이 아니고 삶의 질 향상에 기여하는 도구로 발전시켜 왔다. 그리고 지금까지

---

13 21세기의 국제질서 개편을 '문명 간의 충돌'에서 비롯된 것으로 보는 새로운 시각을 Samuel P. Huntington 교수가 제시하여 주목을 받았다. 그의 다음 책 참조. *The Clash of Civilizations and the Remaking of World Order*, New York: Simon & Schuster, 1996.

는 필요에 부응하는 수준에서 과학기술이 발전되어 왔다. 그러나 그동안 축적된 과학기술은 그 자체가 마치 생명을 가진 유기체처럼 자생적 발전을 시작하고 있다. 그 결과로 굴레 벗은 말처럼 인간의 통제를 벗어나 스스로 발전하면서 인간의 삶에 피해를 가져오고 있다.

그동안 인간은 과학기술 발전의 긍정적인 점에만 주목해왔다. 그래서 '무엇을 할 수 있는가?'에 관심을 모아 왔다. 그러나 과학기술의 발전 속도가 인간의 통제 수준을 넘어서면서 사람들은 '무엇을 해도 좋은가?'를 생각하면서 불필요한 기술, 인간의 삶에 피해를 줄 기술의 발전을 막는데 관심을 가지게 되었다.

21세기는 인간이 과학기술의 발전을 통제 범위 내로 규제하는 노력이 펼쳐지는 세기가 될 것이다.

2) 인본주의 혁명 - 개인의 주체의식 확산

자연은 인간에게 큰 위협이었다. 천재지변 앞에서 인간은 속수무책이었다. 그래서 '창조주의 뜻'을 무서워했다. 지진, 태풍, 홍수, 가뭄은 신의 노여움의 표현이라 생각했다. 무서운 동물의 공격을 홀로 막아낼 힘을 갖지 못했던 인간은 집단을 이루어 함께 위협을 막아냈었다. 생각과 욕구가 다른 인간들도 '집단이익'에 포함된 자기 이익을 지키기 위해 스스로 자유를 희생시켰었다. 인간의 역사는 신의神意에 순종하는 신정시대神政時代와 집단의 결정에 순종하면서 자기를 지켜내던 전체주의 시대를 기록하고 있다.

신정시대 사회질서에서는 인간 행위의 선善과 악惡의 판단은 신이 하는 것으로 여겼으며 사제가 이를 대행했다. 공동체가 전체의 이익을 위하여 결정한 행위 준칙은 모든 구성원의 행위 규범이 되었다. 공동체의 집단자아가 개개인의 자아를 압도하였다.

과학기술의 발전으로 자연재해가 자연질서의 특정 모습이고 그 질서의 생성 소멸에 대한 지식이 보편화되면서 사람들은 신의가 아닌 과학지식에 기초한 대응 방법을 모색하면서 '신의 노여움'이라는 믿음에서 해방되었다. 인간 행위의 선과 악의 판단도 인간이 주어진 생활환경에서 갖게 된 조직문화, 즉 공동체 내의 다른 구성원에 대한 나의 마음가짐을 바탕으로 결정하여야 한다고 믿기 시작하였다. 르네상스라는 인간의 의식 혁명기에 자리 잡기 시작한 인본주의人本主義 혁명이다. 인간 행위의 선악 구분을 초월적 존재인 신이 아니라 인간의 판단으로 하기 시작하면서 인간의 정신문화는 시대 전환적 큰 변혁을 겪었다. 인간은 그동안 축적해온 지식을 바탕으로 자연을 지배하기 시작하였으며 스스로의 지식으로 안전과 풍요를 확보할 수 있다고 자신하게 되면서 스스로를 신으로부터 해방시켰다. 세속적 생활에 관한 결정은 인간의 판단을 기준으로 한다는 인본주의 혁명이 시작된 것이다.

신에서 해방된 인간이 자아준거自我準據적 공동체 관리 질서를 구축하기 시작하면서 여러 가지 정치공동체가 출현하였다. 혈연 등에 바탕을 둔 정감적 유대로 엮인 인간들의 집단인 공동사회Gemeinschaft적 공동체의 정치체제라 할 민족국가, 공통이익을 기초로 한 이익공동체적 국가 등이 등장하기 시작했다. 그리고 구성원들의 지배적 정치의식에 따라 소수정예의 엘리트가 지배하는 전제국가 또는 모든 구성원의 합의된 집단의사에 통치 권위를 둔 민주국가 등이 출현하였다.

인본주의 혁명을 겪은 공동체의 정치체제의 특성은 상향식 의사결정 구조에서 찾을 수 있다. 신의 의지로 결정된 국가의사를 하향식으로 구성원이 수용하도록 운영되던 구체제ancien régime와 달리 새 체제에서는 주권재민의 원칙에 따라 주권자인 국민의 의사가 타협 과정을 거쳐 상향식으로 국가의사로 결집되는 민주정치체제로 자리 잡았다.

과학기술 발전이 급격히 진행되기 시작한 20세기에 들어서서 주권재민이라는 의식이 보편화되면서 국가의사 결정에서 국민 각자의 개별 의식이 중시되기 시작하였다. 국민집단의 의식이 좀 더 개인 중심으로 발전하여 구성원 개개인의 자아의식이 국가의 집단의식에 반영되기를 바라는 국민 개개인의 주체의식이 강화되면서 민주정치체제도 새로운 변혁을 겪기 시작했다. 20세기까지만 해도 국민 각자의 의사는 '국민의사'라는 집단의사의 일부로 융합되는 국민의 애국심이 민주국가를 구성원의 단합된 조직으로 만들었다. 국민들은 국가를 위하여 기꺼이 자기희생을 감수하는 충성심을 보였었다.

과학기술 발전이 더욱 고도화된 21세기에 들어서면서 국민들의 자아 중심적 정치문화가 더욱 뚜렷해지고 있다. 국민이라는 추상적 집단도 이익을 같이 하는 소집단들로 나뉘면서 집단 간 경쟁과 이익투쟁이 일상화 되어가고 있다. 그리고 나아가서 국민들이 행위의 선악 판단 기준을 자기 개인의 판단에서 찾는 새 경향이 두드러지기 시작했다.[14]

개인이 가치 판단의 준거를 자기의 지식과 가치 판단에서 찾기 시작하면서 사회는 파편화되고 국가 단위의 민주정치체제는 혼란을 겪고 있다. 이른바 민주정치의 후퇴 retreat of democracy 현상이다. 안전과 풍요가 보장되는 선진국일수록 이런 현상이 두드러진다. 안전과 풍요를 걱정하지 않고 자기의 추구가치를 지킬 수 있다고 믿기 때문이다. 이러한 개인 중심주의 정치문화가 더욱 풍미하게 되면 단합된 국가의사 결정이 어렵게 되며 특히 국제사회에서 국가 간 경쟁이 치열한 환경에서 국익을 지켜내기 어려워진다.

21세기 시대 환경에서 국가의 생존전략을 수립할 때는 이러한 국내정치 환경과 국민들의 새로운 정치문화를 고려하여야 한다. 21세기는 인간의 자아의식 폭발로도 문명 전환의 세기로 기록될 것이다.

---

14 김천 수도암 원제 스님은 개인 중심 사고의 새 시대 경향을 정확히 진단하고 다음과 같이 지적했다. "과거에는 한 사람의 영웅이 있었다. 최고의 지도자가 있었다. 다들 그 영웅을 본받고 따르고자 했다. 지금 시대는 프레임이 바뀌었다. '권력의 프레임'에서 벗어나 '평등의 프레임'으로 변했다. 이제는 모두 각자 하나하나가 영웅이다… 내가 나 자신의 본 모습을 발견하고 내가 나로서 온전히 사는 것이다. 그게 인간의 존재 방식이다." 『중앙일보』 2020년 5월 29일자 인터뷰 기사에서 인용.

3) 민족국가 단위의 각자도생 시대

20세기 과학기술의 급속한 발전으로 전세계가 초연결超連結된 하나의 생활 무대로 묶이면서 사람들은 이제 전세계를 하나의 정치공동체로 아우르는 세계화globalization의 길로 나섰다. 그리고 많은 사람들이 21세기에는 모든 국가를 구성원으로 하는 하나의 세계 정부를 만들어 낼 수 있으리라 기대했었다. 그러나 현실에서는 21세기에 접어들면서 각 국가의 국가 이기주의가 되살아나고 나라마다 급속히 변화하는 지구환경 속에서 각자도생을 하기 시작하면서 탈세계화de-globalization 현상이 두드러지고 있다.

인간은 사회적 동물이다. 수렵·채집 시대에서 오늘에 이르기까지 인간은 집단을 이루고 살아왔다. 두 가지 이유에서 인간은 집단을 원한다. 우선 사람들은 다른 사람과의 관계에서만 행복을 얻을 수 있기 때문에 생활양식을 같이 하는 친근한 사람과 모여 살고 싶어 하고 가족, 친족, 부족, 민족이라는 같은 문화를 공유하는 사람들의 모임을 필요로 한다. 이렇게 이루어지는 집단이 생활공동체이다. 사람들은 또한 자기 생명의 안전을 지키고 삶에 필요한 물자와 서비스를 개인 능력 이상으로 얻기 위하여 다른 사람과 협동하려고 이익집단의 소속원이 된다. 이익공동체Gesellschaft가 그것이다.

인간은 위의 두 가지 필요로 국가를 만들어 운영하여 왔다. 국가는 생활공동체이면서 이익공동체의 기능을 해왔다. 그리고 산업혁명이 시작되기 전에는 생산 수단이 단순하여 인간의 생산 능력 차이가 크지 않았었고 구성원의 정감적 유대를 바탕으로 만들어진 생활공동체도 이익공동체 기능을 차질 없이 수행할 수 있었기 때문에 굳이 낯선 사람들과 함께 이익공동체를 만들지 않아도 좋았다. 산업혁명 이전 시대에는 대체로 '생활양식을 공유하는 사람들의 집단'인 민족을 단위로 한 국가가 보편적인 정치 단위가 되었었다.

산업혁명을 거치면서 과학기술 수준으로 산업 능력이 결정되고 그 결과로 과학기술 수준이 부富를 생산하는 능력의 기준이 되면서 국가는 점차로 이익공동체 성격을 가지게 되었다. 선진국, 부강한 나라의 국민이 되면 안전과 풍요를 쉽게 누릴 수 있기 때문에 사람들은 구성원간의 정감적 유대보다는 안전과 부를 보장해줄 수 있는 능력을 갖춘 국가를 선호하게 되었고 그 결과로 국가는 점차 이익공동체 성격을 가지게 되었다.

사람은 안전이 위협받고 가난에 시달릴 때 자기의 자유를 희생하면서도 국가 권위에 순종한다. 그러나 안전, 풍요 등이 어느 정도 보장되면 생활양식을 함께하는 정감적으로 친근한 사람들과 마음 편히 살기를 희망한다. 한국사회가 빈곤에서 벗어나지 못했던 1970년대 초에 미국 유학을 마치고 귀국한 한 정치학자는 "봉급이 10분의 1로 줄어도 영어 아닌 한국어로 살면서 친근한 사람을 만나고 사는 것이 행복"이라고 귀국 소감을 밝혔었다.

4차 산업혁명이 진행되고 많은 나라의 생활수준이 향상되면서 사람들은 풍요한 삶보다 마음 편한 삶을 더 찾기 시작하게 되고 국가도 민족을 단위로 하는 민족국가를 부유한 선진국보다 더 선호하게 되면서 민족국가가 다시 '으뜸정치공동체'로 부각되고 있다. 그리고 이런 현상 때문에 21세기에는 세계화의 흐름에 역행하는 '민족국가들의 각자도생 무대'가 새로운 역사 흐름으로 자리 잡을 것이다.

2020년 봄 중국에서 시작되어 두 달 만에 전세계로 번진 코로나바이러스-19 COVID-19 전염병은 잠재되었던 국가 간 각자도생의 모습을 생생하게 보여주었다. 그동안 '하나의 세계평화질서'를 이끈다고 자부하던 미국이 '미국 우선 America First'을 내세우고 가까운 우방국들과의 동맹도 무시하고 '미국이 살길'만 찾고 있다. 제2차 세계대전 이후 다시는 유럽에서 전쟁이 일어나서는 안 된다는 구호를 내세우고 '유럽연합 EU: European Union'이라는 지역연합체를 만들어냈던 독일, 프랑스, 영국을 비롯한 26개국들은 21세기에 완성될 전세계의 주권국가들을 아우르는 국가연합체의 본보기로 칭송되던 유럽연합의 협력 정신을 버리고 회원국 각각이 각자도생의 길로 나서고 있다. 영국은 아예 EU에서 탈퇴하기로 결정하였다.

국내정치에서도 으뜸정치체제가 '국민'에서 이익을 공유하는 계급, 지역 중심 소집단으로 분화되고 있다. 인종, 종교, 지역의 경계를 넘어 전 미국 국민들이 하나의 '미국 국민'으로 단합되었던 'e pluribus unum' 다수 의견을 하나로 정신은 '트럼프 Trump 시대'에 오면서 계층, 빈부 격차, 지역 등 공유 이익을 앞세운 집단으로 정치적 분열을 겪으면서 허물어지고 있다. 한국사회도 이 흐름에서 예외가 아니다. 2020년 국회의원 선거 결과를 보면 이념, 계층을 모두 넘어서는 지역 중심 집단으로 사회가 양분되었음을 보여주고 있다. 이런 추세대로라면 민족공동체도 지역공동체, 나아가서 더 작은 이익공동체가 '으뜸정치공동체'로 자리 잡아가게 될 것이다. 에이미 추아Amy Chua가 지적하는 정치적 부족주의tribalism가 등장하게 될 것이다.

개인 간의 공존이나 국가 간의 공존체제는 모두 당사자와 당사국의 마음가짐이 선공후사의 화합和습형으로 열려 있어야 이루어진다. 공존공생의 정치문화가 온 세상 사람들에게 보편적 마음가짐으로 자리 잡혀야 점진적 세계화의 흐름이 세계 단일 평화공동체 수립이라는 목표 상태로 흘러갈 것이다. 현재로서는 이러한 순기능적 사태 흐름은 감지되지 않는다.

3. 4차 산업혁명이 가져올 변혁

모든 생명체의 진화 과정에서 오늘날 인류의 조상인 호모 사피엔스Homo Sapiens종이 두각을 나타내기 시작한 것은 대략 7만 년 전이라고 고고인류학자들이 보고 있다. 인간보다 크고 강한 동물도 많다. 몸으로 싸워서 이길 수 없는 맹수도 많았다. 인간은 새처럼 날아다니지도 못했다. 강한 지상의 맹수를 피할 수도 없었다. 물에 들어가면 자기방어 능력이 없는 불쌍한 동물이 된다. 그런 연약한 지상 포유류의 하나인 인간이 모든 동식물을 지배하는 생명 세계의 지배자가 될 수 있었던 것은 잘 발달한 성대로 소리를 세분하여 낼 수 있는 발성 능력으로 언어를 창출할 수 있었고, 그 언어를 통하여 경험의 교환으로 자기가 직접 경험하지 않는 것도 알게 되는 지식 확대, 지식 축적의 능력을 가졌기 때문이다.

인간은 축적된 지식으로 지혜를 창출하고 다른 인간과 협동하는 기술을 갖게 되면서 '조직의 힘'으로 다른 모든 동식물을 제압하기 시작했다. 축적된 지식으로 도구를 만들어 쓸 수 있게 되었고 수력, 풍력, 열 등의 자연 현상을 이용하여 인간의 제한된 능력을 확대하는 방법을 알아냈다.

인간은 공동체를 만들어 분업과 협력으로 개인의 능력의 합계

보다 훨씬 큰 힘을 만들어 낼 수 있는 시너지synergy 창출 기술도 알아내 인간의 자연 지배 능력을 확대해 나가기 시작하였다. 구석기-신석기 시대를 지나 청동기-철기 시대로 들어서면서 인간은 지구상 어떤 동물도 제압할 수 있는 능력을 갖게 되었고 다른 인간집단도 굴복시켜 지배할 수 있게 되어 공동체 크기를 씨족-부족-민족으로 확대할 수 있었다. 이것이 인류 문명의 발달사이다.

이렇듯 인간이 발전시켜온 과학기술은 인간을 만물의 영장으로 만들어 놓았을 뿐만 아니라 인간의 삶을 풍요롭게 해주었으며 인간에게 '문명사회'라는 삶의 틀을 만들어 주었다. 과학기술은 인간에게 행복을 가져다준 최고의 축복이었다.

그러나 21세기에 들어서면서 과학기술은 사람들이 제어할 수 없는 속도로 급속히 발달하면서 그 과학기술을 만들어낸 사람에게 재앙을 가져다주는 역설적 현상이 벌어지고 있다. 인간의 통제를 벗어난 과학기술은 인간의 삶을 파괴하는 무서운 '괴물'이 되어가고 있다.

21세기의 과학기술혁명이 인간의 삶을 어떻게 바꾸어 놓고 있는지를 간략히 살펴보기로 한다.

1) 되돌아본 산업혁명의 역사

대체로 18세기까지는 인간의 과학기술 수준이 자연의 물리적 이용에 한정되어 있었다. 나무나 돌을 다듬어 도구로 쓰고 흐르는 물을 이용하여 물레방아를 돌리고 말, 소를 길들여 힘든 노동을 대신 시키는 정도였다.

18세기에 들어서서 영국에서 처음으로 증기 기관을 만들어 동력으로 쓰기 시작했고 철을 제련하여 철제 기계를 만들면서 제조 공정의 혁신이 일어났다. 토인비 Arnold J. Toynbee가 그의 저서 『역사의 연구』에서 이러한 성취를 묶어 산업혁명이라 명명했다. 수천 명이 하던 일을 대신하는 방직 기계, 증기 기관으로 철도 위를 달리는 기차 등의 등장은 가히 혁명이라 부를 만 했다. 뿐만 아니라 이러한 제조 공정의 혁명은 사회 구조, 경제 구조, 정치 구조도 바꾸어 놓았다. 기계를 소유한 기업인과 기계를 작동하는데 참여하는 공업노동자 계층이 새로 탄생하고 인구 밀집의 공업 도시가 생겨나는 공업화, 도시화에 따라 정치체제도 대규모 선거인을 가진 임금노동자의 정치적 영향력이 커지면서 시민 주도의 민주정치체제가 탄생하였다.

영국에서 시작된 산업혁명은 곧이어 전유럽과 미국 등 신대륙으로 확산되었고 산업혁명을 촉발한 과학기술에 자극 받아 모든 제조 공정과 사회생활 영역에 적용될 새로운 기술 개발이 폭발적으로 일어났다. 19세기 말기에 이르면 전기를 이용한 교통통신 장치가 등장하고 석유를 이용한 내연 기관이 사용되기 시작하였다. 철강공업의 발달로 대형 선박, 기차 등의 교통수단의 혁명이 일어나 지리적 거리를 극복한 대규모 정치 단위가 등장했으며 살상력이 폭발적으로 늘어난 무기체계로 전쟁의 규모가 커져 20세기에 들어서서는 전세계가 함께 참여하는 세계대전이 두 번이나 일어났다. 19세기 말에서 20세기 초 사이에 진행된 내연 기관, 전기, 화약, 철강공업 등으로 일어난 문명 전환 현상을 2차 산업혁명이라 부른다.

3차 산업혁명은 20세기 중엽부터 도입된 전자 기술, 전파 사용 기술로 이루어낸 산업 공정의 디지털화, 전자-전파기술을 복합한 각종 통신 기술의 등장으로 이루어진 인간의 인지 능력, 지식 획득-전파-축적능력의 혁명을 말한다. 3차 혁명 시대에 이르면서 인간의 물리적 노동은 거의 모두 기계가 대신하는 시대가 되었다.

3차 산업혁명에 연이어 진행되고 있는 4차 산업혁명은 인간의 물리적 노동과 인지 능력을 기계가 대신할 뿐만 아니라 인간의 판단, 평가 능력까지 기계가 대신하는 시대를 열었다. 인공지능, 무인기기의 등장, 사물인터넷 IoT: Internet of Things의 보급, 빅데이터 BD: Big Data의 이용 등으로 지능화된 기계가 인간의 거의 모든 고유의 능력을 대신하는 시대를 열어 놓았다. 2016년 세계경제포럼 WEF: World Economic Forum 의장 슈바브 Klaus Schwab가 이러한 흐름을 4차 산업혁명이라 이름 지었다. 인간만이 고도의 판단 능력으로 이길 수 있는 바둑을 전산시스템이 빅데이터를 처리하는 고도의 전산 기술로 승리를 이끄는 수를 제안하는 방법으로 세계랭킹 제4위의 이세돌을 패퇴시킨 것은 상징적인 예이다.

2) 4차 산업혁명과 사회 구조 변화

3차까지의 산업혁명이 가져온 변화로 인류 역사는 큰 변혁을 겪었다. 우선 인간의 물리적 노동은 거의 모두 기계가 대체하게 되었으며 직업이 세분화되고 직업 성격에 따른 사회 구성원들 간의 계급화가 일어났고 주거 환경이 도시 중심으로 바뀌었고 산업화가 앞선 나라가 뒤진 나라를 앞선 기술이 가져다준 우월한 군사력으로 지배하는 제국주의를 가능하게 했다.

산업혁명이 시작되면서 가장 큰 변화가 일어난 영역은 노동 구조의 변화였다. 농민이 도시로 옮겨 공업노동자라는 임금노동자로 변하였다. 그 결과로 생산 수단을 보유한 부르주아 계급과 임금노동자 계급인 프롤레타리아트로 사회 구성이 바뀌었으며 이러한 변화를 보면서 마르크스Karl Marx와 엥겔스Friedrich Engels가 프롤레타리아트 계급이 지배하는 인민민주주의라는 사회주의 혁명을 선동했었다.

산업혁명이 진행되면서 점차 기계가 단순 노동자의 일을 대체해 나갔고 이에 따라 대량실업이 생겨났다. 그러나 그 진행 속도가 빠르지 않아 잉여 노동자를 고용할 새로운 직장이 서비스업, 문화예술업 등 비제조업 영역에서 생겨나 실업 문제가 상당 부분 해결되었었다. 특히 선진국들은 식민지를 획득하여 식민지 관리에 많은 인력을 활용하면서 본국의 실업 문제를 해결하였다.

4차 산업혁명이 시작되면서 다시 노동 구조 변화가 일어나고 있다. 이제 과학기술 수준이 기계가 인간의 단순 육체노동만을 대체하는 수준을 넘어 인지, 판단 능력까지 대체하게 되면서 특수 기술을 갖춘 소수의 인력만으로 생산체제를 가동할 수 있게 되어 또 다시 대량실업이 생겨나고 있다. 인공지능이 보편화되고 인간의 인지 능력, 판단 능력까지 기계가 대체하게 되면서 이제는 시스템 설계와 운영에 참가할 수 있는 능력을 갖춘 하드웨어와 소프트 프로그램 제작관리자만 필요하게 되고 나머지 인력은 '쓸모없는 계급'으로 전락해가고 있다.

1980년에는 OECD 국가의 전체 노동자 중 50%가 생산업에 종사하는 단순 육체노동자와 사무직 종사자였으나 2016년에는 자동화의 결과로 육체노동자는 전체 근로자의 15%로 줄었다. 이 추세대로 간다면 2030년쯤에는 85%의 정신노동자와 전문직 노동자 중에서도 38%가 실업자가 되리라 예상하고 있다. 미래학자들은 21세기 중엽이 되면 OECD 국가의 경우 인구의 75%가 '쓸모없는 계급'을 이루리라 내다보고 있다.

과거 산업화 흐름 속에서 밀려난 무산자 proletariat와 달리 이번 4차 산업혁명에서 밀려나는 실업자들은 '불안정한, 직업 정체성을 못 가지는 시간제 노동자'라는 뜻의 프레카리아트 precariat라는 새로운 유형의 실업자 계급이 된다. 프레카리아트라는 용어는 영국 경제학자 스탠딩 Guy Standing이 2011년에 출판한 『*The Precariat: The New Dangerous Class*』라는 책에서 제시한 것인데 스탠딩은 2016년 세계경제포럼 WEF에서 이 새로운 계층이 얼마나 위험한 변화를 가져올지를 지적하면서 전세계의 관심을 끌었다. 스탠딩은 정치권력으로 부富를 누리는 plutocrat, 관리인으로 일하다가 연금 등으로 편히 지내는 salariat, 임금노동자를 지칭하는 proletariat에 새로 "불안정한 직업을 가진 프롤레타리아트"라는 precariat 계층을 보태서 사회 계급을 분류하였다. 21세기 후반에 들어서면 선진국 뿐 아니라 그 뒤를 쫓아가는 신흥 공업국가에서도 이러한 노동 구조 변화가 대응을 요하는 중요한 도전이 될 것이다.[15]

3) 노동의 양 아닌 질이 국력을 지배하는 시대

4차 산업혁명이 진행되면서 인공지능이 반영된 자동화 기계가 인간 노동을 대체하게 되면 그 시스템을 만들고 유지하는 하드웨어hardware 전문가와 소프트웨어software 전문가가 모든 생산 과정을 지배하게 된다. 또한 생산을 결정하는 요소는 노동의 양이 아니라 노동의 질이 된다. 그리고 높은 생산력을 유지하는데 필요한 특수 전문가를 확보한 국가가 세계 시장에서 높은 경쟁력을 가지게 된다. 국력 경쟁은 질 높은 노동자 확보 경쟁으로 되어갈 것이다.

한 나라의 힘, 특히 나라 사이의 경쟁에서 사용할 수 있는 군사력과 경제력이 인구 수가 아니라 인구의 질에 따라 결정되게 되면서 국제사회에서 국가 서열이 급속히 바뀌어 가고 있다. 개

---

15 자료는 WEF(World Economic Forum), 일명 Davos Forum이라고도 부르는 전세계 정치인, 기업인, 학자들이 매년 초 스위스 Davos에서 가지는 민간국제회의에서 2016년 발표된 Guy Standing의 논문에서 발췌한 것이다.

인 화기가 전투의 표준 도구이던 시대에는 많은 개인 화기를 전장에 투입할 수 있는 나라, 즉 인구가 많은 나라가 강국이었다. 병력 동원 능력이 곧 국가의 군사력이었다. 그래서 많은 인구를 유지할 수 있는 넓은 영토를 가진 나라가 강대국이 되었었다. 그러나 무기의 성능이 전투를 지배하게 되면 많은 인구를 가진 국가보다 고급 무기를 다룰 줄 아는 질 높은 병사를 확보할 수 있는 나라, 정교한 무기체계를 운영할 수 있는 고급 기술을 가진 병사를 동원할 수 있는 나라가 군사 강국이 된다. 나아가서 더 우수한 무기를 만들 수 있는 사람들을 가진 나라가 강대국이 된다. 4차 산업혁명은 국력 서열을 바꾸는 국제질서 변화로 이어진다.

군사 영역에서의 전력 강도戰力强度 비교에서는 무기의 질이 무기의 양보다 절대적으로 중요해진다. 미 공군이 보유한 최첨단 전투기 1대의 전투 역량은 북한이 보유하고 있는 오래된 전투기 100대보다 크다. 아이언 돔iron dome 같은 첨단방어 체계를 갖춘 이스라엘은 인구가 스무 배가 넘는 주변 아랍국들의 미사일 공격 능력을 기술로 상쇄하고 있다. 특히 무인기, 무인잠수함, 무인전차 등의 보급으로 전장은 무기들 간의 경쟁 마당으로 변해가고 있다. 이제 전쟁은 소총을 든 수만 명의 보병 간 싸움과 같은 '양量'의 싸움이 아니라 고도의 정밀타격 무기를 제작하는 소수 기술자들 간의 기술 수준 싸움으로 바뀌어 가고 있다.

국가 간 경제전에서도 마찬가지이다. 부가가치는 단순노동자들의 노동에서가 아니라 소수 고급 기술자들의 정밀기계 설계 능력에서 생겨난다. 삼성전자가 수출하는 휴대전화는 한국에서 설계해서 베트남에서 조립한다. 스위스 제약회사의 약품은 미국에 세운 연구소에서 개발하여 말레이시아 공장에서 만들어 홍콩에 있는 판매회사가 전세계에 판매한다. 소수의 스위스 과학자가 제일 큰 몫의 수익을 창출한다.

노동의 양이 아닌 질이 국력을 지배하는 시대가 되면서 국가 서열을 가늠하는 국력 기준도 크게 바뀐다. 무리하게 영토를 늘리거나 인구가 많은 국가를 식민화하려던 구시대의 국가 정책은 이제 더이상 거론되지 않는다.

4) 국가 성격의 변화와 게임 규칙 변화

국가의 발생, 성장 과정을 보면 제한된 체력을 가진 인간이 협동을 통하여 시너지 효과를 창출하여 힘을 키우기 위하여 조직체를 만들고 키워온 과정이라 할 수 있다. 체력의 열세로 맹수의 공격을 막아낼 수 없었던 인간이 집단을 이루면서 모든 동물을 제압할 수 있었다. 혼자의 힘으로 개울물 줄기를 돌릴 수 없었던 인간이 힘을 모아 둑을 쌓아 큰 물줄기도 편의대로 돌릴 수 있게 되었다. 인간은 이런 협동으로 자연지배 능력을 키웠으며 그런 협동의 단위를 가족, 씨족, 부족, 민족으로 키워가면서 민족국가 전성시대를 이루게 되었다.

인간공동체의 출발은 혈연과 지연에 의한 공동체 형성이다. 부모와 자식 간의 혈연으로 연결된 가족은 가장 원초적인 인간공동체였다. 낳아 키운 자식에 대한 엄마의 사랑은 자식을 남이 아닌 자기의 분신分身으로 인식하게 만든다. 이러한 정감적情感的 유대로 맺어진 가족이라는 공동체는 공헌과 대가代價라는 타산적인 거래로 맺어지는 이익공동체와는 작동 원리가 다르다. '우리 의식'이 바탕이 된 '함께'라는 추구가치 단위가 '나'라는 개인의 이익을 넘어서는 희생을 당연시하는 작동 원리로 움직인다.

가족이 커지면 씨족이 되고 씨족이 모이면 부족이 된다. 이런 혈연공동체는 같은 지역에서 서로 접촉하고 살면서 지연地緣 관계를 맺게 된다. 가까이 살면서 접촉이 일상화된 집단은 삶의 양식을 공유하게 된다. 언어, 습관, 가치관 등을 공유하게 된다. 삶의 양식의 총화總和를 문화라 하고 문화 동질성을 공유하는 인간 집단을 민족이라 한다. 이런 정감적 공동체가 공동체의 질서를 유지, 관리, 개선, 발전시키기 위하여 만든 조직체가 부족국가, 민족국가이다. 정감적 공동체의 성격을 강하게 가진 민족국가의 경우 구성원은 다른 구성원을 '남'이 아닌 '우리'로 생각하고 민족 전체의 이익을 위하여 국가에 충성할 것을 기대하고 요구한다. 그리고 구성원들은 자기의 노력의 대가를 타산적으로 계산하지 않도록 강요받는다. 민족의 안녕과 번영을 위하여 목숨을 바쳐 싸워주기를 병사들에게 요구하는 것은 바로 민족을 나의 연장으로 생각해야 한다는 '민족 논리'에 의한 것이다.

국가는 공동체 구성원의 안전과 풍요로운 물질적 삶을 보장하여야 할 의무를 가진다. 국가의 이러한 '존재 이유' 때문에 인류의 역사는 전쟁의 역사로 되었다. 무력으로 다른 집단을 복속시켜 착취하는 것이 국가의 목적이 되었다. 부족국가들도, 민족국가들도 전쟁을 하나의 국가 기능으로 삼았다. 정복한 나라의 영토와 인민을 자기 공동체의 일부로 편입하는 제국주의 전쟁이 보편화되었다. 편입된 타민족은 시간이 지나면서 자국 민족에 동화되어 자국 국민의 일부로 되었다.

20세기까지의 인류 사회는 모두 크고 작은 민족국가들로 분할된 국가 간 경쟁의 시대였다. 국가가 국민의 높은 물질적 생활을 보장해주는 기능을 수행하면서 정감적 공동체 관리 조직의 성격을 벗어나 이익공동체적 성격을 띠기 시작했다. 소속 국가가 강대국이 되면 그 국민의 생활환경이 좋아진다. 국가는 국력 증진에 공헌한 정도에 따라 혜택을 배분하는 타산적 공동체로 변질되기 시작하였다. 국가는 국민의 지지를 확보하기 위하여 넓은 영토와 많은 노동력을 확보하기 위하여 제국주의 전쟁을 벌였다. 부국강병富國强兵이 제국주의 시대의 모든 국가들이 추구하던 1차적 정책이었다.

20세기 전반까지의 국력 경쟁은 많은 인구와 넓은 영토 확보 경쟁이었다. 과학 발전 수준이 낮아 무기의 표준이 총포와 전차, 군함, 항공기 등의 기동수단에 머물러 있던 때에는 전력은 병력의 크기와 공업 생산력 크기에 따라 결정되었기 때문이었다. 그러나 21세기에 들어서면서 국력의 요소가 근본적으로 달라지고 있다. 4차 산업혁명의 영향이다.

소수정예의 과학자와 기술자가 만들어낸 핵무기는 수십만 명의 병력을 가진 상대를 쉽게 무력화 시킨다. 훈련된 사이버 전문 병사들로 적국의 모든 무력체계를 마비시킬 수 있게 되었다. 각종 무인 전투장비로 병력의 희생 없이 전쟁을 승리로 이끌 수 있게 되었다. 21세기적 시대 상황에서는 한 나라의 전쟁 능력은 그 나라의 과학 수준과 우수인력 확보 능력으로 결정된다. 그리고 이에 따라 국가 간의 경쟁은 과학기술 전문인력 확보 경쟁에 집중된다. 국가 간 국력 경쟁은 '노동의 양이 아닌 노동의 질의 경쟁'으로 형태가 바뀐다.

국가의 성격이 '정감적 공동체'에서 '이익공동체'로 성격이 변하고 국가의 경쟁이 우수 전문가 확보에 집중되기 시작하면 국내 정치에 어떤 영향이 미칠까?

우선 국가 간 경쟁이 치열해지는 21세기적 국제사회에서 각 국가는 경쟁에서 이기기 위하여 '우수인력 확보'에 중점을 두고 국가체제를 이에 맞도록 현능주의meritocracy에 바탕을 둔 엘리트지배체제로 바꾸려 할 것이다. 국가 간 경쟁에서 패배하면 국가 자체가 존속할 수 없게 되기 때문이다. 4차 산업혁명의 진행에 따라 '쓸모없는 국민'으로 내몰리게 되는 대다수의 국민들은 어떻게 처신할까? 프레카리아트 계급으로 전락한 대다수 국민들이 이러한 국가 정책을 시대적 숙명이라고 감수하고 있을까? 더구나 지난 200년간 진행되어온 '시민혁명'으로 만민평등의 사상이 보편화된 21세기적 사회에서 '국민의 국가에 대한 의무'보다 '국가가 국민에게 제공해주어야 할 혜택'을 더 중시하는 새 시대의 국민들이 엘리트지배체제에 순응할 것인가?

가장 두드러지는 현상은 '불안정한 직업을 가진 프롤레타리아트' 계층인 프레카리아트들의 불만을 이용하여 등가참여等價參

與의 민주주의 정치의 선거 제도를 발판으로 등장하는 대중영합주의의 확산이다. 이미 21세기 초반부터 이 현상은 두드러지고 있다. 20세기 말까지 자유민주정치체제는 전세계의 약 200개 국가 중 180개 국가가 채택한 보편적 정치체제로 자리 잡았으나 지난 20년 동안 자유민주주의체제는 급격히 후퇴하고 있다. 이미 포퍼 Karl Popper가 일찍이 『열린사회와 그 적들』에서 '민주주의 역설'이라고 이름 붙여 예견하였듯이 민주주의를 가장한 전제주의가 여러 나라에서 등장하고 있다.

농업 중심의 단순 노동이 표준적 생산 양식이던 200년 전 제시되었던 '제퍼슨적 민주주의 Jeffersonian democracy'는 20세기 말까지 인간이 생각해낸 가장 합리적 정치체제로 칭송받았었다. 모든 사람이 '인간 존엄성이 보장된 자유'를 누리며 똑같은 권리를 가지고 참정권을 행사하는 평등권을 보장받는 자유민주주의체제야말로 인간이 현실적으로 운영할 수 있는 최선의 정치체제로 여겼었다. 그러나 과학기술 발달로 인간의 단순 노동을 기계가 대신하고 심지어 인간의 판단 능력, 인지 능력까지 인공지능 AI을 갖춘 기계가 대신하는 21세기적 상황에서는 체제의 '환경 적합성'이 다시 평가되어야 한다.

21세기 국가전략 구상에서는 과학기술 발전이 가져온 새로운 사태에 대응할 수 있는 정치체제를 구상할 때 다음의 두 가지 과제를 염두에 두어야 한다.

첫째는 치열해지는 국가 간 생존 경쟁에서 지지 않을 수 있는 국력을 유지할 방법을 생각해야 한다. 과학기술 전문인력의 확보, 양성, 유지에 적합한 체제일 것. 둘째는 4차 산업혁명 진행에서 밀려 나오는 국민 중 80% 이상의 프레카리아트 계층을 지켜 줄 수 있는 체제일 것.

축구 경기는 참가 선수가 미리 정해 놓은 게임 규칙을 지킨다는 믿음 속에서 이루어지는 경쟁이다. 각 팀의 선수를 11명으로 제한하고 '골키퍼' 이외의 선수는 볼에 손을 댈 수 없다는 규칙을 모두 지키면서 볼을 상대방 골문에 집어넣는 방식으로 승부를 가리는 경기이다. 그런데 만일 한 팀이 선수 15명을 경기장에 넣는다거나 볼을 손으로 잡아 던지기도 한다거나 하면 경기 자체가 이루어지지 않는다.

문제가 많지만 현재 국제사회는 국제법을 갖춘 국제질서로 통제되고 있다. 이 질서가 규정하는 규칙을 지키면서 국가들은 서로 교역도 하고 협력도 한다. 전쟁을 할 때도 일정한 국제법규를 지키면서 한다. 국제법은 국가 간의 관계를 규제하는 경기규칙 같은 것이다.

그동안 그런대로 국제법은 잘 지켜졌다. 전쟁을 하면서도 상대방 포로를 국제법에 따라 보호했다. 민간인 살상도 법을 지키기 위하여 피했다. 문제는 과학기술 발전이 가져온 변화가 현존 국제법을 지킬 수 없게 만든다는 점이다. 축구 경기에 비유한다면 축구 경기 규칙은 사람은 모두 뛰거나 걸을 수는 있어도 날아다닐 수 없다는 사실, 그리고 사람의 크기가 대체로 2m를 넘지 않는다는 사실을 전제로 만든 것인데, 만일 사람이 날아다닐 수 있게 된다면 지금의 축구 규칙으로는 공정한 경기를 할 수가 없게 된다. 마찬가지로 각 나라의 생활양식, 생산양식이 급격히 바뀌는데 지나온 세기의 국제법과 국제질서로는 21세기 시대 환경이 요구하는 국가들의 행위 규제가 불가능해진다. 질서가 변화를 좇아가지 못하고 있다. 국제법과 질서가 시대 환경에 적합하지 않게 되니까 이 국가들은 협력보다 경쟁으로 나서게 된다. 자구自救 노력을 펴기 시작하게 된다. 그 결과로 국제환경은 무법의 국가 간 생존 경쟁의 마당으로 변하고 있다.

핵무기, 화학무기, 생물菌무기 등은 국제법으로 생산, 비축, 사용이 금지되어 있다. 그런데도 허용되는 무기만으로는 자위를 할 수 없는 약소국들은 법을 어기고 이러한 대량살상무기를 비축하고 있다. 북한이 그 대표적인 예이다. 과학기술이 국력의 핵심 요소가 되면서 앞선 나라의 기술을 훔치는 예가 빈번하다. 정규군 이외의 무장력은 전쟁에서 사용할 수 없게 제한하는 국제법을 어기고 정규군보다 더 많은 민간인을 고용하고 있는 민간군사회사PMC: Private Military Company를 앞장세워 동원한 '무장 민간인'을 전장에 투입하는 나라도 많다. 대기오염 방지를 위한 '온실가스' 배출 규제를 어기고 탄산가스를 쏟아내는 국가, 국제협약을 어기고 고래를 남획하여 해양 생태계를 파괴하는 국가 등 위법 국가가 점증하는 데도 이를 막을 수 있는 방법이 마련되어 있지 않다.

국가 간 국력 서열에는 변경이 있을지 모르나 문명 전환의 대변혁이 진행되는 21세기 말까지는 규제를 벗어난 치열한 국가 간 생존 경쟁이 지속될 것이다. 이러한 국제환경 속에서 대한민국의 생존전략을 세워야 한다. 환경의 혁명적 변화에는 대응책도 혁명적이어야 한다.

제2장

자멸 위기에 놓인 인류 문명

개요

인간이 자초한 자연환경 파괴를 제 모습으로 되돌리고 전쟁 수단으로 개발해 놓은 대량살상무기를 통제하는 범세계적 협력이 이루어지지 않으면 인류 문명은 21세기가 끝나기 전에 종말을 고하게 된다. 인류 문명을 구출하기 위한 국제협력은 긴박한 과제이다. 한국을 포함한 모든 나라의 미래 설계에서는 이러한 인류 공동의 과제를 염두에 두어야 한다.

한정된 지구라는 작은 행성에 살고 있는 인간이 축적된 과학기술을 응용하여 지구가 감당할 수 없을 정도의 자연환경 변화를 일으키면서 풍요로운 삶을 무한정 추구하고 있다. 이것은 자해 행위이다.

화석연료의 대량 사용으로 배출되는 탄산가스가 온실 효과를 일으켜 지구 온난화가 빠른 속도로 진행되고 있다. 높아지는 기온으로 남북극의 얼음이 녹고 바닷물의 부피가 늘어 해수면이 급상승하고 있다.

활발한 경제활동으로 생성되는 각종 가스로 대기오염도 심각해져 가고 있으며 공장에서 만들어지는 각종 폐기물과 생활 쓰레기가 바다로 흘러들어 해양오염이 바다에서 서식하는 동식물들을 폐사시키고 있다. 인간은 동식물의 다양성도 파괴하고 있다.

인간이 필요로 하는 동식물을 집중적으로 번식시키고 기타 동식물의 생태를 파괴함으로써 많은 동식물이 멸종되어 자연 생태의 균형이 깨지고 있다.

교통통신 기술의 발달과 산업에서의 전지구적 분업체제의 진전으로 전지구가 초연결된 하나의 삶의 마당으로 되어 가면서 전염병의 확산이란 새로운 위협이 닥치고 있다. 그리고 자연자원의 과도한 소비로 가용 자원의 확보가 한계에 도달하여 자원 쟁탈전이 심화되고 있다.

이러한 모든 불가역적 변화는 새로운 적응 방안의 모색을 강요한다. 그러나 전지구적 협동으로만 해결할 수 있는 자연환경의 도전을 앞두고 국가들은 협동으로 문제를 해결하는 대신 각자도생의 이기적 적응을 모색하면서 국가 간 갈등만을 추구하고 있다.

지구환경 변화보다 인간 스스로가 만든 살상 무기의 위험이 더 심각하다. 인간은 과학기술을 국가 간 경쟁에서 우위를 가질 수 있는 수단을 확보하는데 사용하면서 이미 전지구를 초토화시킬 수 있는 핵무기를 만들어 보유하고 있다. 핵무기 보유국의 의사 결정권자의 악의적 결단 하나로 전인류사회가 초토화될 수 있는 위험 속에서 전세계인이 매일매일을 살아가고 있다.

국가 간의 빈부 갈등이 심화되면서 국제 관계의 안정을 깨고 있다. 빈한한 나라의 주민들은 생활 여건이 좋은 선진국으로 대량 이동하고 있다. 종교 갈등으로도 많은 사람들이 국경을 넘어 이동하고 있으며 정치적 자유를 찾아서 국경을 넘는 이민도 급속히 늘고 있다. 경제 이민, 정치 이민, 그리고 내전이 만들어 내는 전쟁 이민까지 대량 이민이 생겨나면서 국제 관계가 긴장되고 있다.

인류 문명의 존립을 위협하는 여러 가지 위협 요소에 효과적으로 대응하여 인류 문명을 지키기 위해서는 이제라도 전세계의 인민이 함께 협력하는 체제를 마련하여야 한다. 그러나 각 나라는 오히려 자국의 안전과 풍요를 위하여 다른 나라의 이익을 희생시키는 각자도생의 길을 가고 있어 21세기를 위기의 세기, 인류 문명의 존립이 위협받는 세기로 만들고 있다.

대한민국의 생존전략은 이러한 범세계적 사태 흐름을 전제로 하면서 세워져야 한다.

1. 지구환경의 불가역적 파괴

인간의 자연환경 활용 능력이 제한적이던 산업화 이전 시대에는 인간의 활발한 생산 활동에도 불구하고 지구 생태계의 균형이 그런대로 안정적으로 유지되었었다. 인간이 자연을 파괴할 수 있는 능력 자체가 제한적이었기 때문이다. 그러나 인간의 자연 활용 능력이 천문학적으로 늘어난 21세기에는 인간의 일상생활이 전지구적 생태환경 자체를 파괴하기 시작했다.

창과 활 정도의 단순한 무기로 사냥하던 수렵시대에는 인간에 의한 자연 훼손은 미미하였다. 그러나 장비와 기계를 쓰는 농업, 목축업, 공업이 발달하면서 인간의 생산 활동이 지구환경을 파괴하기 시작하였다. 예를 들어 인간들이 인간의 삶에 필요한 동식물만 개량하고 키우면서 다른 동식물을 농약 등의 방법으로 제거하면서 지구의 동식물의 다양성은 허물어지기 시작했다. 2019년 파리에서 열린 '유엔 생물 다양성 과학기구IPBES' 총회에서 보고된 자료에 의하면 현재 지구상에 서식하는 800만 종의 동식물 중 100만 종이 이미 멸종 위기에 처해 있다고 한다. 식물 중에서는 침엽수가 34%, 포유류 중에서는 25%가 이미 멸종 상태에 접어들었다고 한다. 특정 동식물이 멸종하면 생태계의 균형이 깨어져서 결국 전지구적 재앙을 가져올 수 있다.

기후 변화도 심각한 위협이 되고 있다. 화석연료의 대규모 사용으로 배출되는 탄산가스의 온실 효과로 지구 온난화가 위험할 정도로 급속히 진행되고 있다. 남북극의 빙산이 녹고 바다의 수위가 높아지는가 하면 동식물의 생태계에도 큰 변화를 가져오고 있어 '지구 황폐화'가 예견되고 있다. 공기의 질도 악화되어 인간의 생존이 위협받게 될 것이라는 보고도 나오고 있다.

전문가들은 21세기 말까지 지구의 평균 기온은 지금보다 섭씨 2도 정도 높아지리라고 예상하고 있다. 이런 온난화 추세를 방치하면 우리에게 친숙한 기후 환경은 크게 바뀌게 된다. 잦은 태풍, 홍수, 가뭄 등이 인간의 생존 환경을 크게 바꾸어 놓으리라고 한다.

그밖에도 인류문명 자체의 존속을 위협하는 불가역적不可逆的 변화가 많다. 예를 들어 전염병의 전지구적 확산, 그리고 한정된 자연자원의 고갈 등도 인간 스스로 만든 재앙으로 되돌리기 어려운 변화이다. 이러한 변화는 인간들이 '오늘의 편의'를 위해 '내일의 상태'를 희생시키면서 자초한 재해이다.[15]

과학기술은 인간이 통제하면서 활용할 때는 인류문명 발전을 가져오는 '축복의 도구'가 되었지만 인간의 통제를 벗어나면 인류문명을 파괴하는 '재앙의 자해自害 무기'가 된다.

지구 환경은 스스로도 끊임없이 변한다. 예를 들어 26,000여 년 주기로 지구 자전축自轉軸이 선회하는 세차운동歲次運動, precession으로 온대 지방이 한대 지방으로, 열대 지방이 온대 지방으로, 그리고 사막 지대가 초원으로, 수림 지대가 사막으로 바꿔어 왔다. 그리고 빙하기가 여러 번 닥치기도 했다. 그러나 이러한 자연적 변화는 오랜 시간에 걸쳐 일어나고 있어 '짧은 미래'를 놓고 전략을 생각할 때는 무시해도 좋으나 인간이 조성하는 자연 환경 변화는 그 피해가 당장 나타나므로 대처하지 않을 수 없다. 시급하게 대응해야 할 '인간이 조성한 변화anthropogenic change'를 몇 가지 살펴본다.

1) 지구 온난화

자연환경은 다양한 요소가 정교하게 균형을 이루고 있는 복합 체제이다. 어느 한 요소의 변화가 연쇄적으로 다른 변화를 유발

---

16 Yuval N. Harari는 지구상에 생물이 태어나 진화해온 40억 년의 세월 중에서 여러 번 소행성과의 충돌 등과 같은 자연의 힘에 의한 대량 멸종 등의 변혁이 있었으나 지난 7만 년처럼 인간이라는 단일 종의 생물이 전 생태계에 돌이킬 수 없는 변화를 준 적이 없다고 하면서 지질학자들은 현세대를 홀로세(Holocene)라고 부르지만 지난 7만 년을 인류세(人類世, Anthropocene)로 보자고 제안했다. 그러나 최근에 와서 일부 학자들은 핵무기를 처음으로 사용한 1945년 이후를 인류세로 보자고 주장하기도 한다. Harari의 주장은 그의 책 *Homo Deus: A Brief History of Tomorrow*, 2015(한국어판, 『호모 데우스: 미래의 역사』, 서울: 김영사, 2017), 제2장을 참조할 것. 기후 변화가 가져올 재앙에 대해서는 다음 책을 볼 것. David Wallace-Wells, *The Uninhabitable Earth*, New York: Penguin, 2019(한국어판, 『2050 거주불능 지구』, 김재경 역, 서울: 추수밭, 2020). *Foreign affairs*는 2020년 5-6월호를 전염병 다음으로 닥칠 더 큰 위험인 기후 변화를 특집으로 다루었다. 편집인은 미리 준비해야 다음에 닥칠 기후변화라는 불을 잡을 수 있을 것이라면서 특집 제목을 "The Fire Next Time"이라고 부쳤다. 이 특집에 실은 7개의 논문은 아주 귀중한 자료이다. 읽기를 추천한다.

하면서 인간의 생존 환경을 직간접적으로 파괴하게 된다. 지구 온난화도 그 자체만으로는 큰 문제가 아닐지 몰라도 기온 상승이 가져오는 연쇄 변화가 환경 균형을 깨기 때문에 문제가 된다.

지구의 대기 온도가 연평균 1 내지 2도만 올라도 제트기류 등 일정 고도와 일정 위도에서 불고 있는 기류의 흐름을 흔들어 많은 지역의 강수량 변화를 가져오고 태풍의 빈도 등에 영향을 미친다. 몽골의 건조한 초원에 겨울비가 와서 풀밭이 모두 빙판이 되어 기르는 양이 모두 아사하는 '주드Dzud' 현상이 일어난다거나 아마존 열대우림이 말라 산불이 나기도 하고 북극 얼음이 녹는 속도에 변화를 주어 해류의 흐름을 바꾸는 등 생각하기 어려운 변화를 여러 곳에서 일으킨다.

지난 100년 동안 산업화 과정에서 배출시킨 이산화탄소CO_2가 지구표면의 태양열 복사를 막아 지구표면 온도가 평균 1.5도 높아졌다. 그 결과의 하나로 북극의 얼음들의 녹는 양이 늘어나 북반부의 기후 변화를 많이 일으켰다. 뿐만 아니라 높아진 온도로 바닷물 부피가 늘고 녹은 얼음이 바닷물의 높이를 높이면서 태평양의 낮은 산호초 섬들이 물에 잠겨 주민 대피 소동이 벌어지고 있다. 현재 예측으로는 21세기 말쯤까지 연평균 기온이 2도까지 더 오를 수 있어 해안가의 여러 도시가 물에 잠기는 일이 벌어질 수 있다고 한다.[17]

---

17 Wallace-Wells의 예측은 더 비관적이다. 그에 의하면 2050년에 이르면 폭염으로 약 25만 명이 사망하고 기후난민이 10억 명에 이를 것이라고 한다. 그는 지구 평균온도가 5도 오르면 전지구가 인간이 살 수 없는 땅이 된다고 했다.

최근 지질학자들은 기온 상승으로 시베리아의 만년동토perma-frost가 녹기 시작하면서 그 밑에 묻혀 있던 암모니아 가스가 유출되어 지구온난화를 촉진한다고 걱정하기 시작했다. 또한 북극해 얼음이 녹으면 태양열 복사가 줄고 바닷물이 열을 더 흡수해서 기온 상승을 가속화한다고 걱정하고 있다.

기온 상승과 같은 기후 변화는 어느 한 나라가 막을 수 있는 문제가 아니다. 전세계의 국가들이 모여 해결해야 할 문제이다. 국제연합은 '북극위원회'를 만들어 국제적 협력으로 북극해 해빙 문제를 논의하고 있다.

2) 대기와 해양오염

공업화가 진행되면서 화석연료를 태우는 양이 점점 증가하고 있다. 여기에 차량이 배출하는 오염 물질까지 더하면 공기의 질은 점점 더 나빠진다. 이미 수십 년 전부터 안개와 오염 물질이 합쳐져서 생기는 스모그smoke+fog 현상으로 많은 사람이 생명을 잃고 있다. 더 이상 대기오염을 방치할 수 없게 되었다.

2019년 현재 대기 중 이산화탄소의 농도는 413ppm, 다른 온실가스를 포함하면 500ppm으로 이 추세라면 2100년경에는 지구 평균기온이 산업혁명 전보다 4 내지 4.5도 상승하게 될 것이고 그런 환경에서는 사람이 살기 어려워진다고 한다. 2020년 현재 세계 1만 3천 개 도시 중 서울의 공기가 가장 오염되어 있다.

이산화탄소 CO2 농도가 542ppm에 이른 때도 있었다.[18]

　대기오염 방지를 위하여 각국이 오염물질 배출 총량을 줄이기로 한 『교토의정서』 체결 등 국제적 노력이 계속되고 있으나 오염물질을 가장 많이 배출하는 강대국들의 비협조로 대기오염은 계속 악화되고 있다. 대기오염은 인간이 현 수준의 생활 형태를 유지하는 한 자연 해소가 되지 않는 비가역적 환경 변화이다. 대기오염도 특단의 국제적 협력체제가 이루어지지 않는다면 인류 문명 자체를 위협하는 원인이 될 수 있다.

　2019년 경희대학교가 주최한 평화축제 Peace BAR Festival 2019에서는 '기후 위기'를 집중적으로 다루었다. 기후 재앙을 막을 대책을 세우기에 이미 늦었다고 지적하면서 한 발표자는 지금 당장 화석연료 사용을 연 9%씩 줄여 나가야 된다고 주장하였다. 그의 추산에 의하면 2050년까지 지구 전체 평균 기온이 3도 상승하게 되고 그 경우 극지방 얼음이 녹고 바닷물 부피가 늘어 해수면이 지금보다 20 내지 50cm 높아지게 되는데 이 추세대로라면 금세기 말에는 뭄바이, 홍콩, 상하이 등이 침수되리라고 했다. 2015년에 체결된 『파리기후협정』에서 참가국들은 기온 상승을 2도 이내로 제한하는 것을 결의했으나 강대국들의 이기심으로 그 목표 달성은 어려우리라 예상된다.

---

18 〈주간조선〉, 2602호(2020. 4. 6-12), pp.76-79에 실린 정수종 교수 인터뷰 기사, "서울 이산화탄소 파수군: 세계 평균보다 27.84ppm 높다" 참조; 2019년 경희대 평화축제 발표자료의 요약은 〈중앙일보〉 2019년 10월 12-13일자에 실려 있다. 지구 평균기온 상승 예측치도 이날 발표된 Ian Dunlop의 발표문에서 인용한 것임.

바다의 오염도 심각하다. 인간이 만들어 내는 쓰레기로 이제 전 세계의 바다가 오염되고 있다. 인도가 쌀 증산을 위해 한때 DDT 를 살충제로 대량 살포했었다. 그 결과로 태평양에서 잡은 생선에서 DDT가 검출되었다. 넓은 바다이지만 인간이 버리는 쓰레기로 해양오염이 심각해지고 있다. 특히 최근에는 플라스틱 공해가 심각하다. 많은 해양서식 동물이 플라스틱을 먹고 희생되고 있다.

선박 폐유도 해양오염의 원인이 되고 있고 생활 쓰레기의 투기로 해수 및 해저 토양의 오염이 급속히 확산되고 있다. 자연정화 수준을 넘는 해양 오염물 투기는 해양 동식물의 생태 환경을 파괴하게 되고 그 결과로 인간이 소비하는 수산물 생산도 영향을 받게 된다. 해양의 불가역적 오염은 결국 인간의 생활환경 파괴로 발전한다.

해양오염도 몇몇 국가의 노력만으로 막아지지 않는다. 국제적 협력으로만 저지할 수 있다.

3) 생물 다양성 파괴

인간의 편의에 맞추어 인간들이 특정 동식물만 대량으로 키우고 다른 생물의 생활환경을 파괴해 오면서 자연 상태의 동식물의 분포가 허물어져 왔다. 또한 인간이 자기 필요에 따라 대량으로 동식물을 죽여 많은 동식물이 멸종되었다. 이미 800만종의 동식물 중 100만종이 멸종 위기에 처해 있다고 한다.

유발 하라리Yuval N. Harari는 예를 몇 가지 들었다주15 참조. 현재 지구상에는 개가 4억 마리인데 개의 원조인 늑대는 20만 마리에 불과하고 사자는 4만 마리인데 집고양이는 6억 마리나 된다고 한다. 그밖에 소도 15억 마리, 닭 200억 마리를 인간이 키우는데 사람이 관리하지 않는 아프리카 물소는 90만 마리, 펭귄은 5천만 마리에 그치고 있다고 한다.

고래도 52종이 얼마 전까지 서식했었으나 그중 4~5종은 이미 멸종되었다. 평균 600만 마리 수준을 유지하던 고래의 수는 몇몇 나라의 남획으로 140만 마리로 줄었다. 한국에 서식하던 호랑이나 곰 등도 남획으로 멸종되었다. 삼림 훼손도 심각하다. 인간이 필요로 하는 목재를 생산할 수 있는 나무만 심고 다른 나무를 제거하는 수종개량 사업으로 많은 희귀식물이 멸종했다. 농작물 보호를 위하여 많은 곤충을 살충제로 제거하여 곤충들 간의 균형을 깨뜨려 놓았다.

생물 다양성이 파괴되면 여러 생명체 간의 상호 의존적 생태 환경이 파괴되어 많은 생물체의 멸종을 가져오게 된다. 그리고 생물체가 이루는 생태 환경이 파괴되면 인간도 존속하기 어려워진다.

21세기는 지구의 생태계를 살릴 수 있는 마지막 시기가 된다. 금세기 내에 생태계의 균형을 회복시켜 놓지 않으면 다시 회복할 수 없게 된다. 죽은 생명체는 다시 생겨나지 않는다.

4) 전염병의 확산

2020년 봄 전세계가 눈에 보이지도 않는 코로나19 COVID-19라는 바이러스의 창궐로 '전쟁'을 벌이고 있다. 1월 중국 우한武漢시에서 시작된 코로나바이러스에 의한 호흡기 감염은 불과 3개월 만에 전세계로 번져 4월 초에는 150만 명이 감염되었고 그중에서 사망자가 10만 명을 넘어서고 있다. 치료약도 없는 이 전염병은 계속 번지면서 세계 경제도 마비시킬 것이다.

인류는 흑사병, 천연두, 콜레라 등의 전염병으로 이미 여러 번 고통을 겪었다. 1918년에 유행했던 스페인독감으로 전세계에서 3억 명이 감염되고 그중에서 5천만 명이 병사했다. 그때 막 끝난 제1차 세계대전의 전사자보다 더 많은 사람이 전세계로 번진 전염병 pandemic disease으로 죽었다. 한국도 여러 번 전염병으로 큰 피해를 입었다. 100년 전의 스페인독감 때는 750만 명이 감염되고 그중 14만 명이 죽었다. 21세기에 들어와서도 사스SARS, 메르스MERS로 크게 시달렸다.

세균이나 바이러스는 인간보다 더 먼저 지구상에 나타난 미생물인데 자연을 지배한다고 자부하는 인간들이 왜 이렇게 피해를 많이 입을까? 문명 발전의 역설이다. 과학기술 발전으로 교통수단이 발달하여 전세계가 하나의 생활권으로 묶였기 때문이다. 전세계적으로 확대된 분업체계로 국가 간, 지역 간의 인적·물적 교류가 비약적으로 증대되어 인간 간의 접촉이 일상화되면서 병균의 전염이 손쉬워졌기 때문에 전염병의 세계화 pandemic 현상이 일어난 것이다. 2020년에 전세계를 강타한 코로나 바이러스의 경우를 보더라도 도시화 정도가 앞서는 선진국에서 전염 속도가 빠르고 산업 수준이 낮은 후진국의 피해가 적었다. 접촉 기회가 적기 때문이었다.

　인간과 전염병과의 싸움은 쉽게 끝나지 않을 것이다. 인간은 고등 동식물을 쉽게 죽일 수 있으나 단세포 동물인 박테리아나 박테리아의 1,000분의 1밖에 안 되는 자생 능력이 없는 바이러스와는 싸우기 어렵다. 너무 단순한 물체여서 죽일 수 있는 방법을 찾기가 어렵기 때문이다. 그리고 산업화가 진행되면서 전세계가 초연결의 생활공동체를 벗어날 수 없기 때문이다.

　전염병의 창궐을 막기 위해서는 전세계의 모든 국가가 협력하여 공동 대응책을 마련하여야 한다. 그러나 2020년의 코로나바이러스 사태 때 보았듯이 인류사회 전체가 전염병에 노출되었는데도 나라마다 자국국민 보호를 앞세워 범국제적 공동 대응 노력을 피하고 자국민 보호만을 위해 각자도생의 길을 찾았다. 위기에서 국가 이기주의 정책을 택하는 나라들이 주도하는 국제사회에서는 전염병 창궐은 앞으로도 피하기 어려울 것이다.

5) 자연자원의 고갈

인간은 풍요한 삶을 유지하기 위해서 많은 자연자원을 사용한다. 그런데 이러한 자원 중에는 재생 가능한 자원뿐만 아니라 재생 불가능한 자원도 있다. 예를 들어 현대 문명을 가능하게 하는 에너지의 상당 부분을 화석연료를 사용하여 충당하고 있는데 화석연료는 한정되어 있다. 그리고 많은 공업용 원자재를 재생할 수 없는 광물자원에서 확보하고 있다.

1972년 도넬라 메도우스Donella Meadows 등 몇몇 학자가 '로마 클럽'의 지원을 받아 「성장의 한계 *The Limits to Growth*」라는 보고서를 작성하여 지구자원의 고갈로 인류 문명의 성장이 한계를 맞이하게 될 것이라고 발표하였다. 이를 계기로 제한된 자원과 자원 확보 제약이 인류 문명 발전을 어떻게 제약하고 또한 어떤 대안을 찾아 살아남을 수 있는가 하는 문제에 대한 많은 연구가 있었다.[19]

한정된 자원이 인류사회 발전을 막는다면 그 대안은 대체 자원을 개발하는 방법을 찾는 것과 그 자원을 사용하지 않는 삶의 방식을 선택하는 것이다. 그러나 인간의 이기심은 1차적으로 다른 나라의 것을 쟁취하는 방향에서 적응 방법을 찾게 만든다. 이미 선진국들은 이러한 방향에서 자연고갈 문제를 풀려고 움직이고 있으며 그 결과로 21세기에는 국가 간 자원 쟁탈 경쟁이 심각하리라 예상된다.

---

19 대표적인 보고서 두 권만 소개한다. M. Mesarovic and E. Pestel, *Mankind at the Turning Point: The Second Report to the Club of Rome*, New York: Dutton, 1974; John Naisbitt & Patricia Aburdene, *Megatrends 2000*, New York: William Morrow, 1990.

2. 대량살상무기에 의한 지구 초토화 위험

1) 핵무기

미국, 러시아, 중국, 영국, 프랑스 등 국제연합 상임이사국 5개 국은 핵무기 보유국이다. 이들 핵무기 보유국들이 비핵국을 상대로 핵무기를 사용하지 못하도록 '핵비확산조약 NPT: Treaty on the Non-Proliferation of Nuclear Weapons'이 규정하고 있다. 또한 이들 핵보유국들은 핵무기 생산과 관련한 기술, 관련 물자 등을 비핵 국가에 제공할 수 없도록 규제를 받고 있다. 이들 5개 핵보유국 외에 인도, 파키스탄, 이스라엘 등 3개국이 '사실상의 핵보유국'으로 묵시적으로 인정받고 있다. 현재 핵보유국 8개국이 보유하고 있는 핵폭탄을 모두 폭발시키면 500년 동안 전지구에 생명체가 살 수 없게 된다고 한다. 더구나 최근에는 북한, 이란 등 핵비확산조약에 가입하지 않은 군소 국가들이 핵무기를 개발하고 있어 핵무기가 '무책임한 국가'들의 손에 들어가게 되어 핵전쟁의 위험

은 더욱 커지고 있다.[20]

핵무기는 너무나 살상력이 크기 때문에 전쟁 도구로 쓸 수 없다는 역설적 주장도 있다. 핵보유국이 적의 핵공격을 받은 상태에서 보복할 수 있는 능력, 즉 제2격 능력the second-strike capability까지 가지게 되면 핵 국가 간에는 사실상 핵전쟁이 불가능해진다. 어느 쪽도 일방적 승리를 보장받을 수 없기 때문이다. 핵전쟁은 곧 자살 행위가 되므로 핵보유국 간의 전쟁이 억제되는 상호억지mutual deterrence가 가능해진다.

걱정되는 것은 비정부 테러단체가 핵무기 등 대량살상무기를 가지게 될 가능성이 높다는 점이다. 지켜야 할 국민과 국토를 가지지 않은 단체가 핵무기로 선제공격을 하는 경우 핵전쟁은 막을 수가 없다.

인간이 자기 손으로 만든 핵무기 등 대량살상무기로 전인류를 멸절시키고 지구를 초토화시킬 가능성은 점차로 높아지고 있다. 인간의 통제를 벗어난 과학기술은 인간 문명에 종언을 가져오게 할 수도 있다.

핵무기는 2,500만 명의 인명을 희생시킨 제2차 세계대전을 조기 종결시키기 위하여 마지막까지 저항하던 일본의 전쟁 의지

---

20 2020년 현재 이미 완성되어 있는 핵무기는 총 15,000개이고 이 중 95%는 미국과 러시아가 가지고 이다. 중국은 250개, 인도와 파키스탄이 각각 150개를 보유하고 있다. Rutgers, Columbia 두 대학이 함께 실시한 5개국 19명의 과학자들이 참여한 simulation 결과는 심각하다. 두 나라가 핵무기를 각 50개씩 사용한 것을 가정했을 때 사용한 100개의 폭탄이 폭발하여 발생한 재로 인해 대기가 오염되어 5년간 전세계적으로 식량 생산이 12% 감소하는 결과가 나왔다.

를 분쇄할 목적으로 미국이 처음 사용하였다. 1945년 8월에 일본 히로시마廣島와 나가사키長崎에 투하한 우라늄탄과 플루토늄탄이 실전에 사용한 최초이자 최후의 핵폭탄이었다. 일본은 핵폭격 이후 연합국에 무조건 항복했다.

핵무기의 살상력은 그 어느 무기보다도 크다. 히로시마에 투하한 우라늄탄은 폭발력이 15kt고폭약 15,000톤 폭발력이었으며 나가사키에 투하한 플루토늄탄은 폭발력이 21kt였다. 각각 6만 5천명, 3만 5천명이 그 자리에서 폭사하였다. 가장 무거운 원자인 우라늄이나 플루토늄을 분열시킬 때 발생하는 에너지를 폭발력으로 쓰는 분열탄과 달리 가장 가벼운 원소인 수소의 동위원소인 중수소H²를 융합하여 헬륨He으로 만드는 과정에서 발생하는 에너지를 폭발력으로 쓰는 융합탄은 보통 수소탄이라 부르는데 1952년 미국이 처음으로 만들어 실험에 성공한 폭탄은 5 내지 7Mt1 megaton: TNT 100만 톤 폭발력 정도였다. 그 뒤에 계속 발전시켜온 원자탄, 수소탄은 필요에 따라 폭발력을 조정해왔는데 전략폭격용은 대개 1메가톤급으로 조정하고 있다.[21]

핵무기는 가공할 파괴력을 가진 무기로 상대 국가를 손쉽게 초토화시킬 수 있어 적의 위협을 받는 국가들이 적의 무력 도발을 억제하는 억제용으로 개발하여 보유하고 있다. 현재 미국과

---

21 핵무기 관련 기술에 대한 해설과 국제사회에서 그동안 추진해왔던 핵무기 통제 장치 등에 대해서는 다음 자료를 참고할 것. 함형필, *Nuclear Dilemma*, 서울: 한국국방연구원, 2009의 제1장; 이상우, 『국제정치학강의』, 서울: 박영사, 2005의 제7장.

러시아가 각각 약 5,000~7,000개의 핵무기를 보유하고 있고 중국이 250개 정도 보유하고 있다. 현재 각국이 보유하고 있는 핵폭탄을 실전에 사용한다면 폭격을 받은 국가들은 더 이상 국가로 존속할 수 없게 된다.

핵무기의 가공할 파괴력은 인류 문명 자체를 멸절시킬 수 있어 국제연합은 이 무기를 제작, 사용하는 것을 통제하기 위하여 많은 노력을 펴왔다. 핵무기 실험을 규제하는 협약도 만들었고 핵무기 관련 기술의 확산을 방지하는 협약도 만들었다. 우선 핵무기가 더 이상 여러 나라로 확산되는 것을 막기 위해 '핵비확산조약'을 만들었다. 1970년에 발효한 후 168개국이 가입한 이 조약의 내용은 핵보유국이 비핵보유국에 핵물질, 관련 기술, 폭탄을 제공하지 말 것과 비핵 국가에 핵무기 공격을 하지 않는다는 약속이다.

핵보유국 간의 합의로 현재 보유하고 있는 핵무기를 감축해 나가는 절차를 규정한 '전략무기 감축협정 START'도 마련했다. 1991년에 체결된 START Ⅰ에서 미국과 러시아는 각각 보유하고 있는 핵탄두의 25%와 35%를 7년 내 감축하기로 합의 하였으며 1993년에 체결한 START Ⅱ에서는 2007년까지 미국은 탄두 수 3,500개, 러시아는 3,000개로 줄이기로 합의하였다.

미국과 러시아 외의 다른 핵보유국도 모두 NPT조약 서명국이다. 모두 그 조약을 준수한다면 핵보유국 간의 핵전쟁은 몰라도 나머지 국가들은 핵무기에서 자유롭게 되나 그러한 믿음을 가진 나라는 드물다. 핵무기 보유국의 정책 결정자의 자의적 결정으로 언제든지 핵무기가 머리 위에 날아들 수 있기 때문이다.

세계 인류는 모두 몇몇 핵보유국 지도자 손에 목숨을 맡겨 놓고 사는 셈이다. 언제라도 그들의 결심으로 세계를 초토화시킬 수 있기 때문이다. 이들 중 누구라도 핵무기 사용을 결심한다면 인류 문명은 종말을 고하게 된다. 21세기는 인류 문명을 종결시킬 수 있는 무기를 몇 사람이 손에 쥐고 있는 아슬아슬한 시대이다.

2) 생화학무기

핵무기보다 더 위험한 무기가 있다. 생화학무기이다. 사람의 생리작용을 직접 파괴하는 화학물질, 그리고 사람의 생명을 위협하는 세균을 무기로 쓰면 쉽게 적을 제압할 수 있다. 어떤 다른 무기보다도 비용이 적게 들면서 상대방에 큰 피해를 줄 수 있는 생화학무기는 수렵시대부터 사람들이 쓰기 시작했다. 화살에 독을 묻혀 살상력을 높인다던가 적이 숨어 있는 굴에 불을 피워 연기로 질식시킨다던가 하던 행위도 원시적인 생화학무기를 사용한 전투 행위라 할 수 있다.

서구인들이 미대륙에 진출하면서 원주민을 살상할 때도 천연두 균을 뿌린 담요를 준다든가 하는 세균전을 썼었다. 이러한 원시적인 생화학무기들은 20세기에 들어와 발달된 과학기술을 이용하여 손쉽게 균을 배양하고 독가스를 만들어 낼 수 있게 되면서 핵무기 못지않은 '대량살상무기'로 발전하였다.

1930년대 일본군은 만주로 진출하면서 탄저균, 장티푸스균, 흑

사병균 등을 이용하여 많은 중국 민간인들을 살해했다. 악명 높은 만주 주둔 731부대는 생화학무기를 개발하기 위해 인간을 대상으로 생체 실험을 하던 부대였다. 제1차 세계대전 중에는 독가스를 전투에서 실제로 사용하여 독일군과 연합군에게 큰 피해를 주었었다.

제1차 세계대전에서는 독일, 오스트리아, 헝가리 등 3국 동맹국과 영국, 프랑스, 소련 등 3국 연합군 양측에서 12만 4천 톤의 가스를 사용하여 9만 명의 병사를 살상했다.

모든 무기가 반인륜적 문명 파괴 도구이지만 생화학무기는 전투 요원인 군인 이외에 민간인들도 무차별적으로 살상하는 인류 문명 자해 무기여서 전쟁 수단으로 쓸 수 없도록 하자는 국제적 노력이 일찍부터 전개되었었다.

제1차 세계대전에서 목격한 독가스의 피해에 자극받아 1925년 승전국들이 모여 독가스 사용금지에 관한 '제네바의정서'를 채택하였으며 1969년에는 1925년 조약에 따른 독가스 사용금지에 세균무기 사용도 금지하는 내용의 '화학-생물무기에 관한 결의'를 국제연합 총회에서 결의하였다. 뒤를 이어 1972년에는 생물학무기세균의 생산, 보관, 사용을 금지하는 다자조약이 체결되었다. 1975년에는 이를 보강하는 '생물무기금지협약BWC: Biological Weapons Convention'이 발효되었다. 한국도 1987년 BWC에 가입하였다.

화학무기의 신고 및 10년 내 폐기의무를 포함한 '화학무기금지조약CWC: Chemical Weapons Convention'도 1997년 다자협정으로 제정되었다. 한국은 그해 이 협정에 가입하였으나 북한, 시리아 등은 이 협정에 가입하지 않고 있다.

문제는 이러한 국제적 노력에도 불구하고 아직도 많은 국가들이 생화학무기를 생산, 비축하고 있으며 국내에서 벌어지는 전투에서 계속 사용하고 있다는 점이다. 이미 가입한 여러 협정에도 불구하고 구소련은 수백 톤의 무기화한 병원균을 생산하여 비축했었으며 미국은 월남전에서 고엽제를 살포하여 정글의 수목을 제거했다. 이라크의 사담 후세인은 쿠르드 반군과의 전투에서 가스탄을 사용하였고 현재도 17개국이 생화학무기를 보유하고 있다. 북한은 가장 많은 화학탄과 세균탄을 보유하고 있는 것으로 알려졌다.[22]

　생화학무기도 핵무기와 마찬가지로 인류 문명의 존속 자체를 위협하고 있다. 인간이 고의로 퍼뜨리지 않은 전염병으로도 온 세계가 엄청난 피해를 입고 있는데 인간이 발달된 과학기술을 써서 균을 배양하여 유도탄 등으로 전세계로 확산한다면 인류 문명은 종말을 고하게 된다. 대규모 화산 폭발로 가스가 햇볕을 가려 수많은 동식물이 멸종 당한 역사적 기록을 보더라도 인위적인 화학무기가 가져올 재앙은 짐작하기 어렵지 않다.

　생화학무기 개발 기술은 이미 거의 모든 국가가 보유하고 있다. 국제 정세 변화에 따라 자국의 존속이 위협 받는 경우 이기적인 정치 지도자에 의하여 인류사회를 자멸시키게 될 생화학전이 일어날 가능성은 아직도 높다.

22　생화학무기 현황에 대해서는 다음 자료를 참고할 것. Max Boot, *War Made New: Technology, Warfare, and the Course of History*, New York: Gotham, 2006(한국어판, 『MADE IN WAR 전쟁이 만든 신세계』, 송대범, 한태영 역, 서울: 플래닛미디어, 2007)의 제5부. pp. 854-862

3. 대량난민과 내전의 격화

1) 경제난민과 전쟁난민

두 가지 이유로 대량 난민이 발생하고 있다. 첫째는 '경제난민'이다. 국가 간 생활수준의 차이가 커지고 고도로 발달한 정보통신기술로 생활환경이 나은 곳에 대한 정보를 쉽게 접할 수 있게 되면서 가난을 면하기 위해 부유한 나라로 옮겨가 살고자 하는 사람들이 늘어나 빈한한 나라에서 잘 사는 선진국으로 가려는 '경제이민'이 21세기에 들어서면서 폭발적으로 늘어나고 있다. 그리고 이러한 사태는 앞으로 더 심화될 것이다. 아프리카에서 지중해를 건너 유럽으로 들어가려는 이민의 폭주로 이미 유럽 여러 나라는 심각한 국내정치 문제를 겪고 있다. 미국도 멕시코 국경을 넘어 미국으로 들어오려는 중남미 이민자들로 어려움을 겪고 있다.

아시아 지역에서도 후진 농업국가에서 선진 공업국가로 일자리를 찾아 이동하는 노동자가 급증하고 있다. 한국의 경우 이미

200만 명의 외국 노동자가 입국하여 일하고 있다.

두 번째는 '전쟁난민'이다. 종교적 이유, 인종적 이유로 자국 정부에 의하여 박해 받는 국민들이 안전한 이웃 나라로 이동하는 이민들이다. 이들은 '정치적 내전'에 의한 난민이라 할 수 있다. 불교 국가인 미얀마 정부가 회교도인 로힝야Rohingya족을 탄압해서 많은 로힝야족 주민들이 방글라데시로 탈출했다. 전체주의 독재국가인 북한에서 자유를 찾아 한국으로 탈출하는 탈북민은 전쟁난민이나 다름없는 전형적인 정치난민이다. 중동 여러 나라에서도 탄압받는 쿠르드족의 독립전쟁으로 많은 전쟁이민이 생겨나고 있다. 과거 제국주의 시대에 식민지를 분할하면서 민족 주거지역 경계를 무시하고 지배국 편의에 따라 영토를 나누었던 지역들이 각각 한 나라로 독립하면서 민족 분포와 국가의 영토 경계가 일치하지 않아 수많은 민족 갈등, 종교 갈등을 일으키고 있으며 이런 갈등이 전쟁으로 커지면서 대량의 '전쟁난민'을 만들어 내고 있다. 난민 문제는 21세기 국제환경을 불안하게 흔드는 큰 변수가 될 것이다. 강대국의 국익과 연계되면 난민 발생지역의 내전이 강대국 간의 국제전쟁으로 발전하게 되기 때문이다. 특히 과학기술의 발달로 새롭게 소요되는 희귀자원 확보 문제와 소수민족 문제가 연계되면 인종, 종교적 갈등으로 촉발된 국내 문제가 경제적 투쟁으로 확산되면서 관련 국가 간 전쟁으로 쉽게 발전하게 된다.

2) 소수민족 독립운동

전세계 75억 인구는 각각 독자적 생활양식을 지키고 싶어 하는 약 3,000개의 민족으로 구성되어 있다. 그러나 현재의 국제질서에서 주권국가로 인정받고 있는 나라는 200개 밖에 안 된다. 대부분의 민족은 다른 민족이 지배하는 국가 내의 소수민족으로 살고 있다. 이들은 다른 민족 지배 국가 속에서 2등 국민으로 차별받고 있으며 언젠가는 자기들만의 자주국가를 만들어 당당히 자기 국가의 주권자가 되고 싶어 한다.

제국주의 시대 약육강식의 식민지 확보 경쟁에서 강한 국가에 예속된 소수민족들은 모든 인간은 똑같이 '인간 존엄성이 보장된 자유인'으로 존중받아야 한다는 보편적 인권사상이 자리 잡아가는 21세기의 정치 환경에서 자치권을 갖춘 주권국가를 만들어 독립하는 꿈을 굳혀 가고 있다. 중국은 공식적으로 55족을 자율권을 인정받는 소수민족으로 인정하고 있다. 이들 중 많은 인구를 가진 종족에게는 제한된 자치권을 가진 '자치구'를 허용해 주고 있다. 신지앙新疆 위그루족 자치구, 티베트西藏 장藏족 자치구, 광시廣西 장壯족 자치구, 닝샤寧夏 후이回족 자치구, 네이멍구 몽골족 자치구 등 다섯 개의 소수민족 자치성을 허용하고 있다. 그리고 인구가 적은 조선족 등 소수민족에게는 자치주들을 허용해주고 있다. 그러나 주권국가의 지위는 허용하지 않고 중앙의 중국 정부가 강력한 전제적 통치를 하고 있다. 러시아도 많은 소수민족을 가지고 있다. 시베리아에만 100여 개의 소수민족이 살고 있다. 이들 일부에게는 자치공화국을 허용하고 있으나 국제적으로 독립된 행위 주체로 활동하는 것은 허용하고 있지 않다. 인도도 다민족 국가이고 인도네시아도 다민족 국가이다.

쿠르드Kurd족처럼 영국이 중동 지역을 식민지로 통치하던 시대 주변 여러 나라로 분속시켜 각국의 소수민족으로 전락한 경우도 많다. 터키, 시리아, 이라크, 이란 등으로 분산된 쿠르드족은 현재 독립된 쿠르디스탄을 만들려고 무장 투쟁을 펴고 있다. 아프리카에도 주변의 여러 나라에 분속되어 그 나라의 소수민족으로 살고 있는 민족이 여럿 있다. 이들은 물론 모두 자기들의 주권국가를 가지고 싶어 한다.

모든 인간은 어느 한 나라의 국민이기 전에 세계 인류공동체의 구성원으로 모두 동등하게 '인간 존엄성이 보장된 자유'를 누려야 한다는 인류 보편 인권사상이 보편화 되어 가는 21세기에는 인권보장 차원에서 소수민족 독립운동이 격화되리라 예상된다. 이미 중국의 위구르족과 티베트족의 독립운동은 치열화 되어가고 있다. '세계인권선언'을 채택한 국제연합도 소수민족 독립운동에 호의적이어서 21세기 후반에 들어서면 소수민족 독립운동과 연관하여 많은 지역 전쟁이 일어나리라 예상된다.

소수민족 문제가 21세기 국제질서의 안정을 위협하는 중요한 도전으로 등장하게 된 것은 급속히 진행되고 있는 지구화 때문이다. 산업화에서 앞서게 된 선진국들은 우세한 군사력을 앞세워 주변 민족 집단을 자국 내의 소수집단으로 편입하고 '2등 국민'으로 지배해왔다. 이들 소수민족들은 지배국의 통제 속에서 제한된 안전과 부를 보장받는 대가로 차별을 감수하도록 강요되어 왔었다. 그러나 과학기술의 급속한 발달로 온 세계가 하나의 생활권으로 통합되면서 국가 간의 인적·물적 교류가 비약적으로 증대되는 초연결 시대가 열리고 있어 소수민족들도 외부 세계와의 직접 교류 기회를 갖게 되었다. 국외 동족과의 협력체제 구축이 쉬워지면서 소수민족의 독립운동이 탄력을 받게 된 것이다. 이러한 변화된 소수민족의 환경 변화로 그동안 잠복되어 있던 소수민족의 독립운동은 제한된 소수의 주권 국가들의 협의체로 운영되어온 현재의 국제질서를 뿌리부터 뒤흔드는 범세계적 내전 확산 시대를 열게 될 것이다. 이러한 내전의 전개 속에서 인류문명은 또 한 번의 위기를 겪게 될 것이다.

2부

초연결 지구촌의 국제질서

공간: 하나의 지구촌으로 통합된

국제환경과 국제질서의 진화, 한국의 생존환경

제3장

국제환경과 질서의 혁명적 변화

개요

21세기에 들어서면서 인간의 삶의 공간은 두 배로 늘었다. 지리상의 공간에 새로 '사이버 공간'이 보태졌다. 세계 어디에서나 손에 든 작은 단말기로 지구 반대쪽에 있는 사람과 화면을 마주보며 화상 대화를 나누는 세상이 되었다. 하루면 항공편으로 세계 모든 구석까지 날아갈 수 있다. 이런 환경 속에서 각 나라가 서로 협력도 하고 다투기도 하면서 살아간다. 그리고 각자도생의 생존전략을 세워야 한다.

우리나라 밖에 200개의 다른 나라들이 있다. 이들이 모여 국제환경을 이룬다. 우리는 이들 나라들과 필요한 물품을 주고받으며 배움을 주고 배움을 받으면서 살아간다. 우리는 이들과 더불어 하나의 사회를 이루고 그 사회를 관리하고 통제하는 질서를 지키면서 살아가고 있다.

국제사회를 이루는 나라들 중에는 우리와 이념을 같이 하는 나라, 경제적으로 서로 돕는 나라, 어려울 때 서로 힘을 모아 함께 싸우기로 한 나라가 있는가 하면 우리를 괴롭히는 나라도 많다. 우리의 자주권을 해치고 자기의 지배를 받는 나라가 되라고 압박하는 나라, 경제적으로 괴롭히는 나라도 있다. 그리고 세계 대부분의 나라가 존중하는 국제규범을 지키는 나라도 있고 국제법을 무시하고 자국 이익을 앞세워 무법적 행동을 하는 나라도 있다.

21세기에는 국제환경과 국제질서가 혁명적이라고 할 만큼 급변하고 있다. 더구나 과학기술 발전으로 교통통신 수단이 혁명적으로 발전하여 전지구가 하나의 지구촌으로 되어가고 있다. 우리만이 홀로 살아갈 수 없는 세상이 되었다.

20세기 초까지만 해도 대부분의 사람들은 자기가 태어난 나라 안에서 평생을 살다 세상을 떠났다. '다른 나라'에 대해서는 전해들은 이야기와 배운 지식으로 상상해 보았을 뿐이다. 이에 따라 관심도 자기가 살고 있는 나라에 머물러 있었다.

외국과의 교류는 한정적이었다. 교역, 유학, 약간의 문화교류 목적으로 관계되는 사람들이 오고 갔을 뿐이었다. 국가 간 접촉도 왕래하는 자국국민 보호, 교역 지원 등의 영사 업무와 군사 협력 등 제한된 영역에서 관계를 협의하는 수준이었다. 그래서 정부 내에 외국과의 교섭을 전담하는 외교부를 두고 중요 국가에 해외공관을 설치하여 운영하는 정도로 국제관계를 관리하여 왔다.

과학기술 발달로 20세기 중엽에 이르면 산업 활동에서 국제 분업이 심화되고 교통통신의 비약적 발전으로 국가 간 물적, 인적 교류가 폭증함에 따라 국가 간 관계가 일반 시민들의 생활에도 직간접으로 크게 영향을 미치게 되었다. 그리고 국가 간의 관계가 사람들의 일상생활의 모든 영역으로 확대되면서 국가 간의 협력, 갈등을 조정하는 절차, 국가를 초월한 인간 모두의 공통이익을 증진하기 위한 범국가적 협력체제 구축 등을 다루는 국제질서도 혁명적으로 바뀌고 있다.

21세기에 들어서면서 국제환경 변화가 급속도로 진행되고 있어 제한적인 국가 간 관계를 규제하던 국제질서로는 변화된 국제환경 속에서의 국가 관계를 원활히 지원할 수 없게 되었다. 주권국가 간의 외교, 군사, 교역 행위만을 다루던 단순한 국제질서가 규제 내용별로 구성, 운영 원리, 규범 체계를 달리하는 여러 가지 질서로 분화되고 있다. 여기에 더하여 주권국가들만을 행위 주체로 서로 인정하던 국제질서에서 개인, 단체, 국가연합 등의 다양한 행위 주체를 인정하는 질서의 출현 등으로 국제질서는 국내질서 못지않게 복잡해지고 있다.

지난 4백 년 동안 국제사회는 베스트팔렌체제라고 하는 국제질서의 틀 속에서 관리되어왔다. 17세기 유럽 국가들 간의 30년에 걸친 종교전쟁을 마무리하면서 참전국들이 합의한 세 가지 원칙을 바탕으로 만들어진 베스트팔렌체제는 유럽 국가들이 전세계로 진출하여 아시아, 아프리카, 남북 미주의 대부분을 식민지로 관리하면서 전세계의 국가들을 아우르는 국제질서로 자리 잡았다. 크고 작은 나라 모두의 주권을 서로 존중하고, 다른 나라의 내정에 서로 간섭하지 않기로 하고, 국가 간의 권리의무는 서로 합의한 것만 존중한다는 이 세 가지 원칙은 20세기에 출범한 국제연맹과 국제연합의 협력 원칙으로 채택되어 지금까지도 국제질서의 기본이 되고 있다.

이러한 국제질서가 지난 100년 동안 급속히 진화되어왔다. 국제관계가 복잡해지면서 이에 따라 국제질서도 급격히 변하여 왔다.

우선 국제체제의 구성단위가 다양화되었다. 주권국가만이 구성단위가 되었던 국제체제에 국가 이외에 지역공동체, 국제기구, 비국가 집단 등이 구성단위로 참가하고 있다. 국제규범도 세분화되어왔다. 두 개 국가 간 합의인 쌍무조약 외에 여러 국가가 당사자가 되는 다자조약, 그리고 국가들의 연합체인 국제연합의 결의라는 형태의 규범, 나아가서 국제사법재판소의 판례 등도 국제규범으로 자리 잡아가고 있다.

국가 간 접촉 영역이 넓어지고 다양해진 협력 영역이 생기면서 협력 대상 영역별 질서가 자리 잡기 시작했다. 이에 따라 국제질서도 '다층복합질서'로 진화하고 있다.

21세기 대한민국의 생존전략을 짜려면 이렇게 급속히 변해가는 국제환경과 국제질서를 염두에 두어야 한다. 국가 발전의 목표 설정, 협력 국가 선정, 국제 경쟁에서 뒤지지 않을 수 있는 대책 수립 등에서 변화하는 국제환경과 국제질서를 고려하면서 전략을 세워 나가야 한다.

21세기 국제환경 변화 흐름과 국제질서의 진화를 간략히 짚어 본다.

1. 베스트팔렌체제의 진화 과정

국제질서란 국제사회를 구성하고 있는 국가들이 지켜야 할 행위 규범과 그 규범을 제정하고 고치고 관리하며 규범을 강제할 힘을 갖춘 조직을 갖춘 체제이다. 국제질서를 구성하는 각개 행위 주체인 국가는 다른 국가들과의 관계를 설정하고 다른 국가에 대하여 필요한 행위를 할 때는 그 규범을 준수해야 하고 그 규범을 어겼을 때는 규범이 정한 제재를 받아야 한다.

모든 국가가 규범을 지키리라는 기대가 가능해지면 우리나라의 행위에 상대국이 어떤 대응 행위를 할지를 예상할 수 있다. 그래서 질서를 간단히 '기대 구조structure of expectation'라고도 정의한다.[23] 국제질서는 국제환경이 바뀌면 변화된 환경에 맞도록 바꾸어야 한다. 변화된 환경을 반영하지 않은 질서는 국가 간 관계에 부담과 긴장을 준다. 비현실적 규제 장치로 되기 때문이다.

---

23 질서(order)의 핵심은 규범 또는 약속이다. 나의 행동에 대한 결과의 기대에 대한 믿음이 설 때 사람들은 예상되는 행위 결과를 믿고 지금의 행위를 선택한다. 규범을 강제하는 권위체로서의 정부가 없는 국제사회에서는 국가 간의 힘의 균형(balance of power)이 기대(expectation)에 대한 신뢰를 창출한다. 질서의 정의에 대해서는 다음 책을 참조할 것. R. J. Rummel, *In The Minds of Men*, Seoul: Sogang University Press, 1984.

역사 시대 이전의 원시 부족국가 시대에는 넓은 지역에 작은 규모의 부족국가가 흩어져 있어 서로 간의 접촉이 거의 없었고 따라서 '국제관계'라고 할 만한 관리 대상 현상이 없었다. 부정기적인 소규모 인원 간의 접촉이 있었을 뿐이어서 특별히 관계를 제도화할 필요도 없었다. 부족국가의 규모가 확대되고 국민들의 활동 범위가 넓어져 국가 간의 접촉이 관리를 필요로 할 수준에 이르러서 외교 협의, 관계 규정 등이 이루어지기 시작하였을 것으로 짐작된다. 아마도 교역을 목적으로 상대국 영역을 여행하는 자국민의 안전 보호, 제3의 집단과의 투쟁에서 이익을 같이 하는 부족 간의 협력 필요 등이 국제관계를 제도화하는 계기가 되었을 것이다. 특히 부족 간에 혈연관계가 깊고 언어 등 공유하는 생활양식이 많을 경우 부족 연합으로 더 큰 공동체인 민족국가를 만들기 위한 협력이 있었을 것이다.

　대체로 민족국가가 출현하기 시작한 기원전 10세기쯤부터 국제관계가 제도화되기 시작한 것으로 짐작된다. 중국의 하夏·은殷·주周 시대, 유럽의 초기 로마문명 시대, 이집트와 그리스의 여러 왕국이 출현하던 시대가 국제관계의 원시 형태가 자리 잡던 시대였을 것이다. 주권자의 뜻을 전하는 외교사절 파견 제도가 자리 잡기 시작하고 국가 간의 합의를 제도화하기 시작한 것이 이때쯤으로 생각한다. 한漢나라 때 시작된 천자天子국과 주변국 간의 기미羈縻 관계를 설정한 조공朝貢체제는 제도화된 국제체제였다. 유럽의 경우 로마제국의 식민지 국가와의 복속 관계도 발달된 국제체제였다.

근대적 의미의 국제관계는 1648년에 발족한 베스트팔렌West-phalen 체제이다.[24] 30년 전쟁을 종결하면서 유럽 여러 왕국 간의 평화 공존을 위하여 합의한 국제질서 규정 조약인 베스트팔렌 조약이 만들어낸 국제질서가 국가들의 사회society of states인 유럽 지역의 평화 공존을 관리·통제하는 최초의 국제질서였다. 이 조약의 내용은 간단하다. 첫째는 크고 작은 모든 국가를 동등한 자주독립 국가로 인정하는 주권평등 원칙이고 둘째는 각국 내의 정치에 대해서는 다른 어떤 나라도 개입하지 않는다는 내정불간섭 원칙이다. 그리고 셋째는 국가 간 관계를 규정하는 규범은 관련 국가가 동의한 것만 유효하다는 원칙이다. 이때 합의한 베스트팔렌 조약은 여러 왕국으로 나뉘어 있던 유럽을 하나의 국제질서로 묶었을 뿐 아니라 영국, 스페인, 프랑스 등 유럽 강대국들이 아시아, 아프리카, 아메리카 대륙에 진출하여 식민지를 개척해 나가는 과정에서 그 식민지들도 이 체제 속에 포함시킴으로써 19세기에 이르러서는 전세계를 통제하는 국제질서로 자리 잡았다. 근대 국제관계를 규제하는 외교관 제도, 전쟁의 관리 제도, 교역 제도 등은 모두 베스트팔렌 조약의 틀 속에서 만들어진 제도들이다.

---

24 베스트팔렌(Westphalen)체제 형성과 발전 과정에 대해서는 이상우, 『국제정치학강의』, 서울: 박영사, 2005의 제4장 pp.129-145를 볼 것. 더 상세한 발전 내용에 대해서는 Henry Kissinger, *World Order*, New York: Penguin Press, 2014를 볼 것. Kissinger는 베스트팔렌체제는 '현실을 수용한 평화' 체제로 도덕적 구상을 반영한 것이 아니고 '힘의 균형'이 뒷받침하여 유지되는 질서라고 했다.

베스트팔렌체제가 유지되어 온 지난 300여 년 동안 세계 각국은 국내정치에 대해서는 어떤 외국의 간섭도 받지 않고 자주적으로 운영할 수 있었으며 다른 국가와의 협력은 주권평등의 원칙에 따라 대등하게 추진할 수 있었고 국가 상호 간의 교류에서 지켜야 할 규범은 쌍무적으로나 다자간 합의로 만들어낸 조약이라는 합의로 만들었다.

베스트팔렌체제가 출범하던 17세기에는 과학기술의 발전 수준이 아직 미미하여서 전쟁 무기로는 소총과 간단한 화포를 사용할 수 있을 뿐이었고 교통수단도 범선과 마차 수준 정도여서 국가 간 접촉, 교류도 제한적이었다. 그러나 19세기를 거쳐 20세기에 들어서면서 무기체계도 고도화하여 거대한 군함, 전차, 항공기, 대형 폭탄 등이 등장하고 교통통신 수단도 비약적으로 발전하여 국가 간 투쟁도 격렬하여지고 인간과 물자의 교류도 폭발적으로 늘어났다. 이에 따라 규제, 관리하여야 할 국가 간 관계도 급격히 늘어났다. 국제질서도 국제사회 구성원 간의 합의로 만든 규범만으로는 유지하기 어렵게 되었다. 국내정치 질서에서와 마찬가지로 국제사회에서도 구성원인 국가의 상부에 위치하는 초국가적 권위체를 만들어 질서 관리를 담당하게 할 필요가 생겨났다. 제1차 세계대전을 치루고 난 후 미국 등 주요 국가들의 지도자들은 이런 필요를 공감하고 여러 번의 협의를 거쳐 1919년 국제연맹 League of Nations을 합의하여 창설하였다. 그러나 국제연맹 창설을 앞장서서 추진했던 윌슨 Thomas Woodrow Wilson 대통령이 대표하는 미국이 상원의 반대로 연맹에 가입하지 못하게 되었고 이탈리아, 일본 등도 국익을 앞세워 탈퇴함으로써 제기능을 하지 못했다.

제1차 세계대전 종전 후 20년 만에 1939년 제2차 세계대전이 발발하였다. 세계의 대부분의 국가가 참전한 이 전쟁에서 고도로 발달한 무기가 동원된 총력전이 6년간 진행되면서 2,500만 명의 인명을 희생시켰다. 이 전쟁의 종결을 앞두고 두 번 다시 이러한 전쟁이 일어나지 않도록 하자는 세계 모든 인민의 소망을 담아 만들어낸 것이 1945년 10월 24일에 발족한 국제연합United Nations이다.

국제연합은 전쟁억지에 중점을 둔 현실적 안보체제 구축에 역점을 두고 만든 조직이다. 집단안보collective security라고 하는 "불특정 질서교란자에 대한 나머지 국가들의 자동 동맹"이라는 강력한 전쟁억지 논리에 바탕을 둔 전쟁억지 장치를 도입하고 미국, 영국, 소련, 프랑스, 중국 등 5대 강국에게 거부권이라는 특권을 주어 자국 이익에 저촉될 때는 국제연합의 합의된 의견에도 맞설 수 있도록 하는 불참 방지 장치를 두었다. 그러나 바로 강대국에게 준 거부권 때문에 기대했던 전쟁억지 기능을 상실하였다. 미국과 소련 간의 냉전이 심화되면서 두 나라가 가진 거부권 특권으로 국제연합이 집단안보를 실천할 수 없게 되었기 때문이다.

제2차 세계대전 종전 후의 국제사회는 소련의 지원으로 후진국에서 광범위하게 전개되던 공산혁명과 이를 저지하려는 반공산주의 세력과의 전쟁으로 혼란을 겪고 있었다. 이러한 전쟁이 핵전쟁으로 발전하지 않게 하는 데는 국제연합이 크게 공헌했으며 국제연합군이라는 역사상 최초의 국제사회의 '공권력'을 만들어 한국전쟁을 수습하기도 하였다.

이러한 국제연합의 전쟁억제 기능이 제한을 받게 되면서 현실적인 안보정책 수단으로 공동 목표를 가진 국가들이 만든 동맹 체제가 출현하여 전쟁억제 기능을 발휘하였다. 미·일 동맹, 한·미 동맹과 같은 양자 동맹 외에 유럽의 반공 국가들의 공수 동맹共守同盟, collective defense treaty인 북대서양조약기구NATO, 동남아시아 국가들의 공수 동맹인 동남아시아조약기구SEATO, 미국, 호주, 뉴질랜드의 3국 동맹인 ANZUS 등이 출현하였다. 동유럽 소련 위성국 8개국도 1955년 이에 맞서 바르샤바조약기구Warsaw Pact를 출범시켰다. 그러나 이러한 전쟁억제 장치에도 불구하고 국제연합이 만들어진 이후 반세기 동안 24개의 크고 작은 전쟁이 벌어졌다.

국제연합은 전쟁억제 노력 외에도 전쟁의 원인이 되어온 무역 전쟁의 예방을 위하여 공정한 무역체제를 만드는 노력을 폈으며 만민평등사상과 천부인권사상의 보편화에 따라 인권 문제를 해당 국가의 문제가 아닌 세계 시민의 기본권 보장 문제로 인식을 달리하여 대응해왔다. 예를 들어 특정 국가 내의 인권 탄압을 막기 위해서는 국제연합의 모든 회원국이 개입하여 보호에 참여하는 책임을 지도록 하는 R2PResponsibility to Protect라는 혁명적 제도도 도입하였다. 그러나 급변하는 환경 변화에 국제연합 중심의 세계 보편 질서 구축 노력은 성과를 거두지 못하고 있다.

21세기에도 국제사회를 통제하는 하나의 보편 질서가 마련되기 어려워 현실적으로는 국가 간의 다양한 협력체제로 질서를 유지하게 될 것이다.

2. 21세기 국제환경의 새로운 도전

한국민 모두가 안전과 풍요로운 삶, 그리고 인권이 보장된 자유를 누리며 살아갈 수 있는 대한민국을 지켜나가기 위해서는 대한민국의 정치, 경제, 군사적 환경을 이루는 국제사회의 성격 변화를 정확히 살펴 적절한 대응책을 계속 마련해 나가야 한다. 과학기술 발전이 인류 문명을 뒤흔드는 21세기에 국제환경도 크게 변하고 있으며 그 변화로 국제질서도 크게 바뀌고 있어 한국에게 새로운 도전을 안겨 주고 있다. 한국의 생존전략 수립에 영향을 줄 국제사회에서 일어나고 있는 몇 가지 중요 변화를 짚어 본다.

1) 전지구의 단일 생활권화

정보통신기술의 급격한 발전으로 전세계가 '초연결 사회'로 되어가고 있다. 전파를 이용한 통신기기가 광범위하게 보급되어 세계 모든 인류가 실시간으로 정보를 공유하고 있다. 전화, 전신, 텔레비전, 영화 등의 매체로 세계 한 곳에서 일어난 일이 거의 동시적으로 전세계로 알려지고 있고 이러한 통신 연결망으로 생활양식, 문화, 지식 등을 전세계 인류가 공유하게 되었다. 지식의 공유, 문화 양식의 보편화, 가치관의 동질화로 인류사회는 전세계를 하나의 생활공간으로 삼고 살아가게 되었다.

경제 영역에서는 생산 과정의 국가 간 분업화가 급속히 진행되고 있어 원자재, 생산품, 노동 등의 국가 간 이동이 확대되고 전세계가 단일 시장으로 연결되어 가고 있다. 그리고 도량형, 제품규격 등의 국제화로 전세계의 상품 표준화도 급속히 진행되고 있다.

문화 영역에서도 초국경적 정보 교류의 확대로 동질화가 진행되고 있다. 같은 영화, 같은 문학 작품, 같은 음악, 같은 그림을 접하면서 전세계 인류가 같은 문화를 공유하게 되었다. 과학기술이 발전할수록 공업생산품이 정교해지면서 부품 수가 급속히 늘어나고 부품 생산의 국제적 분산화가 심해진다. 예를 들어 항공기, 자동차, 가전제품, 각종 전자제품들은 수백 개의 부품 제조공장의 제품을 모아 조립하는 방식으로 제조되는데 부품 생산의 국제분업화 정도가 높아 국가 간의 경제적 상호 의존도도 높아진다. 2020년 코로나바이러스-19가 창궐했을 때 중국의 부품 공장이 문을 닫았던 동안에 한국자동차 생산이 차질을 빚었고 미국의 자동차 수요가 줄어 일본, 한국 등의 자동차 공업이 크게 타격을 입었었다.

문화 영역에서 전세계인의 문화상품에 대한 취향이 같아지면서 문화상품의 소비 영역이 전세계로 확장되고 있다. 이에 따라 문화상품에 대한 국가 간 상호 의존도도 높아지고 있다. 항공해운 교통의 발달로 국경을 넘는 관광 수요도 급증하고 이에 따라 국가 간 인적 교류도 엄청나다. 이제 전지구가 하나의 생활권, 하나의 지구촌으로 변해가고 있다. 21세기 중엽을 넘어서면 전지구의 단일 생활권화, 문화의 균질화, 정보의 동시화는 거의 완성될 것이다.

21세기의 생활양식과 산업활동의 또 한 가지 특성은 "필요한 것이 있는 곳으로 내가 가는 것"이다. 농업정착 사회와 초기 공업화 사회에서는 "필요한 것을 외부에서 확보하여 국내로 가져와서 사용, 소비하는 것"이 주된 생활, 생산 방식이었다. 정착 사회의 특성이었다. 그러나 21세기의 초연결 사회에서는 필요한 것이 있는 곳으로 내가 가는 생활과 비교우위를 가진 지역에서 부품을 생산하는 '다국분산多國分散' 생산양식이 지배적으로 되어가고 있다. 마치 유목 사회에서 좋은 풀이 있는 곳으로 양떼를 몰고 가듯이 오늘날의 생산 양식은 자원을 쉽게 구할 수 있는 곳, 낮은 임금으로 인력을 확보할 수 있는 곳에 공장을 짓고, 즐길 수 있는 곳으로 여행하는 유목적 생활이 자리 잡아가고 있다. 이런 경향을 신유목 new nomad의 흐름이라 부르고 있다.[25]

초연결 사회가 된 21세기의 지구촌에서는 시대 흐름을 외면하고 국내 사정만 의식하여 개혁, 대응 조치를 늦춘다면 어떤 나라

---

25 New Nomad라는 용어는 Jacques Attali가 만들어 쓰기 시작했다. 그의 책 *Millennium; Winners and Losers in the Coming World Order*, New York: Random House, 1991을 참조할 것.

도 자멸한다. 과감하게 시대 흐름에 맞추고 바깥세상의 변화에 대응해 나가야 한다.

2) 국제사회의 구성 변화

국제사회는 국가를 구성원으로 하는 2차 조직이다. 국제사회의 질서는 국가를 행위 주체로 하는 질서이다. 현재 작동하고 있는 베스트팔렌체제도 국가를 구성단위로 하는 국제질서이며 국제연합도 국가를 구성원으로 하는 조직체이다. 그러나 21세기의 국제사회에는 국가 이외의 많은 행위 주체가 등장하고 있다. 우선 국제연합에서 국가승인을 받지 못한 많은 혁명 단체들이 있다. 이 중에는 일정 영토와 주민, 그리고 자체 정부까지 갖춘 사실상의 국가도 많다. 레바논에 기반을 둔 헤즈볼라, 아프가니스탄 남부의 파슈툰족의 탈레반 등은 사실상의 국가이다. 고유 영토를 가지고 있지 않지만 같은 종교 단체에 속한 많은 주민을 지배하고 있는 종교 단체도 있고 작은 국가보다 더 큰 경제 규모를 자랑하는 다국적 기업도 국제사회에서 독자적 목소리를 낸다.

20세기 후반에 생겨난 많은 테러 단체들도 국제사회에 큰 영향을 끼치는 행위 주체들이다. 미국의 Terrorism Research Center의 조사에 의하면 주목할 만한 단체도 290개 이상이 있다. 대부분이 종교의 자유를 위해 독립 국가를 창출하려고 무장

투쟁을 벌이고 있는 단체이다.[26] 20세기 말부터 등장한 '민간 군사회사'는 독립된 행위 주체라고 할 수는 없지만 국가들과 계약을 하고 군사 업무를 담당해주는 단체들로 작은 국가에서는 쿠데타도 대행해주는가 하면 어떤 전쟁에서는 정부의 정규군보다 더 많은 작전을 수행하기도 한다. 이들도 국제사회의 행위 주체로 지켜보아야 한다.

국가 이외의 행위 주체로는 '국가들의 집단'이 있다. NATO, SEATO, ANZUS, WAPA바르샤바조약기구 등도 있었고 유럽 연합EU: European Union, 상하이협력기구SCO: Shanghai Cooperation Organization, 독립국가연합CIS: Commonwealth of Independent States 등은 특정 목적을 가진 국가 연합체로 집단으로 중요한 행위 주체 기능을 한다.

그밖에도 다양한 국제단체들이 있다. 관련 국가들의 정부를 구성원으로 하는 정부 간 국제기구IGO: Inter-Governmental Organization, 각국의 민간단체들이 참가하는 비정부 국제기구NGO: Non-Governmental Organization 등이 있으며 이 중에는 국가보다 더 영향력을 행사하는 기구도 있다.

국제사회가 국가 이외의 다양한 행위 주체를 포함하게 되면서 국제환경의 구조도 복잡해졌다. 국제사회를 구성하는 국가들만을 상대로 펼치던 외교가 복잡한 대상을 상대로 하는 복합 게임이 되어가고 있다.

---

26 이 중에서 37개는 국가 중심 국제질서를 위협할 정도의 테러를 하고 있다. 앞 (주23)에 소개한 나의 교과서 『국제정치학강의』의 부록 제14에 이들 테러집단을 소개하는 표가 실려 있다.

3) 국가 간 생존 경쟁의 격화

국가가 인간집단의 표준 정치공동체로 계속 남을 것인가? 아마도 그렇게 되리라 예상된다. 국가는 문화동질성을 가진 인간집단인 민족을 하나의 생활단위로 만든 민족국가가 원형이었다. 국가의 원형은 정감적 공동사회였다. 그러나 점차로 이익을 공동으로 추구하는 '이익공동체', 즉 이익사회로 변해 왔다. 국가가 문화동질성을 공유한 정감적 집단이라는 민족공동체로 인식되던 때는 공동체 구성원들은 다른 구성원들을 남이 아닌 나의 '피붙이'라 생각하므로 국가는 부의 분배 등을 따지는 경제적 이해관계를 떠나서 모든 국민들이 함께 충성하는 대상이 되는 '생활공동체'가 될 수 있었으나 사회 구성원들이 개인 이익을 초월한 동족의식보다 개인 각자의 자유와 풍요로운 경제생활에 더 큰 관심을 가지게 되면서 국가는 점차로 이익공동체적 조직체로 변질되고 있다. 산업혁명이 진행되던 19세기에서 20세기에 이르기까지 국가는 '함께 부를 획득하여 나누어 가지는 조직체'로 변하기 시작하여 제국주의 전쟁 시대가 열렸었다. 문화동질성을 유지하기 위한 전쟁이 아니라 문화가 달라도 부富를 쟁취하기 위해서 함께 싸우는 집단으로서의 제국을 만들어 경제적 이익을 함께 쟁취하는 전쟁을 벌이기 시작했다. 제국주의 시대에는 부국강병 정책으로 국가라는 집단의 힘을 키워 그 힘으로 다른 나라, 다른 국가를 복속시켜 국부를 키우고 이 부를 구성원이 나누어 가지는 형태의 공동이익 추구 집단의 성격을 가진 국가가 많이 등장했다. 이러한 이익 집단으로서의 국가의 존재 가치는 21세기에도 변하지 않을 것이다. '잘 사는 부유한 국가'의 국민으로 누릴 수 있는 안전과 풍요는 누구나 가지고 싶어 하는 가치이기 때문이다.

국가가 집단생활 단위로 남는다면 21세기에도 국가 간 생존 경쟁은 지속될 것이다. 점차로 희귀해지는 자원을 확보하기 위하여 국가 간에는 치열한 경쟁이 불가피하기 때문이다. 경쟁 수단은 반드시 군사력을 사용한 무력투쟁일 필요는 없다. 경제적 영향력, 정치적 영향력 등 다양한 수단이 동원될 것이다.

과학기술 발달로 노동의 양이 아니라 노동의 질이 생산을 지배하는 21세기 경제 환경에서는 전문 지식과 기술을 가진 고급 인력 확보가 국가 간 경쟁의 주요 대상이 될 것이다. 그리고 과학기술 우위를 지키려는 다양한 국가 정책이 등장하게 될 것이다.

국가가 정감적 유대로 단합된 민족을 대표하는 행위 주체일 때는 집합적 행위자로 그 국가를 대표하는 관리와 모든 협의를 진행할 수 있었으나 다양한 국민들의 경쟁에서 정권을 장악한 정부는 국민의 일부만을 대변하는 경우가 많아서 정부 간 외교 이외에 상대국의 다양한 집단을 직접 상대해야 할 경우가 많아졌다. 21세기에 들어서면서 국가가 '정감적 공동체'에서 '이익공동체'화 하면서 외교는 훨씬 복잡해졌다. 점차로 개인주의, 이기주의로 쏠리는 신세대의 목소리가 커지면서 정부 간 외교는 한계에 부딪히고 있다. 민간외교를 체계화하여 민간집단 간의 교류를 통한 다면외교多面外交를 펼쳐야 하는 시대로 접어들고 있다.

국가가 한민족의 이익, 위신, 자존심을 대표하던 시대에는 경제적 이익을 초월한 협력이 가능했었지만 이익집단이 추구하는 경제적 이익을 정부가 대변하는 국가들이 많아지면 국제사회에서 국가 간의 생존 경쟁은 더욱 격화된다. 이미 한국과 미국 간의 동맹 관계에서도 이런 징후가 나타난다. 미국의 '더스트밸리'의 불만스러운 중산층의 이익을 대변하는 트럼프 대통령은 한·미 동맹도 '경제적 이해득실'을 앞세워 평가하려 한다. 이러한 현상은 또 하나의 새로운 도전이라 할 수 있다.

3. 국제사회질서의 분화: 다층복합질서의 등장

20세기 초까지만 해도 외교는 국가 간의 인적 교류와 관련한 상호 보호 협의나 교역과 관련된 관세 등 거래 규정 협의와 같은 제한된 정부 간 행정 절차를 다루는 업무 외에는 주로 국가 안보에 관한 타국과의 협의를 다루는 업무였다. 공동의 적에 대한 군사 협력체제 구축, 공동이익을 위한 상호 협력 방안 협의 등이 외교의 핵심 과제였고 이에 따라 국가 간 행위를 규제하는 규범체계도 국가 안보와 관련된 것이 중심이 되었다. 이때까지는 국제질서라고 하면 동맹, 군사협력, 전쟁 등을 규제하는 안보질서를 지칭하였다. 국제관계를 규정하는 다양한 조약들도 거의 모두 전쟁 예방, 전쟁 수단, 전쟁 종결 등과 관련된 다자조약이 주류를 이루었다.

그러나 국가 간 교류가 폭발적으로 늘어난 20세기 후반, 그리고 21세기에 들어서면서 국가 간 관계가 안보 이외에 교역, 문화 교류, 인적 교류 등 인간 생활의 거의 모든 영역까지 확대되었다. 교통통신의 발달로 전지구의 생활권이 하나로 통합되면서 민간 차원에서의 국가 간 접촉이 일상화되고 조율되어야 할 국가 간 관계도 폭발적으로 늘어났다. 이에 따라 국제사회질서도 다원화되어 왔다. 안보 영역의 국가 간 행위를 다루는 안보질서, 경제교류 협력을 규제하는 질서, 모든 국가가 함께 다루어야 할 기후 온난화와 공해 대책 등을 규정하는 질서, 인류 보편적 가치로 자리 잡아가는 인권 문제를 다루는 인권질서 등으로 많은 새로운 질서가 등장하고 있다.

질서는 공동 목표, 구성원의 행동을 규제하는 규범, 그 규범을 제정하고 준수하도록 관리하는 기구와 규범을 강제할 수 있는 힘 등을 갖춘 체제이다. 국제사회를 이루는 구성국 중에서 관련되는 국가들 간에 다자협약을 체결하여 질서를 구축하게 되는데 관심 대상이 다양하므로 관심 대상에 따라 구성국이 정해지고 규범이 제정되므로 규제하여야 할 행위가 새로 생겨날 때마다 새로운 질서가 창출되면서 20세기에 들어서면서 수많은 국제질서가 만들어졌으며 지금도 새로운 질서가 탄생하고 있다.

다양한 질서는 각각의 구성국과 각각의 규범체계, 각각의 관리 기구를 두고 있어 국제사회는 독립된 다양한 질서가 층층이 겹쳐진 질서의 그물 속에서 하나의 거대한 유기체처럼 작동하고 있다. 이러한 다층복합질서 multi-tiered complex order 속에서 각 국가는 자국이 참가하고 있는 여러 질서들 간의 관계를 고려하면서 국가 행위를 결정하는 입체적 대외관계 정책을 펴나갈 수밖에 없다.[27]

---

27 '다층복합질서'는 국제정치강의를 할 때 안보 위주의 국제질서 외에 20세기에 들어서서 새로 등장한 경제, 교통통신, 인권 등 다양한 영역을 다루는 국제질서를 설명하기 위하여 만든 개념이다. '안보질서', '경제질서', '자연보호질서', '공공질서', '인권보호질서' 등에 대하여 앞서 소개한(주23) 『국제정치학강의』의 제5장, 제9장, 제10장, 제11장과 제12장에서 해설했다.

21세기의 이러한 다층복합질서 속에서 장기적 생존전략을 세워 국가발전 계획을 추진하려면 정부 내의 대응 기구도 이에 맞도록 확장하여야 한다. 21세기의 외교부는 의전 전문가들이 아닌 각 분야의 전문 지식인들로 구성된 통합전략 기구가 되어야 한다. 외교부는 다양한 질서에서의 국익을 조율하면서 국가정책을 펼쳐 나가야 할 정부의 대외정책 통합기구가 되어야 한다.

지금까지 형성되었거나 형성되어가고 있는 다양한 국제질서를 몇 가지 소개한다.

1) 안보질서

21세기에도 국제연합 회원국들 모두가 참여하는 국제연합의 집단안보체제가 가장 중요한 전쟁 억제 제도로 계속 작동할 것이다. 그러나 현실적으로 미국, 중국 등 초강대국이 질서 교란자, 즉 침략자가 되는 경우에는 국제연합의 집단안보체제는 작동하기 어려워진다. 수십 개의 약소국이 힘을 모아도 초강대국의 군사 행위를 억제할 수 있는 힘이 되지 못하기 때문이다. 아마도 특정 가상 적국을 대상으로 하는 동맹, 또는 모든 가상 적국을 대상으로 하는 포괄적 동맹 등이 전쟁 방지의 보완적 체제로 등장할 것이다.

거시적으로 보면 중국이 초강대국으로 성장하면서 미국과 중국이 맞서는 신냉전 체제가 굳어져 가고 있다. 그리고 길게 보면 유럽이 하나의 세력 집단이 되리라 생각된다. 그러나 이러한 강대국들 간의 전면전은 일어나기 어려울 것이다. 핵보유국 간의 전쟁은 현실적으로 어려워진다. 제2격 능력을 갖춘 핵무기 보유국 간에는 일방적 승리가 불가능하기 때문이다. 미국과 러시아는 각각 수천 발의 핵무기를 보유하고 있다. 중국은 약 250개의 핵무기를 보유하고 있다. 이들 간의 전쟁이 불가능해지면 이들 국가들을 후원자로 하는 군소 국가 간의 대리전이 많아질 가능성이 높다.

현재 국제연합 회원국은 193개국이다. 그러나 자치를 원하는 민족 단위는 약 3,000개나 된다. 대부분의 민족들이 어떤 주권국가 내의 소수민족으로 들어가 있는데 이들 대부분은 민족자결의 원칙에 따라 주권국가로 독립하기를 원하고 있다. 지배력을 행사하는 나라만을 주권국가로 인정하는 현재의 불합리한 국가승인 제도 때문에 소수민족의 독립운동이 촉발하는 내전은 끊이지 않는다. 21세기의 '초연결 시대'에는 초국경적인 민족공동체도 가능해지고 있어 소수민족 독립 전쟁은 다른 국가에 들어가 있는 동족의 지원을 받아 격화될 것이다. 특히 종교적 연대가 여러 국가에 분산되어 있는 소수민족을 하나로 단합하게 함으로써 종교전쟁이 격화될 수 있다. 중동과 동남아시아에서의 이슬람 기반 소수민족 독립전쟁은 이미 무르익어 가고 있다.

21세기는 강대국 간의 전쟁은 억제될 것이나 대리전, 소수민족 독립전쟁 등은 격화되리라 예상된다. 범세계적인 안보질서가 강대국의 적극 참여로 강화되지 않으면 21세기는 끊임없는 전쟁

의 시대가 될 것이다.[28]

2) 경제질서

과학기술 발달로 생산 과정의 국제 분업이 급격히 진행되고 있다. 또한 희귀 자원의 수요 증대에 따른 자원 확보 경쟁이 격화되고, 상품 소비의 범세계적 단일 시장화가 진행되고 있다. 그리고 분업, 교역, 시장 통합 등으로 국가 간의 경제 영역의 상호 의존도가 급격히 높아지고 있다. 21세기는 어떤 나라도 자족경제 autarky 운영이 어렵게 된다.

  20세기에 겪었던 두 번의 세계대전은 무역 전쟁, 자원 확보 전쟁에서 촉발된 것이었다. 이러한 경제 전쟁의 재발을 막고 교역질서를 확립하기 위하여 제2차 세계대전 종전 후부터 전세계 국가들이 참여하여 여러 가지 경제질서를 구축했다. 1947년 제네바에서 23개국이 조인한 '관세 및 무역에 관한 일반 협정 GATT'은

---

28 국제연합의 집단안보체제로 국제사회는 강대국 간의 전면전은 억지되고 있다. 집단안보체제 자체의 전쟁억지 기능도 중요하지만 이 체제를 힘으로 뒷받침해 온 미국이 있어서 지금까지 '무장한 나라들 사이의 평화'가 유지되어 왔다. 21세기에 들어오면서 미국의 지도 역량이 약화되고 중국이 새로운 지도자로 등장할 가능성을 논하는 전문가들이 많다. 그러나 미국의 영도력이 약화 되더라도 중국이 미국을 대치하지 못하리라는 견해가 더 많다. Joseph S. Nye Jr., *Is the American Century Over?*, Cambridge: Polity Press, 2015를 참조할 것. Nye는 미국 지배력이 약화되어도 대신할 나라는 나타나지 못할 것이고 힘의 분산 (power diffusion)으로 지배국이 없는 '더 복잡해지는 국제질서(a world order of greater complexity)'가 나타나리라고 내다보았다.

여러 차례 보완을 거치면서 1995년 세계무역기구WTO로 발전하여 범세계적인 무역질서로 자리 잡았다. 그러나 이러한 다자조약 체제에서도 중요 국가가 탈퇴하고, 강대국들이 조약을 무시하는 일이 잦아 아직도 불완전한 교역질서로 남아 있다.

WTO가 제기능을 하지 못하면서 이해 당사국 간의 '자유무역협정FTA'이 주요 보완적 교역질서로 등장하고 있다. 2018년 기준 455개의 FTA가 체결되어 있다.

21세기에 들어서면서 국가 간의 경제 역량의 차이가 급격히 늘어나고 있다. 과학기술 발달로 '노동의 양'이 아니라 '노동의 질'이 생산을 지배하게 되면서 과학기술 수준이 높은 나라의 경제 역량이 급격히 늘어나기 때문이다. 선진국과 후진국의 경제발전 수준 차이가 넓어지면서 후진국으로부터 선진국으로 대량 이민이 시작되고 있어 새로운 국가 간 갈등 요인이 되고 있다. 범세계적인 경제 평등을 보장해 줄 수 있는 경제질서를 만들어 유지한다는 것은 현실적으로 불가능함으로 21세기에는 국가 간 경제 수준 격차가 국가 간 갈등의 가장 큰 원인이 될 것이다.

3) 인권질서

모든 인간은 평등하게 태어났고 모두 '인권이 보장된 자유'를 누릴 권리를 가졌다는 천부인권사상이 보편화되면서 인권 보장은 '인류 공동의 책임'으로 인식되기 시작했다. 이제 한 나라 속에서의 인권 탄압은 그 나라의 국내 문제로 인식되지 않고 세계 시민 모두가 공동으로 관심을 가지고 해결해야 할 과제로 인식되고 있다. 인권 문제에 관한한 '보호책임R2P'은 세계 모든 인민이 공동으로 져야 하며 인권 문제에 관한 한 '내정불간섭의 원칙'이라는 개별 국가의 주권 존중 원칙은 제한된다. 모든 나라가 타국 내의 인권 탄압을 저지하는데 힘을 보태야 하는 의무를 진다는 이러한 새로운 인권 인식은 21세기 국제질서에서 강대국의 인권 탄압국 내정간섭의 길을 열어주고 있다.

이미 1948년에 국제연합은 '세계인권선언'을 채택했으며 1966년에 '경제적, 사회적, 문화적 권리에 관한 국제규약', '시민적, 정치적 권리에 관한 국제규약'과 '시민 및 정치적 권리에 관한 규약에 대한 선택의정서' 등 3개로 이루어진 '국제인권규약'이라는 다자조약도 발효시켰다. 미국 등 강대국이 이 규약 내용을 실천하기 위하여 R2P 원칙에 맞추어 인권 탄압을 하는 전제주의 국가의 내정에 간섭한다면 21세기 말쯤에는 전세계 시민 모두가 갈망하는 '범세계적 민주평화질서'가 이루어지게 될 것이다.

그러나 강대국이 인권규약을 어기고 인권탄압을 했을 때 군소 국가들이 개입할 수 있는 가능성은 사실상 없다고 보아야 한다. 국제연합의 제재결의에 찬성하여 상징적인 개입을 하는 정도가 전부이지만 이마저도 해당 강대국의 보복이 두려워 삼가는 것이 현실이다. 1989년 중국 북경에서 정부가 정부 비판 군중집회에 군대를 투입하여 수천 명의 사상자를 낸 '천안문사건', 북한의 '정치범 수용소' 고발사건 등에 대한 국제연합의 제재도 북한을 옹호하는 중국의 위세에 눌려 '결의안' 채택 과정에서 군소 국가들은 기권하는 실정이었다.

그러나 인권질서는 의미 있는 상징성을 가진다. 인권문제는 한 국가의 국내정치 문제가 아니라 모든 인류의 보편적 가치와 관련된 문제임을 확인하고 언젠가는 모든 국가가 인권질서를 존중하게 만들겠다는 국제사회의 '가치 지향'을 보여준다는 점에서 큰 의미를 가진다.

4) 범세계적 공공재보호질서

영해가 아닌 바다, 그리고 그 위의 하늘은 모든 인류가 통행에 자유롭게 이용할 수 있도록 관리되어야 할 공공재公共財이다. 공해에서의 통행권, 공해상의 하늘에서의 통행권을 모든 인류가 자유롭게 누릴 수 있도록 하는 규범과 제도는 대표적인 공공재 보호 질서이다. 통신 질서도 마찬가지이다.

인류 모두가 공유하는 공해公海의 자유로운 사용도 초국가적 규범과 제도로 보장하여야 한다. 20세기에 이미 우편, 통신, 항행, 우주 공간의 사용 등에 대한 제도와 규범은 마련했다. 그리고 지금 국제사회에서 이 제도와 규범을 수용하고 있다. 이러한 공공재 보호 질서는 전세계를 단일 정치공동체로 만들려는 인류의 꿈을 실현하는 첫 관문이 된다는 점에서 모든 국가가 자발적으로 존중하고 있어 21세기에는 국제적으로 공동으로 보호해 나가야 할 공공재의 범위가 확장될 것이다. 현재 공해상의 자유통항권과 영해 내의 해로海路에서의 민간선박의 무해통행권innocent passage을 보장하는 장치로는 1982년에 체결된 '해양법에 관한 국제연합 협정'이 있고 항공운항 질서는 1944년에 체결된 '국제민간항공운항에 관한 협약'에 의하여 유지된다.

　통신 질서는 모든 국가가 그 필요성을 인정하는 공동재common goods여서 가장 잘 지켜지고 있다. 현재 우편은 1964년에 체결된 '만국우편연합 헌장'에 의하여 규제되고 있고 전파를 이용하는 통신은 '국제통신연합 협정'에 의하여 관리되고 있다. 그리고 인공위성을 이용한 통신은 '국제통신위성기구INTELSAT'를 국가 간 합의로 창설하여 관리하고 있다.

5) 지구 자연보호질서

과학기술 발전이 급속히 진행되면서 인간의 자연파괴 능력도 함께 늘고 있다. 인간은 다른 동물보다 높은 지적 능력으로 자연을 잘 이용함으로써 삶을 풍요롭게 만들 수 있었다. 그러나 그 능력이 자연을 파괴할 정도로 늘어나 이제는 인간의 삶 자체를 위협하는 단계에 이르렀다. 이런 추세가 지속되면 특단의 조치가 이루어지지 않는 한 21세기가 끝나기 전에 인류가 자멸할 수도 있다는 전문가들의 예언도 나오고 있다.

　지구 환경은 그 자체로도 계속 변화하고 있다. 4세기부터 7세

기까지 멕시코 고원에서 번창했던 아즈텍Aztec 왕국은 테오티후
아칸Teotihuacan에 '피라미드의 도시'라는 거대한 도시를 건설했
었으나 10년이 넘는 가뭄이라는 천재지변으로 폐허가 되고 말았
다. 기온 변화도 심했었다. 주기적인 빙하기로 많은 동식물이 멸
종하기도 했다. 그러나 이러한 자연 환경 변화는 오랜 시간에 걸
쳐 천천히 진행되기 때문에 적응이 가능했다. 그러나 '인간 스스
로 만드는 기후 변화anthropogenic climate change' 등은 사정이 다르
다. 인류사회 전체가 힘을 모아 대응하지 않으면 지구를 사람이
살 수 없는 곳으로 변화시킬 수 있다.

지구 온난화가 문제되고 있다. 화석연료의 과도한 사용으로 탄
산가스 배출량이 천문학적으로 늘어 이 가스가 온실 효과를 가
져와 지구의 대기온도가 지난 100년 동안 1.5도 상승했으며 이
추세가 지속되면 21세기 말에는 다시 2도 이상 상승하여 기후 이
변이 속출하리라고 예상하고 있다. 이미 녹고 있는 극지방의 얼
음이 모두 녹고 바닷물의 부피가 온도 상승으로 늘어나면 바닷
물의 수위가 높아져 낮은 지역의 침수로 많은 도시가 수몰될 것
이며 공기오염으로 많은 사람이 생명을 잃게 될 것이라 예상하고
있다. 사막화, 대홍수, 태풍, 강수량 변화 등으로 생태계가 파괴되
어 돌이킬 수 없는 환경 변화도 있게 되리라 보고 있다.[29]

---

29 지구 온난화에 대하여 월러스 웰스(David Wallace-Wells)는 특별한 조치를 하
지 않으면 2050년경에는 지구가 사람이 살 수 없는 곳이 된다고 했다. 그의 책
The Uninhabitable Earth (New York: Penguin, 2019)를 볼 것. 제2장의 주1)
에 소개한 *Foreign Affairs*, 2020년 5-6월호도 참조할 것.

또한 인간의 생태계 파괴로 동식물 800만 종 중 이미 100만 종 이상이 멸종 위기를 맞고 있는데 이런 추세가 계속되면 21세기 말에는 회복할 수 없는 생태계 붕괴를 가져올 수도 있다고 본다.

지구 환경은 어느 한 나라가 보호할 수 있는 대상이 아니다. 모든 국가가 동참하는 보호 질서가 이루어져야 지구 환경은 보존된다.

지구 환경 보호 운동은 이미 오래전부터 시작되었다. '오존층 보호 협약', '생물 다양성 보전 협약', '화학폐기물 관리 협약', '해양오염 방지 협약', 기후 변화 대응을 위한 '교토의정서'와 '파리협정' 등 수많은 다자조약이 맺어졌다. 그밖에도 남극의 환경 보전을 위한 국제 레짐regime도 발족했고 북극협력회의도 열리고 있다. 그리고 고래 등 특정 동물 보호 협정 등도 맺어졌다.

주목할 만한 지구 자연 보호를 위한 국제협약으로는 1973년에 체결된 '멸종위기에 처한 야생동식물의 국제교역에 관한 협약', 1980년에 체결된 '남극 해양생물자원보존에 관한 협약', 1992년에 체결된 '생물다양성에 관한 협약' 등이 있으며 포괄적인 지구 환경 보호를 위한 장치로 1972년에 체결된 '인간환경선언스톡홀름선언', 1982년에 채택된 '세계자연헌장', 1992년에 리우 회의에서 채택된 '기후변화에 관한 협약'과 1997년에 교토에서 열린 제3차 협약국 회의에서 온실가스 규제 목표를 규정한 '교토의정서' 등이 대표적인 것이다.

문제는 환경 파괴 활동이 제일 많은 강대국들이 자국의 경제적 부담을 줄이기 위하여 여러 조약을 성실히 지키지 않고 있다는 점이다. 합의 내용들을 준수하도록 강제할 수 있는 영향력을 가진 강대국들이 앞장서서 환경 보호 질서가 지켜지도록 독려해야 한다. 지구 환경 보호는 초국가적 인류 공존 과업이다.

제4장

재편되는
동북아시아 질서와
한국의 안보환경

개요

제2차 세계대전이 끝난 후 반세기 동안 지속된 미·소 냉전 중에는 동북아시아의 미·소 진영 구분선에 놓였던 한반도에 사는 한국인들은 계속 높은 긴장 속에서 하루하루를 보냈다. 21세기에 들어서면서 미·소 냉전 대신 미·중 냉전이 격화되면서 한국 국민은 또다시 긴장 속에서 생존전략을 짜게 되었다. 공산주의를 내세운 1당지배의 전체주의-전제주의 국가로 출범한 신 중국은 중화민족주의와 사회주의를 결합한 '중국식 사회주의 국가'로 발전해 나가면서 민족주의와 사회주의를 1인 지배체제와 결합시킨 김일성 주체사상을 내세우는 북한을 앞세우고 한국과 일본을 중국 지배 아래 두는 새로운 '중국 지배 질서'를 구축하려 하고 있다. 자유민주주의 이념을 국시로 하는 한국은 이러한 중국의 위협 앞에서 자주권을 지켜나가야 하는 어려운 과제를 안고 있다.

제2차 세계대전이 종결된 후 새로 등장한 미·소 냉전체제가 반세기 지속되는 동안 세계 모든 국가는 그 틀 속에서 자국의 안전을 지키기 위해 미국 진영 또는 소련 진영에 참여하여 진영 내의 국가들과의 협력체제를 구축하면서 생존전략을 세워 나갔었다. 1991년 소련 진영이 해체되면서 미국과 소련 양국이 주도하던 양극체제가 허물어지고 미국이 주도하는 범세계적 단극체제가 형성되어 국제질서는 이에 맞추어 재편되었다. 이렇게 해서 '미국 주도의 평화' 시대가 시작되었다.

그러나 21세기에 들어서면서 미국의 영도력이 상대적으로 약화되기 시작하였고 중국이 신흥 초강대국으로 등장하면서 미국과 중국이 양극을 이루는 새로운 양극체제가 형성되기 시작했다. 아직은 미국과 중국이 극한 대결을 삼가고 있지만 미국이 내세우는 자유민주주의-시장경제질서를 갖춘 국가들로 구성되는 단일 세계민주공동체one world community of free market democracy 구축의 꿈과 중국 주도의 전세계를 포괄하는 위계적 사회주의 국가연합체 구축의 꿈은 양립할 수 없어 점차로 새로운 미·중 냉전 시대로 역사는 흘러가고 있다. 이러한 거대한 흐름 속에서 동북아시아의 지역 질서는 개편되고 있다.

미·중 신냉전 시대의 동북아 지역 질서는 지난 미·소 냉전시대의 것과는 크게 다르다. 미·소 냉전시대는 미국이 추구하는 자유민주주의-시장경제 이념이 지배하는 단일 세계공동체 건설 꿈과 소련이 내세운 범세계적 공산혁명이 충돌하는 선명한 이념 대결이 냉전의 원인이어서 대결 진영도 이념 정향에 의하여 선명하게 구분되었다. 미국과 이념을 같이 하는 일본과 한국이 한편을 이루고 구소련, 중국, 북한이 다른 한편을 이루고 있었다. 그리고 진영 구분선은 모든 협력을 막는 장벽으로 작용하였었다. 그러나 미·중 신냉전 시대의 동북아 지역 내의 국가 간 관계는 미·소 냉전시대와 달리 이념, 경제적 이익, 역사적 관계 등 다양한 차원의 갈등과 상호 의존이 뒤얽힌 복잡한 관계로 되어가고 있다. 이에 따라 적과 동지가 획일적으로 가려지지 않는 갈등-협력 혼합의 진영 나눔이라는 특색을 보여주고 있다. 이러한 복잡한 역내 국가 간 관계 때문에 한국의 대응도 어려워진다.

우선 미국의 대외정책에서 이념추구라는 가치 정향이 많이 약화되었다. 과거 소련과의 대결에서 보여준 강력한 반공정신은 없어졌다. 중국의 공산주의를 적대시하지 않고 다만 미국이 추구하는 자유민주주의와 다르다고만 생각하고 있다. 그리고 강대국으로 커진 중국과의 관계에서 미국이 계속 유지하리라 믿는 경제적 우위, 군사적 우위를 이용하여 중국을 견제해나가면 중국을 미국이 '관리'해 나갈 수 있다고 생각한다. 미국은 중국을 국제사회의 지도적 지위를 놓고 경쟁하는 도전자로 보지 않고 다룰 수 있는 경쟁자로 본다.

중국도 전세계를 중국 지배의 단일체제로 만들어보겠다는 꿈은 아직 꾸지 않고 있다. 시진핑習近平 주석이 내세운 중국몽은 19세기 초 아편전쟁 이전의 중국 제국의 재건을 목표로 하고 있다. 미국과 신형 대국 관계를 유지하면서 서태평양, 동아시아 지역을 중국의 지배권으로 굳히고 그 전제 아래 미국과 경제 등 비군사 영역에서 협조를 유지해 나가려 하고 있다.

일본은 미국과 긴밀한 협력 관계를 유지하면서 중국을 제외한 옛 대동아공영권, 즉 한국과 동남아 지역을 일본 영향 하에 두는 것을 외교 목표로 하고 있다. 미국과의 긴밀한 협력을 유지할 수 있으면 동아시아에서 중국의 지배 시도를 막을 수 있으리라 생각한다.

21세기의 이러한 복잡한 동아시아 지역 정세를 감안하면서 한국은 생존전략을 세워야 한다.

  재편되는 새 동북아시아 질서가 한국이 대응해 나가야 할 국제사회의 1차적 도전이 된다. 재편되는 동북아시아 지역 질서의 모습을 내다본다.

1. 미국의 새 아시아 정책

키신저Henry Kissinger는 지난 3세기 반 동안 국제관계를 느슨하게나마 통제하고 관리해온 베스트팔렌체제를 평하면서 "현실을 받아들인 체제이지 도덕적 이해를 반영한 것이 아니다"라고 했다.[30] 30년 전쟁으로 온 유럽이 황폐화 되었을 때 "기독교 국가끼리 이러한 야만적 행위를 더 이상 반복하지 말자"는 참가국들의 공통된 의견을 반영하여 '현실'을 제도화해 놓은 것이 베스트팔렌체제였다. 앞서 논했던 바와 같이 이 체제는 크고 작은 모든 국가의 주권을 서로 존중하기로 하고 서로 다른 나라의 내정에 간섭하지 말고 국가 간의 관계는 합의된 규범에 따라 관리하자는 것이 그 내용이었는데 이러한 원칙이 도덕적으로 옳기 때문이라든가 당시의 인간들이 보편적으로 추구하는 가치관을 반영하기 때문이 아니었다. 키신저는 이러한 현실 수용의 체제가 '힘의 균형'이 뒷받침했기 때문에 350년 동안 국제관계 관리 체제로 존속해왔다고 했다.

　미국은 '인권이 보장된 자유'를 온 국민이 누리는 민주공화정

30　그의 책 *World Order*, New York: Penguin Books, 2014의 서문을 볼 것.

의 정신을 실현한다는 이상을 내걸고 만든 나라로 출발하였다. 이러한 이상주의적인 국가 목표를 내세운 미국도 현실 외교 정책을 펴나갈 때는 현실적인 국익을 이상보다 앞세워 왔다. 독립 후 미국은 유럽 내의 국가 간 갈등과 전쟁에는 개입하지 않고 그 대신 남북미 대륙에 유럽 국가가 진출하는 것을 허용하지 않는다는 '먼로 독트린Monroe Doctrine'을 선언하고 19세기 말까지 고립 정책을 지켰다. 미국은 그 당시까지의 생산 기술 수준에서는 다른 나라와 협력 없이도 충분히 자급자족을 할 수 있는 영토와 자원을 모두 갖추고 있었고 대서양과 태평양이 막아주어 외부로부터의 군사 위협을 받을 일도 없었기 때문에 이러한 고립 정책은 국익 수호에 도움이 되었었다.

미국의 대외진출 정책은 1899년에 채택한 '문호개방 정책Open Door Policy'부터 시작되었다. 산업혁명의 진전으로 공업 생산 발전에 필요한 원자재의 확보와 생산된 제품의 판매시장 확보가 필요해져서 미국은 동아시아로의 진출을 계획했으며 동아시아의 핵심 국가인 중국에 먼저 진출한 유럽 제국과 동등한 교역권을 요구하는 '중국 개방정책Open Door Policy'을 선언했다. 그 이후 미국은 아시아 진출의 중간 기착지인 하와이 군도를 점령하고 1905년 일본과 '테프트-가쓰라 협약'을 맺고 일본의 한국 지배를 양해하는 조건으로 미·스페인 전쟁으로 얻은 식민지인 필리핀에 대한 미국 지배를 일본이 묵인하도록 하였다. 이렇듯 미국은 이념이라든가 평화라든가 하는 가치지향적 행위 준칙을 따른 외교 정책과 거리가 먼 현실적인 국가이익 추구를 정책 지침으로 삼았었다.

1914년에 시작된 제1차 세계대전에 미국은 초기에 참전을 기피하였다. 그러나 전쟁 중에 연합군 측에 가담하여 참전하였다. 연합군 측에는 일본도 동참하고 있었다. 1939년에 일어난 제2차 세계대전에도 미국은 중도에 참전하였다. 나치스 독일의 전체주의, 일본 군국주의-전체주의의 확산을 막는다는 명분을 내세웠지만 공산독재국가 소련과는 한편이 되어 싸웠다.

제2차 세계대전이 끝난 후 소련이 점령 지역에 공산 정권을 세우면서 공산권을 전세계로 넓혀 나가기 시작하자 미국은 이를 막기 위해 나섰다. 전세계적 차원에서 공산전체주의의 반인도적 통치를 근절하여 세계 인민이 모두 '인권이 보장되는 자유'를 누리는 세상을 만든다는 이념적 목표를 내세우고 공산진영의 확대를 막는 적극적 대외 정책을 폈다. 그 결과로 소련이 주도하는 '공산진영'과 미국 주도의 '자유진영' 간의 진영 대결이라는 냉전체제가 자리 잡았었다. 1946년부터 소련이 굴복을 선언한 1990년까지 45년간 지속된 전지구적 냉전 기간에 미국은 공산 세력과 투쟁하는 모든 반공 국가들을 군사적으로, 경제적으로, 그리고 정치적으로 지원하였다.

제2차 세계대전 종전 후 미국과 소련의 패권 경쟁으로 시작된 반세기에 걸친 냉전체제는 소련의 패배로 1989년 종식되었다. 냉전은 이념 투쟁이었다. 미국이 내세운 자유민주주의 이념과 구소련이 대변하던 공산전체주의 이념 간의 대립 투쟁이었으며 자유민주주의를 국가 이념으로 하는 국가들 진영과 공산전체주의를 추종하는 국가들로 구성된 공산진영 간의 집단 투쟁이었다.

진영 대결에서 패배한 소련연방은 1991년에 해체되어 러시아 공화국과 14개 공화국으로 나뉘었고 공산진영을 이루던 동유럽의 공산국가들도 공산주의를 포기하고 새로운 민주공화국으로 재탄생했다. 소련 주도의 공산진영이 해체된 것이다.

냉전 종식으로 국제사회는 미국 주도의 민주진영과 소련 주도의 공산진영이 대립하던 양극체제에서 미국 주도의 단극체제로 재편되었다. 냉전에서 승리한 미국은 미국이 꿈꾸던 단일 세계민주공동체one world community of free market democracy를 구축할 수 있는 기회가 왔다고 생각하고 민주화가 되지 않은 국가들의 민주화를 지원하였다. 세계 모든 국가가 민주국가가 되면 민주국가들로 구성되는 하나의 세계민주공동체가 이루어지고 이를 토대로 하나의 미국 주도 세계민주평화공동체를 만들겠다는 '미국 지배의 평화질서'가 완성되리라 믿었다. 미국은 냉전 종식과 더불어 북한 등 아직도 민주화 되지 않은 소수의 '악의 축axis of devils'이라 부르던 전체주의-전제정치 국가들의 민주화를 추진하기 시작했다. 미국은 이라크의 후세인 정권 타도, 리비아의 카다피 정권의 전복, 아프가니스탄의 탈레반 독재체제 제거 등의 투쟁도 시작했다.

그러나 21세기에 들어서면서 미국의 Pax Americana의 꿈은 좌절되었다. '민주주의의 후퇴' 현상이 나타나기 시작했기 때문이다. 20세기가 끝나던 2003년 기준으로 세계 193개국 중 160개국이 민주주의체제를 채택하고 있었고 이 중 93개국은 완전한 민주주의체제를 운영하고 있었다. 그러나 2008년에는 오직 26개국만 '완전한 민주국가'로 인정받았다. 민주 의식이 확고한

국민이 전체 국민 중 다수를 차지하지 못한 나라에서 등가참여의 민주정치 제도를 악용하여 대중영합주의자populist가 정권을 장악하여 국익보다 자기 파당의 이익을 앞세우는 비민주적 지배체제illiberal hegemony를 구축하여 민주주의를 후퇴시켰다. 그 결과로 이미 민주화되었던 국가들이 사이비 민주주의 국가로 전락하면서 전세계적으로 민주주의 국가의 숫자가 줄어드는 현상이 나타났다. 이러한 역풍 속에서 미국은 Pax Americana의 꿈을 접을 수밖에 없었다.[31]

세계민주공동체 구축을 위하여 미국은 많은 희생을 감수하고 민주 동맹국의 보호, 비민주 국가의 민주화를 위하여 노력을 기울였다. 그러나 그 결과로 미국 정부는 국내에서 유권자의 저항을 받기 시작하였다. 해외 주둔 미군의 유지 비용, 분쟁 지역에서의 군사작전 비용 등의 직접적 경제 부담과 더불어 우방 국가에 대한 간접적 경제 지원을 위하여 베풀던 시혜적 교역 조건 허용 등으로 미국은 많은 경제적 부담을 안았다. 그리고 오랫동안 간접적으로 경제적 희생을 감수해오던 미국 국내의 중산층들의 불만이 미국 정부의 발을 묶기 시작했다. 이런 배경에서 세계민주질서 구축보다 미국 국민의 복지를 앞세워야 한다는 미국 중산층의 요구는 미국 우선주의America First를 내세운 트럼프의 대

---

31 나의 책 『자유 민주 지키기: 21세기 평화질서』, 서울: 기파랑, 2018, 제3장의 '4. 도전받는 민주주의 정치체제'를 참조할 것. 통계는 Joshua Kurlantzick의 저서 *Democracy in Retreat*에서 인용한 Economist Intelligence Unit의 조사 결과를 재인용한 것이다.

통령 당선으로 나타났다. 트럼프 대통령은 세계평화질서 구축을 지도해온 미국의 역할을 버리고 미국 이익 주도의 정책을 펴는 미국 고립주의 정책을 펴고 있다. 트럼프의 이러한 정책은 미국과 함께 세계 민주평화질서 구축에 참여해온 동맹국들을 긴장시키고 있다. 트럼프는 오랫동안 유지해온 동맹국과의 관계도 재조정하려 하기 때문이다.

미국이 인류사회를 '인권이 보장된 자유'가 보장되는 단일 공동체로 만든다는 이념을 앞세운 Pax Americana의 이상주의적인 꿈을 접게 된 것은 '민주주의 후퇴'라는 새로운 역사 흐름과 더불어 미국의 세계질서 지도 능력이 상대적으로 약해졌기 때문이다. 미국은 군사적으로는 아직도 '최강의 지위'를 유지하고 있다. 핵전력도, 재래식 전력도 세계 1위를 유지하고 있다. 그러나 핵무기의 확산을 막지 못해 이미 미국 이외에 9개국이 핵무기를 보유하게 되어 핵무기를 현실적으로 사용할 수 없게 되었다. 핵전쟁에서는 어느 나라가 선제공격을 해도 일방적 승리를 보장하지 못한다. 상호확증파괴MAD: Mutual Assured Destruction가 가능해져서 핵무기를 사용하는 전면전은 사실상 불가능해졌기 때문이다. 미국은 세계 최강의 군사력을 갖추고 있으나 군사력으로 다른 나라를 쉽게 굴복시킬 수 없게 되어 외교적 영향력을 제한받고 있다.

경제적으로는, 국제분업이 심화되어 세계 최강의 경제 대국인 미국도 경쟁국들과의 '상호의존 관계' 때문에 '경제제재'를 영향력 행사 도구로 사용하는데 제약을 받고 있다. 결국 미국은 세계 최강의 국력을 가진 초강대국 지위는 유지하지만 세계질서를 지배하는 패권supremacy은 가질 수 없게 되었다. 미국의 상대적 지위가 흔들리면서 미국은 '미국 주도의 세계평화질서'를 구축하겠다던 꿈은 접고 미국의 국익을 지키는 현실주의 정책을 펴기 시작했다.

2009년 국제정치학자들이 뽑은 '세계에서 가장 영향력이 있는 인물'로 선정되었던 조지프 나이Joseph S. Nye Jr. 교수는 21세기의 시대 특성과 국제사회의 구성을 논하면서 힘의 분산power diffusion과 힘의 분배distribution of power라는 두 가지 개념을 해설하면서 21세기에는 미국이 군사적 영향력 최강의 지위를 계속 유지할 것이나 경제 영역에서는 미국, 유럽, 중국, 일본과 균형을 유지해 나갈 것이고 기후 변화 등 범세계적 문제에 대해서는 모든 나라와 힘을 모아 함께 문제를 해결해나가는 '지배국 아닌 지도국'으로 남을 것이라고 내다보았다.[32]

위와 같은 정세 흐름 판단을 참고한다면 21세기에 시작되고 있는 미·중 신 냉전은 과거 미·소 냉전과 같은 '극한 대결'로 전개되지는 않을 것이고 대결과 협력이 뒤섞인 혼합된 경쟁 관계가 전개되리라고 예측해 볼 수 있다.

미국과 중국 사이의 냉전이 대결과 협력이 뒤섞인 복잡한 관계로 전개된다면 한국의 대응 전략도 미·중 냉전 전개의 방향을 예의주시하면서 탄력적으로 구축해 나가야 할 것이다.

---

[32] Joseph S. Nye, *Is the American Century Over?*, Cambridge: Polity Press, 2015(한국어판 『미국의 세기는 끝났는가』, 이기동 역, 서울: 프리뷰, 2015)의 '제6장 힘의 이동과 복잡해지는 세계' 참조.

2. 중국몽과 일대일로一帶一路 구상

중국은 중화인민공화국 건국 100년이 되는 2049년까지 1840년 이전 중국이 지배권을 행사하던 '중화천하中華天下'라는 전통적 중국 지배 지역에 중국 중심의 조공체제를 재건하겠다는 꿈을 가지고 있다. 중국은 명明·청淸 때의 조공체제tributary system를 이상적인 평화질서라고 생각하고 있다. 중국이 중심 국가로 군림하면서 변방 국가들과 지배-피지배의 위계질서를 설정하고 중국이 이를 유지하는 권위와 책임을 지는 질서였다. 체제 내의 국가 간의 갈등도 중국이 나서서 해결해주었지만 중국은 변방 국가의 내정에는 원칙적으로 개입하지 않았고 군대도 주둔하지 않았다. 청나라의 왕조실록인『따칭후이띠엔大淸會典』에 등록되어있던 조공 국가는 한 때 150개에 이르렀다. 중국은 이 질서를 회복하려는 꿈, 중국몽中國夢을 다듬고 있다.

　중국은 공산혁명 이후 사회주의체제를 급격히 구축하기 위하여 무리하게 농업 집단화를 추진하여 매년 수백만 명씩 아사하는 혼란을 겪었으며 전국민을 '사회주의 인간형'으로 개조한다는『문화혁명』을 10년간 추진하면서 2천만 명의 인민을 반혁명 분자로 희생시켰다. 이 시기 중국 경제는 붕괴 직전까지 갔었다.[32]

중국은 덩鄧小平의 '실용주의 혁명'이라 부르는 개혁개방이 시작된 1970년대부터 '중국식 사회주의'라는 이름으로 정치에서는 공산당 1당지배체제를 유지하면서 현능주의賢能主義, meritocracy 인재 등용 정책을 채택하고 경제에서는 '사회주의 시장경제'를 추진하면서 국제사회에서의 외교적 영향력을 높이고 급속한 경제 성장을 이루었다. 경제적 후진국에 머물던 중국은 1980년대부터 매년 10%에 가까운 성장을 지속하여 2015년경에는 미국에 이어 GDP 세계 제2위의 경제 대국으로 올라섰다. 이러한 배경에서 2013년 국가주석에 취임한 시진핑 주석은 2050년까지 아편전쟁 이전의 중국의 권위를 되찾겠다는 중국몽을 공식으로 내어 걸고 화평굴기和平崛起 정책을 넘어선 유소작위有所作

---

33 중화인민공화국이 수립된 1949년부터 100년이 되는 2049년까지 '중국이 미국을 제치고 세계 주도국이 되는 것'을 중국인들의 꿈이라고 밝힌 류밍푸(劉明福)의 책 이름이 『中國夢』이다. 시진핑(習近平)을 비롯한 중국 지도자들이 이 책 내용을 공유하고 있어 이제는 중국 정부의 공식 국가 건설 목표로 여겨지고 있다. 100년에 걸친 정책 전개 과정에 대한 해설은 다음 책에 실려 있다. Michael Pillsbury, *The Hundred-Year Marathon: China's Secret Strategy to Replace America as the Global Superpower*, New York: Henry Holt, 2015. 중국이 지난 100년 동안 겪어온 수모를 떨쳐 버리고 중화제국을 재건하기 위하여 노력해 온 과정과 관련한 주요 지도자들의 주장들을 모은 책이다. 참고할 것. Orville Schell & John Delury, eds., *Wealth and Power: China's Long March to the Twenty-first Century*, New York: Random House, 2013은 강대 중국 건설을 독려하는 공산당 정부의 통치 속에서 중국인들은 어떻게 적응하는지를 현지 특파원의 시각에서 기록한 책으로 중국몽 이해에 도움을 준다. 다음 책도 참고할 것. Evan Osnos, *Age of Ambition: Chasing Fortune, Truth, and Faith in the New China*, New York: Farrar, Straus and Giroux, 2014.

爲 정책을 펴고 있다.[34]

중국은 중국몽을 달성할 때까지 미국의 지배권을 존중하되 중국이 역사적으로 지배해왔던 아시아 지역에 대하여는 미국도 중국의 지배를 허용하기를 요구하는 신형강대국관계新型強大國關係를 추진하고 있다. 중국은 구체적으로 미국이 이 지역에 접근하는 것을 거부하는 AA/AD Anti-Access/Area Denial 정책을 펴고 있다. 그리고 일대일로 BRI: Belt and Road Initiative 정책을 선언하고 옛 실크로드에 해당하는 중앙아시아-유럽 간의 육상 통로 해당 지역과 동남아시아-인도양-중동-유럽에 이르는 해상 실크로드 해당 지역을 중국 영향권에 넣는 정책을 펴고 있다.

중국의 이러한 야심찬 정책은 이를 경계하는 미국과의 충돌을 불가피하게 만들고 있다. 미국은 인도양과 태평양을 모두 장악하려는 인도-태평양 전략 Indo-Pacific Strategy을 세우고 미국의 동맹국인 일본과 오스트레일리아, 우호국인 인도와의 협력체제 Quad 협력

---

34 시진핑은 2013년 '중국의 꿈'의 내용을 "중화민족의 위대한 부흥을 실현하는 것"이라 밝히고 '국가의 부강', '민족의 진흥', '민중의 행복'을 실현하는 것이라고 했다. 중국은 이미 경제 규모에서 미국 다음으로 세계 제2위의 GDP를 기록하고 있다. 시진핑은 중국의 부강을 이루는 방안으로 '싱가포르 같은 도시 1,000개'를 만드는 것이라고 하면서 '싱가포르'를 모형으로 할 것을 밝혔다. 임계순, 『중국의 미래, 싱가포르 모델』, 서울: 김영사, 2018을 볼 것. 임 교수는 이 책에서 싱가포르 모형의 다섯 가지 특색을 다음과 같이 요약했다. (1) 국민 동의, (2) 법치, (3) 장기 정책, (4) 현능주의, (5) 중용; 중화인민공화국이 세워진 1949년부터 중국을 지배해온 네 세대에 걸친 지도자들과의 접촉을 통하여 중국과 미국 관계의 변천을 논한 키신저의 회고록도 중국 이해에 많은 도움을 준다. 키신저는 중국을 50번 방문하였다. Henry Kissinger, *On China*, New York: Penguin Press, 2011.

체제를 구축하여 중국의 팽창억제 정책을 펴고 있다. 1989년 구소련 진영의 해체로 끝난 반세기에 걸친 냉전 시대가 이제 미국과 중국 간의 신 냉전체제로 다시 전개되고 있다.

2018년 기준으로 미국은 세계 총 GDP의 25%를 차지하고 있으며 중국은 16%를 차지하고 있다.[35] 미국과 중국 간의 신 냉전이 시작되면 이 경쟁에서 한발 물러나 있는 유럽연합이 제3의 경쟁 세력으로 참여하는 느슨한 3각 진영 대결 시대가 21세기 후반에 형성되리라 예상된다. 그리고 이렇게 재편되는 국제질서는 한국의 생존 환경에 새로운 과제를 안겨 주고 있다. 미국과의 상호방위조약의 보호 아래 안전하게 민주화와 경제발전을 이루어 온 한국은 미국의 보호가 '미국 우선'이라는 새로운 고립 정책에 따라 가변적이 되는 환경에서 중국의 강압적인 한반도 지배 정책에 맞서야 하는 과제를 안게 되었다.

---

35 중국은 1978년부터 매년 10%에 가까운 GDP 성장률을 기록해서 1978년 세계 17위의 경제 규모이던 것을 2011년에는 미국 다음인 세계 2위로 끌어 올렸다. 중국의 고도성장 과정에 대해서는 다음 책을 참조할 것. Kerry Brown, *Contemporary China*, New York: Macmillan, 2013(한국어판 『현대중국의 이해』, 김흥규 역, 서울: 명인문화사, 2014).

3. 미·중 격전장이 될 동북아시아

미국과 중국 간의 패권 경쟁이 불가피하다면 그 경쟁은 어떻게 전개될까? 동북아시아가 격전장이 될 가능성이 아주 높다. 동아시아는 중국이 회복하려는 옛 중화제국의 핵심 지역이다. 그리고 미국도 양보하려 하지 않는 지역이다. 시어도어 루즈벨트Theodore Roosevelt, Jr.의 서진정책 이래 미국은 아시아 연안을 미국 영향 아래 두어 태평양을 완전히 지배하는 것을 미국 안보전략의 '절대적, 필요조건'으로 생각하고 있다. 이러한 미·중의 전략 구상 속에서 일본, 한반도와 러시아가 국경을 접하고 있는 동북아시아가 미국과 중국이 지배권 장악을 위해 다툴 수밖에 없는 지역이 된다.

미국은 제2차 세계대전에서 일본을 굴복시키고 미국의 영향권을 일본, 한반도 남쪽의 한국, 대만을 잇는 선까지 넓혔다. 반세기에 걸친 미·소 냉전 기간에는 구소련과 중국의 태평양 진출을 미·일 동맹과 한·미 동맹으로 한국과 일본을 앞세워 막아냈다. 구소련 붕괴 후에는 미국의 동북아 지배권에 도전할 나라가 없어 미국은 이 지역을 안정적으로 관리할 수 있었다.

중국의 급부상으로 미국 지배의 동북아 지역이 다시 미·중 간의 격전지로 되어가고 있다. 중국은 1차로 한반도를 자국 방어의 전초기지로 삼고 미국과 일본의 접근을 동해에서 막으려 하고 있다. 그리고 2단계로 일본까지, 그리고 3단계에 서태평양에 설정해 놓은 제3도련第3島璉까지 중국 지배 지역을 확장한다는 접근거부/지역방어 AA/AD: Anti-Access/Area Denial 계획을 세워 놓고 있다. 중국은 이런 구상 아래 첫 단계로 북한을 중국의 하나의 자치성自治省으로 흡수하고 이어서 한국을 미국과 일본의 군사 동맹에서 분리시켜 중국 지배 아래로 넣는 한국의 핀란드화Finlandization 전략을 세우고 미국의 한반도 포기 유도, 한일협력체제 분쇄에 역점을 두고 외교전, 군사 위협, 국내정치 개입 전략 등을 펼치고 있다.

미국은 중국의 태평양 진출을 억제하기 위하여 일본과의 군사 협력체제를 강화하고 있으며 일본 주둔 미군을 보강하고 있다. 그리고 한국과의 군사협력체제를 재평가하고 있다. 한국을 우방으로 유지하는데 필요한 정치적, 재정적 부담과 한국을 중국 견제의 전초기지로 계속 유지하면서 얻어지는 이익을 비교·검토하고 있다.

미국은 중국과의 패권 경쟁을 다각적으로 펼치고 있다. 군사적으로 중국의 세력 확대를 저지하면서 경제적으로 중국의 대외 활동영역 확대를 억지하는데 더 많은 노력을 펴고 있다. 그동안 중국은 미국의 직간접 지원을 받아 빠른 경제 성장을 이룰 수 있었다. 중국 국민이 잘살게 되면 중국 정치도 민주화가 될 것이고 민주화된 중국과 협력하면 세계평화질서를 구축할 수 있다는 생각에서 미국은 과학기술 지원, 중국산 물품의 시장 확보 지원 등을 도왔다. 그 결과 중국은 전세계에 싼 공산품을 공급하는 기지가 되었었다.

미국은 2020년의 코로나바이러스 사태를 계기로 중국의 도전을 분쇄하기 위하여 경제적 포위를 결심하였다. 미국은 이념을 같이 하는 나라들로 구성된 '경제번영네트워크' EPN: Economic Prosperity Network 구축 방안을 내어놓고 한국, 일본, 베트남, 오스트레일리아, 뉴질랜드, 인도와 함께 경제협력체제를 구축하고 중국을 고립시키려 하고 있다. 그리고 미국은 이미 중국과의 경제교류 관계를 끊는 정책 decoupling policy을 세우고 중국에 진출한 미국 기업의 철수를 뜻하는 'reshoring' 정책을 실천에 옮기고 있으며 우방국들에게도 이를 따르거나 다른 우방으로 중국에 진출했던 기업을 옮기는 off-shoring을 강력히 권고하고 있다. 이러한 미국의 경제적 중국 봉쇄정책이 성공하게 되면 중국은 과거 소련이 미국의 경제 봉쇄에 굴복했던 것처럼 굴복하지 않을 수 없을 것이다.

21세기 한국이 당면하고 있는 가장 큰 과제는 미·중 신 냉전이 전개되는 상황에서 어떻게 주권국 지위를 유지하면서 군사적 안전과 지속적 경제발전을 유지할 수 있는 국제환경을 안정적으로 확보할 수 있는가 하는 것이다. 이 과제는 대한민국의 존망을 가르는 중요한 과제가 될 것이다.

4. 일본의 균형자 역할

21세기의 동북아 지역 질서 속에서 일본은 어떤 역할을 할까? 미국과 중국 간의 냉전을 중화시키는 중요한 역할을 하리라 생각된다. 근대화 흐름을 앞서서 이끌던 서양 제국들로부터 배움을 얻어 아시아에서 처음으로 근대 국가의 틀을 잡은 1868년 명치유신明治維新 이래 지난 150년의 경험을 토대로 일본은 이상주의와 현실주의를 아우르는 중도의 대외정책을 고수하면서 미국과 중국의 대결을 완충시켜 나가리라 예상된다. 일본의 이러한 완충 역할은 동북아 질서의 안정 유지에 크게 기여할 것이다.

19세기 영국, 프랑스, 독일 등 서구 제국들과 미국 등이 중국, 인도, 동남아 등으로 경쟁적으로 진출할 때 아시아 국가들 중에서 가장 적극적으로 서구 문물을 수용한 일본은 서유럽 국가들의 제국주의 팽창 정책을 그대로 본받아 근대화에 한발 늦은 중국, 한국, 동남아 여러 나라들을 식민지로 확보하는 적극적 대외정책을 펴나갔다. 일본은 1894년 동아시아를 수천 년간 종주국으로 지배해오던 중국과 전쟁을 벌여 중국의 조공국 중 하나이던 조선에 대한 지배권을 빼앗았다. 이어서 1904년에 시베리아를 거쳐 동아시아로 남진해 내려오던 러시아 제국을 미국과 영국의 지원을 받아 패퇴시키고 사할린의 북위 50도선 이남의 땅을 할양받았다. 일본은 청일전쟁의 전리품으로 얻어낸 대만을 식민지로 편입하여 동남아로 진출하는 발판으로 만들었다.

　일본은 주변국을 병탄해 나가면서 '대일본제국大日本帝國'을 구축하여 영국, 프랑스, 네덜란드 등과 같이 식민 대국을 건설하면서도 명분은 '대동아공영권大東亞共榮圈' 건설이라 내세웠다. 1941년 12월 미국 하와이섬을 기습 공격하면서 일본은 독일, 이탈리아와 함께 미국, 영국, 프랑스 등 연합국과의 전쟁에 참여하면서 그 목적을 '대동아 신질서 건설'이라고 선언하였다. 일본은 이에 앞서 1931년 만주를 침략할 때 '5족협화五族協和'를 원대한 대외정책 원칙으로 내세웠다. 일본, 조선, 만주, 중국, 몽골 등 다섯 민족이 하나의 공동체를 이루어 공동 번영을 이루어야 서양 열강과 맞설 수 있다는 주장이었다. 일본은 1938년 중국 본토 침략을 시작할 때는 '동아신질서'를 내세웠으며 동남아로 진출하면서 '대동아공영권'으로 공동체 참여국들의 범위를 넓혔다. 그러나 실제로는 식민 제국 건설을 미화하는 구상이었다. 일본의 화려한 동아시아 공동체 건설의 꿈은 제2차 세계대전에서 일본이 패전하면서 사라졌다.

　일본은 전후 미국의 점령지로 군사통치를 받았다가 1951년 9월 8일 샌프란시스코에서 체결된 승전국인 연합국과 일본 간의 평화조약San Francisco Peace Treaty을 맺고 새로 주권국가로 재생했으나 과거 제국주의 시대에 강점했던 점령지는 모두 원주인에게 되돌려 주었다. 한국은 독립하였고 대만, 남사할린은 중국과 소련에 각각 반환하였다.

전후의 일본은 전쟁을 벌였던 군국주의 국가와는 전혀 다른 나라가 되었다. 자유민주주의를 국시國是로 하는 민주공화국으로 재탄생하였다. 국민이 선출한 의원이 국정을 운영하는 의회 민주주의 국가가 되었다. 그리고 침략 전쟁을 할 수 있는 군대를 보유하지 않는다는 약속을 담은 헌법을 70년간 준수하고 있다.

전전戰前 세대의 지도자들이 물러나고 새로운 시대에 새로운 지도자로 성장한 전후戰後 세대들의 주류는 주권재민의 원칙을 존중하고 모든 국민들이 차별받지 않고 '인권이 보장된 자유'를 고르게 누려야 한다는 민주주의 이념을 공유하고 있어 대외 정책 기조도 강한 군사력을 만들어 넓은 영토를 확보하여 일본의 국부國富를 키우는 '일국 번영주의'에 기초한 제국주의 팽창 정책에서 여러 국가들이 서로 협조하여 함께 발전하면서 평화공존을 해나가는 협의공동체 질서 구축으로 바뀌었다. 전후 일본의 국제 정세 인식과 이에 대응하는 새로운 공존공영의 평화공동체 지향으로의 정책 전환에 대하여 전후 세대를 대표하는 학자인 이노구치 구니코猪口邦子 교수는 일본 정부가 선택해야 할 대외 정책 기조는 '국가 간 정책 협조를 바탕으로 하는 공생의 협의평화질서 Pax Consortis' 구축이어야 한다고 주장하였다.[36]

---

36 猪口邦子, 『ポスト覇権システムと日本の選択』, 東京: 筑摩書房, 1989. 猪口 교수는 20세기를 지배하던 '覇權國 주도의 세계지배질서'가 국가 간 협조를 중시하는 '협의체 평화공동체' 질서로 진화하는 것은 당연한 추세라고 진단했다. 일본의 장기적 대외정책 구상에 대해서는 다음 책도 참조할 것. 田久保忠衛, 『「新世界秩序」と日本』, 東京: 時事通信社, 1992.

전후 일본 지도층의 의식이 국가의 패권 장악이라는 전체주의적 목표 가치보다 국민의 삶의 쾌적amenity에 두어야 한다는 '국민의 삶의 질' 향상으로 굳어지고 성취 방법에 있어서도 변화된 시대 환경을 감안하여 군사적 지배가 아닌 교류협력이라는 현실주의적 접근으로 기울어지면서 대외 정책 기조는 협력에 기초한 평화공동체 구축 지원으로 굳어져 왔다.

일본은 군사적 패권 국가를 지향하지 않는다. 핵을 가진 중국과 러시아에 대해서는 미국과의 긴밀한 협력으로 이들의 힘을 억지한다. 그러나 중국과 러시아 등의 자원 보유국들과는 협력체제를 유지하면서 공존 관계를 유지한다. 국가 목표인 자유민주주의 이념을 공유한 미국 등과는 포괄적 우호 관계를, 그리고 이념을 달리하는 중국 등과는 우호 아닌 '전략적 파트너'로 관계의 성격을 분명하게 구분한다. 예를 들어 중국은 일본의 동맹국이 될 수 없고 다만 긴밀한 전략적 동반자일 뿐이다. 경제교류는 양국의 국익을 극대화할 수 있도록 확대 유지하지만 군사적, 외교적 관계는 상호 견제 관계를 유지한다.

이러한 일본의 대외 정책 기조는 미어셰이머John J. Mearsheimer 교수가 정리해놓은 '공격적 현실주의' 이론과 유사하다.[37] 미어셰이머 교수는 21세기에도 국가는 국제정치의 핵심적 행위자이며 국가는 자주성 유지라는 생존 조건 확보를 가장 중요한 목표

---

37 John J. Mearsheimer, *The Tragedy of Great Power Politics*, New York: Norton, 2014(한국어판 『강대국 국제정치의 비극』, 이춘근 역, 서울: 김앤김북스, 2017의 제10장 참조).

로 삼고 이 목표 달성을 위하여 최소한 소속 지역 질서에서 힘으로 자국의 자율성을 억압하려는 국가의 군사력을 억제할 수 있는 독자적 군사력을 갖추던가 동맹의 지원을 확실하게 확보하려 한다고 주장했다.

일본은 한때 미국 다음의 세계 제2의 경제대국이었다. 인구가 10배 넘는 중국이 총량에서 일본의 GDP를 넘어섰다고 하지만 국제사회에서의 경제적 영향력은 중국에 앞선다. 군사력에 있어서 스스로는 핵무기를 보유하지 않고 있지만 미국과의 동맹으로 중국과 러시아의 핵공격 능력을 억지하고 재래식 전력에서는 방어 충분 전력을 유지하고 있다.

일본의 이러한 대외 정책은 동북아시아 지역 질서의 안정을 유지하는데 크게 기여하고 있다. 미국과 중국 간의 직접적 충돌을 중간에서 완화하는 기능을 하고 동아시아 제국을 조공국으로 관리하던 중국의 옛 지배질서 회복의 야망을 제어하는데 크게 기여하고 있다. 중국은 미·일 동맹을 대항하기는 어렵고 일본의 제재를 받으면 경제 자립이 어려워진다.

한국은 중국과 국경을 맞대고 있는 중소국으로 중국의 위협을 제어할 수 있는 힘을 확보하기 위해서는 미국과 일본과의 포괄적 동맹을 유지해야 한다. 그리고 이념을 공유하는 미국과 일본과는 우방 관계를, 이념을 달리하는 중국과는 전략적 파트너 관계를 유지해야 한다. 동북아시아 지역 질서가 미·중 냉전 관계, 일본의 완충 역할로 안정을 유지하는 구조를 유지하는 한 한국의 선택 폭은 크지 않다.

5. 지속될 남북한 갈등

동아시아 지역 중심에 한반도가 놓여 있다. 북쪽으로 중국과 러시아와 국경을 접하고 있으며 서쪽으로는 황해를 건너 중국의 중심부를 마주 보고 있다. 동쪽으로는 동해를 건너 일본과 마주하고 있다. 남쪽으로는 아시아의 서태평양 연안의 필리핀, 베트남, 인도네시아, 태국 등 동남아 제국을 바라보고 있다. 인종적으로는 북아시아의 몽골족, 만주족, 일본인 등과 연계되어 있고 뿌리가 같은 언어를 쓰고 있다. 문화적으로는 2천 년 동안 중국과의 교류를 이어오면서 중국의 문자, 사상, 종교, 사회 제도에 친숙해졌다. 그리고 중국을 지배국으로 하는 위계 구도의 국가연합체라 할 조공체제에 하나의 구성국으로 지내 왔다.

한반도는 지리상 중국으로 밀려드는 태평양으로부터의 침략 세력으로부터 중국의 심장부를 지켜주는 중요한 방파제가 되고 반대로 중국 세력이 동쪽, 남쪽 해양으로 뻗어 나가는 것을 막는 1차적 방책防柵이 되었다. 한반도는 이러한 지정학적 위치 때문에 2천 년 역사에 수백 번의 전화戰禍를 겪었다.

영토의 크기와 인구 수가 국력의 기초가 되던 시대에는 한반도에 자리 잡아온 국가들은 주변국과의 전쟁에서 항상 수세로 몰려 왔다. 중국 주변의 나라들이 차례로 중원中原에 진출하여 중화질서中華秩序의 수장首長이 되어 왔으나 한韓족은 한 번도 동아시아 지배국으로 군림해 본 적이 없었다.

한반도의 이러한 지정학적 특이성은 21세기에도 변함이 없다. 동아시아 지역 중심에 위치하면서 주변 강대국들 간의 다툼의 대상이 되어온 역사는 21세기에도 반복될 것이다.

중국의 중심은 동쪽에 놓여 있다. 인구의 대부분이 남만주와 요동 반도, 화북, 화남, 산동 반도, 강소, 절강, 복건, 광동 등 황해 연안에 집중되어 있고 공업단지와 정치 중심지도 모두 이 지역에 모여 있다. 중국은 한반도를 장악한 세력에 심장부가 노출되어 안보에 결정적 위협을 받게 된다. 중국이 한반도를 장악해야 할 이유이다. 직접 지배하지 못하면 최소한 적대 세력의 손에 들어가게 해서는 안 된다고 생각한다. 반대로 중국의 태평양 진출을 막을 수 있는 든든한 방책으로 한반도를 활용할 수 있다. 한반도를 지배하는 세력은 중국의 진출을 쉽게 막을 수 있다. 중국 중심부는 한반도에 배치된 공격 무기에 모두 노출된다. 중국의 해군은 한반도의 육상 기지에서도 제압할 수 있다.

일본 열도는 북위 20도에서 북위 50도까지 길게 놓여 있어 대륙으로부터의 공격에 전국토가 노출되어 있다. 대륙으로부터의 공격을 막기 위해서는 한반도를 활용하여야 한다. 최소한 한반도에 우호적인 국가가 건재하여야 일본의 안전을 확보할 수 있다.

러시아는 태평양 진출구를 한반도에서 찾아야 한다. 남쪽은 중국에 막혀 있고 동남쪽은 일본 열도가 막고 있다. 한반도는 러시아가 아시아-태평양 진출구로 19세기부터 눈독을 들여왔던 곳이다. 구한말 러시아 제국은 진해항을 조차하여 해군기지로 사용할 계획을 추진했었다.

동북아시아 지역 중심에 있으면서 중국, 러시아, 일본 등 열강들 사이에 끼어 있는 한반도를 장악하면 미국의 동북아시아 지역 지배에 여러 가지로 유용하다. 한반도에 공군기지를 가지고 있으면 이 지역 전체를 감제瞰制할 수 있다. 한국에 기지를 둔 함대로 동북아시아 지역 해로를 모두 지킬 수 있다. 특히 미국은 아시아 관리의 동반자인 일본을 지키는 전진 기지로 한반도를 동맹 국가로 유지하고 싶어 한다.

동북아 열강들이 모두 관심을 가지는 한반도가 현재 남북으로 분단되어 서로 다투고 있다. 중국 공산 정부와 동맹을 맺고 중국의 절대적 지원을 받는 북한과 자유민주주의 이념을 국시로 하는 대한민국이 한반도 전체의 지배권 장악을 놓고 대립하고 있다. 북한 공산 정권은 중국과 러시아의 지원을 받고 대한민국은 미국과 군사 동맹을 맺고 미군을 영토 내에 주둔시키고 있으며 미국의 동맹국인 일본과 '준군사 동맹pseudo-alliance' 관계를 유지하고 있어 남북한 갈등은 미국, 일본, 중국, 러시아가 모두 관련된 전지역 차원의 국제 갈등으로 되었다.

남북한 갈등은 쉽게 해소될 가능성이 희박하다. 국가 존립의 목표 가치가 서로 상치하고 있어 정치적 타협이 불가능하기 때문이다. 북한은 구소련에 의하여 세워진 전형적인 공산주의 국가였으나 점차 변질하여 지금은 김일성 주체사상이라는 절대주의-전체주의 이념을 국시로 하면서 민족주의를 독재의 정당화 논리로 내세우는 나치즘國家社會主義 국가가 되었다. 그리고 통치권의 정당성을 김일성의 초인간적 신성神性에서 찾는 신정체제神政體制, theocracy로 변질되어 남북한 관계개선을 위해서 어떠한 이념적 재조정도 불가능한 국가로 되어 있다.[38]

자유민주주의를 건국 이념으로 하는 대한민국은 북한과의 통합을 위한다고 하더라도 주권재민의 민주헌정 질서를 훼손할 생각이 없기 때문에 북한과의 이념적 타협은 불가능하다.

무력을 사용한 통일도 어렵다. 한반도가 어느 강대국의 영향 아래 들어가는가가 해당 강대국들의 이해관계와 직결되어 있기 때문에 한반도가 자국과 비우호적인 강대국과 가까운 정권이 통일하는 것을 허용하려 하지 않기 때문이다. 중국의 양해가 없는 한 한국의 북한 해방은 어렵고 미국이 한국과의 동맹을 파기하지 않는 한 북한에 의한 무력 통일도 어렵다.

지속되는 남북한 간 갈등은 한국의 생존전략 수립에도 큰 부담을 준다. 국력의 상당 부분을 북한의 도전 억지 전력 구축에 써야 하고 주변국과의 협력체제 구축에서도 많은 어려움을 겪게 되기 때문이다.

---

38 북한정치체제 특성에 관해서는 다음 책을 참조할 것. 이상우, 『북한정치변천: 신정체제의 진화 과정』, 서울: 오름, 2017.

6. '중국 제국'이 해체될 경우의 혼란

21세기를 좀 더 비관적으로 내다보는 전문가들이 있다. 민간 전략연구소 STRATFOR를 세우고 운영하는 프리드맨George Friedman은 그의 저서 『The Next 100 Years 2009, Anchor』에서 2050년에 일본의 도전으로 미·일 전쟁이 일어난다는 예측을 시나리오 형식으로 정리 발표하였다. 고도로 정교해진 우주선을 이용한 교전에서 민간인 피해를 회피하는 전쟁을 상세히 그려 놓았다. 20세기에 시도했던 '태평양전쟁'과 마찬가지로 일본이 경제적 이유로 동시베리아와 만주를 장악하기 위한 전쟁을 다시 감행하리라 예측했다. 프리드맨은 미·중 양극체제는 중국의 힘이 못 미쳐 형성되지 못한다고 내다보고 21세기 후반에는 미국, 일본, 터키, 폴란드가 세계질서를 지배하는 강대국들이 되리라고 예측했다.

국가마다 자국의 이익을 추구하기 위하여 경쟁국과 투쟁을 할 것이라는 것은 예측할 수 있으나 강대국 간의 전쟁은 없으리라 생각한다. 무기의 파괴력이 강대국 전쟁을 불가능하게 할 것이기 때문이다. 자멸을 각오하고 국익을 추구할 나라는 없다.

키신저는 단순히 미국과 중국이 서로 지배권을 가지려는 경쟁을 벌이는 양극체제가 되리라고 보아서는 안 된다고 지적하고 있다. 키신저는 그의 저서 『World Order』에서 동북아시아에서는 중국, 한국, 일본과 미국이 주된 행위자가 되고 러시아와 베트남이 '주변 참여자'가 되는 복잡한 세력균형체제가 자리 잡게 되리라 내다보았다.[39] 또한 21세기 시대 환경을 반영하여 단순한 군사적 균형이 아닌 정치적, 경제적 '동반자' 관계라는 다른 차원의 균형이 병행해서 유지되는 복잡한 균형체제가 되리라고 했다. 예를 들어 미국은 일본의 군사 동맹국이면서 동시에 경제 등 다른 영역에서는 중국의 '동반자'가 될 수 있을 것이라고 키신저는 내다보고 있다. 또한 동아시아의 지역 균형은 '균형'을 규정할 때 군사력만을 고려해서는 안 되고 '균형'과 '동반관계'를 함께 살펴야 한다고 키신저는 주장하고 있다. 특히 미국과 중국은 서로 상반되는 이념을 국시로 삼고 있으므로 군사 동맹과 경제 동반 관계 설정에서 이념적 요소를 염두에 두어야 한다고 했다.

키신저의 판단을 존중하면 21세기 동북아 지역 질서는 미국, 일본, 한국이 이루는 '자유민주주의 이념에 바탕을 둔 가치동맹 value alliance'이 주도하면서 중국과 러시아, 베트남 등 지역 내 국가와 공존하는 '협력질서'가 될 가능성이 높다. 그러나 각 나라의 국내정치 변화로 이념적 정향이 달라지면 지역 내의 안정을 뒷받침하던 세력 균형이 깨어지고 격심한 국가 간 갈등이 일어날 것이다.

---

39 Henry Kissinger, *World Order*, 주29) 참고.

한국의 운명은 동맹의 선택에 따라 달라질 것이며 이 선택은 생존전략의 핵심 요소가 될 것이다.

미국과 중국 간의 냉전을 20세기의 미·소 냉전에 비유하면서 21세기의 국제사회가 두 개의 진영으로 나뉘어 집단 대결을 하리라 예상하는 일반적인 예측과 달리 중국 제국의 해체가 생각보다 빨리 이루어져서 여러 국가 간의 혼란스러운 갈등과 경쟁이 일어나게 될 것이라고 예측하는 전문가들도 있다. 현재 중국은 중화민족주의와 공산전체주의를 바탕으로 한 하나의 초대강국으로 인식되고 있지만 실제로는 한漢족이 55개 소수민족 국가를 힘으로 지배하는 제국empire이고 공산주의 이념도 중국 공산당이 구소련의 지원을 받아 중화민국과 정권 투쟁을 할 때 수용한 '편의적 이념'이어서 다른 사회주의 국가들과 '가치동맹'을 이루기 어려울 것이라고 보는 전문가도 많다.

중국은 중국 공산당이 국공내전에서 승리하고 중국 대륙에 중화인민공화국을 수립했던 1949년부터 개혁개방을 시작한 1978년까지 약 30년 동안은 구소련과 함께 공산진영의 지도 국가였다. 그러나 개혁개방을 추진하면서 지도 이념을 '중국식 사회주의'로 수정하고 인민공사를 해체하여 농지를 농민이 사실상 소유하게 하고 민간 기업과 자유 시장을 도입하고 자본주의 국가들과의 경제교류 협력을 시작하면서 중국은 1당지배의 전제주의 국가로 변질하였다. 중국이 내세우는 '중국식 사회주의'는 '민족주의를 정당화 근거로 하는 1당지배의 전제주의적 사회주의'라는 점에서 히틀러Adolf Hitler의 '국가사회주의Nazism'와 여러 점에서 유사하다.

웨스타드Odd Arne Westad는 *Foreign Affairs* 최근호2019, 9월-10월 호에 기고한 논문에서 과거 미국이 구소련을 봉쇄하여 외부 선진국들의 지원을 받지 못하게 하여 자멸시켰듯이 '중국 제국'도 봉쇄하면 분해되리라고 주장했다. 중국은 개혁개방 후 약 30년 동안 미국 등 서방 국가의 지원으로 급속 경제성장을 이룬 나라이다. 덩샤오핑鄧小平의 '민주혁명' 정책을 믿고 "중국이 경제적으로 부유해지면 시민의 목소리가 커져서 민주화 되리라"는 기대를 가지고 미국은 중국을 전폭적으로 지원했었다. 그러나 중국은 1989년 천안문사건天安門事件을 계기로 점차 전제주의적 강권통치를 강화해오다가 시진핑 시대에 들어서서는 '1당지배, 1인지배의 전제정치체제'로 복원하였다.

중국이 사회주의 독재체제 국가로 '역주행' 해나가면 국내외에서 큰 저항을 맞게 될 것이다. 이미 미국은 중국에 대하여 부여해오던 교역 조건의 특혜를 없애려 하고 군사적으로도 봉쇄망을 구축하기 시작하였다. 그리고 국내에서는 신지앙新疆 위그루족, 티베트西藏 장藏족 등 강제 병합된 민족들의 독립운동이 격화되고 있다.

중국은 다민족 국가이다. 15억 인구 중 한족漢族은 91.5% 그리고 54개의 소수민족이 8.5%를 차지하고 있다. 중국은 22개의 성省과 5개 자치구自治區로 행정 구역을 나누고 있는데 이 다섯 자치구는 아직도 중국인으로 동화되지 않은 다섯 민족이 살고 있는 지역에 자치를 부여한다는 명분으로 만들어준 성이다. 이 다섯 자치구는 시장西藏: 티베트족, 신지앙新疆: 위구르족, 광시廣西: 壯족,

네이멍구內蒙古: 몽골족, 닝샤寧夏: 回족이다. 그 밖의 소수민족 중 인구가 많은 종족에게는 자치주自治州를 만들어주었다.

이 중에서 현재 티베트와 신장에서의 독립운동은 치열하다. 티베트는 한국전쟁이 한창이던 1950년 전세계의 이목이 한반도에 집중되었을 때 중국이 인민해방군을 보내 무력으로 강점하고 티베트 지배세력인 라마승들을 투옥하고 사원을 철거하면서 중국화中國化를 강행했다. 달라이 라마는 인도로 망명하여 현재 망명 정부를 세워 티베트 해방 운동을 펼치고 있다.[40] 신지앙 위구르족 탄압도 악명이 높다. 수백 개의 정치범수용소에 저항하는 위구르인들을 수용하고 이들의 종교인 이슬람교를 버리도록 강요하고 있다. 네이멍구자치구에는 중국 한족을 집단으로 이주시켜 몽골족을 소수민족으로 만들어버렸다. 중국이 개혁개방을 계속하게 되면 이들 소수민족의 독립운동이 격화되어 중국 사회의 해체를 촉진하게 될 것이다.

중국 제국이 와해되고 초대강국의 지위를 잃게 되면 동아시아 국제질서는 군소국가들의 생존투쟁 장으로 변할 것이며 미국과 일본 등 강대국의 영향권 증대 정책이 활발해질 것이다. 이런 사태는 한국의 생존 환경에도 큰 도전이 될 것이다.

---

40 중국의 티베트 탄압은 아주 가혹하였다. 30년간 투옥되었다가 인도로 망명한 라마승의 자서전을 보면 중국의 티베트 식민화 정책을 생생하게 접할 수 있다. 팔덴 갸초, 자서전 『가둘 수 없는 영혼』, 정희재 역, 서울: 르네상스, 2014(영문판 Palden Gyatso, *Fire under the Snow*, London: Harvill Secker, 1997).

3부
대한민국의 생존전략

계획된 미래: 자유와 자주를 지키는 전략과 힘

제5장

전략과
국가 목표

국가 생존전략이란 '과거'를 살면서 얻어진 지식을 바탕으로 지금 정책 수립의 일을 맡고 있는 사람들이 '오늘'의 노력으로 앞으로 자손들이 살아갈 '미래'를 만드는 계획이다. 열린 마음으로 자기의 욕심을 버리고 다음 세대의 행복을 만드는 작업이어야 한다.

내일의 삶을 생각하는 모든 생명체는 전략을 세운다. 아직 오지 않은 미래의 시간 속에서 후손들의 안전을 지키고 그들이 더 나은 삶을 펼쳐 가도록 하기 위해서 지금 우리가 해야 할 일, 그리고 다음 세대에 시킬 일을 생각한다. 이런 계획을 전략이라고 한다. 개인과 집단 모두가 전략을 가지고 산다. 그 중에서도 국가는 국민의 삶을 책임지는 조직으로 당연히 전략을 세우고 이에 따라 정책을 펴나간다.

21세기의 새로운 시대 환경 속에서 격심해질 국가 간 경쟁을 이겨내고 한국의 자주국가로서의 지위를 지키면서 한국민들 모두가 풍요와 보람을 느끼며 살아갈 수 있게 하려면 치밀한 전략이 있어야 한다. 한국의 생존전략을 논하기 위해서는 우선 전략의 구성 요소와 한국이 이루고자 하는 목표를 분명히 해야 한다.

21세기에도 세계의 모든 국가를 통제·관리하는 단일 세계정부가 출현할 가능성은 없다. 20세기 말 미·소 냉전이 종식된 후 미국 지배의 '단극체제'가 자리 잡았을 때 미국 주도로 단일 세계 민주공동체가 출현하리라는 '미국 주도의 평화질서'에 대한 기대가 널리 퍼졌으나 21세기에 들어서면서 그 꿈은 깨어졌다. 미국의 '미국 우선정책America First Policy'으로 세계질서는 지도국 없는 각국의 각자도생의 질서로 되었기 때문이다.

이러한 새로운 국제질서에서 한국은 자주국가로서의 지위를 유지하기 위해서 자구책을 강구하여야 한다. 자구의 요건으로 최소한의 군사적 자위 능력, 외교에서 활용할 수 있는 경제 역량과 치밀한 전략과 전략추구 의지를 갖추어야 한다.

21세기에 한국이 추구해야 할 목표가치는 자주권 수호, 지속적 경제 발전을 해나갈 수 있는 국제환경 조성, 그리고 한국인의 생활공간을 전세계로 넓히는 것 등이다.

1. 전략이란 무엇인가?

1) 전략의 정의

전략을 처음으로 체계적으로 정리하여 제시한 사람은 손자孫子·孫武다. 중국 춘추전국시대 제齊나라의 병법 연구가로 알려진 손자가 남긴 병서에 그의 후손인 손빈孫臏이 보탠 글까지 합쳐서 보통 『손자병법』이라 부른다. 국가 운영의 원칙부터 구체적인 전투 방법까지 13개의 주제에 걸쳐 논한 『손자병법』은 2천 6백 년이 지난 지금도 군사전략을 다루는 사람들 모두가 고전으로 존중하는 책이다.

 손자를 승계한 가장 중요한 전략가는 레닌V. I. Lenin이다. 레닌의 공산혁명 전략은 손자 전략의 응용이다. 레닌은 전략을 "혁명의 한 주어진 단계에서 주공방향主攻方向을 결정하고 혁명에 동원할 수 있는 힘主力軍과 補助軍의 시공간 내의 배분 계획과 이 계획을 실천해 나가는 전투 계획을 정밀화해 나가는 작업"이라고 정의하면서 손자병법의 응용 범위를 혁명으로 넓혔다. 레닌은 혁명 전략의 구성 요소로 다음의 네 가지를 꼽았다.

(1) 전략 목표 policy objective
(2) 주력군과 보조군 main and reserve forces
(3) 주공 방향 direction of main blow
(4) 힘의 시공 속에서의 배분 계획 time space plan for disposition of forces

레닌은 이 틀 속에서 프롤레타리아혁명 전략을 구체화 하였다. 러시아혁명 이후 각 지역에서 추진했던 공산혁명은 거의 모두 이러한 레닌의 전략을 바탕으로 추진되었었다. 예를 들어 북한이 한국에서 추진해온 '주체혁명'은 한국에 인민이 주권을 가지는 인민정부를 수립하는 것을 전략 목표로, 그리고 혁명 지도자로 구성된 지하당 조직을 주력군으로, 대학생 조직과 노동조합을 보조군으로 삼아 정부의 주요 권력 조직 장악에 주공방향을 맞춘 레닌 전략의 응용 전략이다.

소련은 레닌 전략의 틀에 '통일전선전략'이라는 소수정예 조직으로 다수를 순차적으로 흡수해 나가는 전술, 그리고 상대방의 힘의 중심은 피하고 변두리부터 하나씩 제거하는 리델하트 B. H. Liddell Hart식 변두리 우선 전술 periphery first strategy을 보탠 세계혁명 전략으로 발전시켜 미·소 냉전시대에 동남아시아, 아프리카, 남미 등 주변국의 공산화를 성공시켜 미국 진영을 압박했다. 레닌 전략의 실증적 성공으로 손자 전략이 21세기 시대 환경에서도 통용될 수 있는 전략으로 재평가되고 있다. 손자 전략은

적敵 진영의 중심을 모든 힘을 집중하여 분쇄함으로써 변두리 세력은 싸우지 않고도 장악할 수 있게 한다는 클라우제비츠Karl von Clausewitz의 '힘의 집중 전술'과 대비되었다. 제2차 세계대전 종전 후 반세기에 걸쳐 진행되었던 미국 중심의 민주진영과 소련 주도의 공산진영 간의 냉전은 전략적으로는 손자와 클라우제비츠 전략의 대결로 설명할 수 있었다. 공산진영의 전략 사상은 손자-레닌-소콜롭스키Vasily Sokolovsky-마오쩌뚱毛澤東으로 이어져 내려왔으며 클라우제비츠-리델하트-앙드레 보프르André Beaufre로 이어지는 영미 전통의 전략 사상과 맞서 왔으나 냉전 종식과 더불어 하나로 통합되고 있다.

주로 군사전략으로 적용 범위를 좁혀 논의되던 전략은 국가의 생존전략 전체로 확장적용하게 되면서 이제 전략 개념은 "정치적 정책에 의하여 선정된 목표 달성에 가장 효과적으로 기여할 수 있도록 쓸 수 있는 힘을 적용하는 기술"이라는 앙드레 보프르의 정의가 보편적인 전략 개념으로 자리 잡아가고 있다.[41]

2) 국가전략 구성의 목표 가치 선정

전략은 목표 성취를 위한 행위 계획이다. 전략은 목표 성취 수단

---

[41] 군사전략과 공산국가의 혁명 전략에 대한 개괄적 해설은 다음 책에서 소개했다. 이상우, 『북한정치 변천』, 서울: 오름, 1987. 전략체계에 대해서는 pp.306-319를 볼 것.

으로써의 적합성으로 좋은 전략인가 아닌가로 판정한다. 그러므로 성취하고자 하는 목표를 정확히 세워야 한다.

개인, 기업, 단체의 생존 전략이 아니라 국가 공동체의 전략인 경우 그 전략은 국가 정체성에 기초한 국가 목표가 전략으로 지켜야 할 목표 가치가 된다. 제국帝國의 경우 국가의 주권은 황제가 가지고 있고 이에 따라 국가전략으로 지키려는 가치는 황제의 안전, 권위, 부의 수호에 집중된다. 그러나 자유민주주의 국가에서는 국가의 자유민주주의 정체성 자체를 수호하는 것이 최종적 국가전략의 목표 가치가 된다. 국제사회에서의 국가의 자주적 지위, 국민의 안전, 국가의 영토와 자산 보호, 그리고 국가 발전의 기회 확보 등이 국가전략의 1차적 목표 가치가 된다. 구체적으로는 외부의 무력공격으로부터 국민의 생명과 재산을 보호하고 경제 발전을 위한 국제환경을 보장 받는 것 등이 국가전략의 목표 가치가 된다.

21세기 시대 환경에서도 국가전략의 목표 가치는 크게 달라지지 않는다. 국제사회에서 모든 국가들을 통제할 수 있는 초국가적 권위체가 만들어질 가능성은 낮고 따라서 무력武力의 공공화公共化가 이루어질 가능성도 낮다. 각 국가가 무력을 보유하고 있는 한 각 국가가 자국의 이익추구를 위하여 무력을 사용할 것이고 따라서 각 국가는 자국의 안전을 확보하기 위한 자위自衛가 가장 중요한 국가전략 목표로 남을 것이다.

국민의 높은 물질적 생활환경을 보장 시켜야 할 국가적 책임도 21세기 시대 환경에서 더 커지면 커졌지 줄어들지는 않을 것이다. 경제 활동의 국제적 분업이 심화되는 21세기 시대 환경에서는 기업의 대외교역 환경을 보장해야 할 국가의 책임이 더 커지고 있다. 정치적 이유로 특정 자원의 공급을 특정국가에 대하여 차단하게 되면 그 정책은 전쟁에 비할 정도의 중요한 도전이 된다.

국가전략의 우열 평가는 이러한 국가의 전략목표 가치 수호의 효율성으로 평가된다.

3) 전략 추진을 위한 국가의 힘

국제사회에서 국가가 자국의 이익을 확보하는 수단으로 활용할 수 있는 힘은 크게 군사력과 경제 역량이다. 군사력, 경제력과 같은 강제력 hard power 이외에 나이 Joseph S. Nye Jr.가 말한 정치이념 상응성, 문화적 매력, 호의를 바탕으로 한 설득력 등의 연성 힘 soft power도 중요하지만 국가안보를 확보할 수 있는데 최종적으로 작동하는 힘은 그 국가의 의지와 전략으로 다듬어진 강제력이다.

국제사회에서 국가가 행사하는 힘 P: Power의 크기는 군사력 M: Military capability과 경제 역량 E: Economic capability을 합친 것에 국가의지 W: Will와 전략 S: Strategy을 곱한 것으로 이해하면 국제사회에서 의미 있게 행사될 특정 국가의 힘을 평가할 수 있다. 국제사회에서 일어나는 각 국가 간의 힘겨루기를 이해하기 위해서는 럼멜 R. J. Rummel 교수가 만든 $P=W \times S \times (M+E)$라는 공식으

로 계산된 '실작용^{實作用} 국력'을 기준으로 '힘겨루기'를 살펴보면 된다.[42]

군사전략을 논할 때도 힘의 절대치 못지않게 전략이 중요한 요소가 된다는 점은 이미 여러 전략가들이 지적해 왔다. 앙드레 보프르_{André Beaufre}가 전략을 "정치적 정책에 의하여 선정된 목표 성취에 가장 효과적인 기여를 할 수 있도록 가용의 힘을 적용하는 기술"이라고 정의한 이유는 힘의 크기보다도 '적용 기술'이라는 전략이 더 중요하다는 것을 강조하기 위함이었다. 클라우제비츠도 군사전략을 논하면서 병력의 크기보다도 지휘관의 눈에 보이지 않는 질_{intangible qualities}이 더 중요하다고 강조하였다. 용기, 과감성, 자기희생, 사기 등이 여기에 포함된다고 했다.

손자는 한발 더 나아가 전투에서의 승리는 전략으로 만들어 낼 수 있다고 했다. 손자는 그의 『병법_{兵法}』 책의 제6장 '허실_{虛實}' 편에서 "적이 수적으로 우세하더라도 전략으로 적이 싸울 수 없게 만들면 승리는 만들어 낼 수 있다_{勝可爲也, 敵雖衆 可使無鬪}"고

---

42 다음의 2절 1)에 국력지수 설명이 있다. 국력 측정 지표로 가장 많이 사용되는 국력지수는 '클라인 지수'(Cline Index)이다. 지표는 다음 공식으로 계산된다. $Pp=(C+E+M)\times(S+W)$. Pp는 인식된 국력, C는 인구와 영토를 합친 나라의 크기, E는 경제 역량, M은 군사 역량, S는 전략목표, W는 전략추구 의지 강도이다. Ray S. Cline, *World Power Assessment* 1977, Boulder: Westview Press, 1997의 p.34에 계산 방법 설명이 실려 있다. R. J. Rummel은 이를 조금 변형하여 $P=W\times I\times C$라는 공식으로 국력을 계량화했다. W는 정책 실현을 위하여 감내할 희생으로 계산하는 의지, I는 정책에 대한 관심 정도, 그리고 C는 객관화할 수 있는 국가능력 지표이다. Rummel 지표에 대해서는 다음 책에 추가 설명이 있다. 이상우, 『국제정치학강의』, 서울: 박영사, 2005.

했다.[43]

21세기 시대 환경에서 한국의 생존전략을 수립할 때도 전략의 중요성에 주목하여 지도자들의 지혜를 모으는데 주력하여야 한다.

4) 적극 전략과 소극 전략

전략 목표를 달성하기 위해서는 목표가 이루어질 수 있는 환경 조건을 만들거나 목표 달성에 반대되는 일이 일어나지 않도록 막거나 해야 한다. 새로운 환경 조건을 만드는 '적극적 상태 개선'을 시도하는 전략을 적극 전략positive strategy이라 하고 '부정적 상태 발생을 방지'하는 전략을 소극 전략negative strategy이라 한다.[44]

적극 전략은 현상status quo을 고쳐 더 나은 환경을 만들기 위한 정책에서 선택해야 하는 전략이다. 적극 전략은 99% 실패하고 1%만 성공해도 '나에게 유리한 1%의 변화'를 가져올 수 있다. 이것을 누적하면 궁극에 가서 원하는 전략 목표를 달성할 수 있게 된다. 반대로 소극 전략은 '변화를 막는 것'을 목표로 하는 것이어서 100% 성공하면 현상 유지가 되고 1%만 실패해도 나에

---

43 노태준 역해, 『신역 손자병법(孫子兵法)』, 서울: 홍신문화사, 1994, pp.140.

44 적극 전략과 소극 전략은 우리의 통일정책을 비판하기 위하여 내가 만든 개념이다. 상세한 설명은 다음 자료를 볼 것. 이상우, 『한국의 안보환경』, 서울: 서향각, 1977의 "제33장 대북정책에 있어서의 포지티브 전략."

게 불리한 1%의 변화가 일어난다. 이러한 작은 실패가 누적되면 그 싸움에서 진다.

　한반도에는 해방과 동시에 소련 공산당 정부에 의하여 공산국가가 북한 땅에 세워졌으며 미군이 점령하였던 남반부에는 국제연합 총회결의에 의한 자유선거를 거쳐 자유민주주의를 국시로 하는 대한민국이 건국되었다. 남북한에 서로 상극을 이루는 정치이념을 내세운 두 나라가 세워진 후 지금까지 70여 년 동안 대결해오고 있다. 북한은 전한반도에 북한 주도의 하나의 공산국가를 세우는 것을 목표로 남반부해방 정책을 펴고 있으며 한국은 민주공화정제를 북한으로 확장하여 북한 동포도 한국 국민과 함께 하나의 통일된 민주공화국에서 '인권이 보장된 자유'를 누릴 수 있도록 하자는 통일 정책을 펴고 있다. 이렇듯 서로 상충하는 전략 목표를 내걸고 다투는 싸움에서는 타협이 불가능하고 우리가 추구하는 목표 달성을 위해 최선을 다하는 전략을 세울 수밖에 없다. 이럴 경우 적극 전략만이 의미를 가진다. '반공'이라는 구호처럼 무엇을 막겠다는 소극적 전략을 펴면 실패한다. 성공하면 '현상 유지'이고 1%라도 실패하면 우리에게 불리한 상황이 되기 때문이다. 승리만이 목표 달성을 가져오는 싸움에서는 능동적으로 북한체제 변혁을 목적으로 하는 적극 전략만이 유효한 전략이 된다.

2. 21세기 한국의 국가 목표

1) 지도국 없는 세계질서: 스스로 지켜야 할 자주

주권재민의 민주주의 정치질서가 자리 잡힌 국가에서는 국민 모두가 '법 앞의 평등'을 보장받고 각자의 사회적 지위, 정치적 성향 등과 관계없이 기본 인권을 보장 받는다. 그리고 그러한 권리는 국가가 공권력으로 보장한다. 그러나 공권력을 행사할 수 있는 중앙통치기구가 마련되지 않은 국제사회에서는 국제연합 헌장에서 회원국의 평등을 규정하고 있으나 공권력을 행사할 수 있는 권위체가 없어 각 회원국의 안전은 회원 당사국의 자구 노력 외에는 보장할 방법이 없다. 국제연합의 권위가 점차 강화되면서 집단안보체제 작동으로 회원국들이 집단으로 개별 국가의 자주권을 보장하려 하고 있으나 금세기 내에는 국가 수준의 공권력 행사를 할 수 있는 중앙통제기구 창설이 어려우리라 본다.

개별 국가의 안전 보장과 국익 보장은 결국 해당 국가의 자구력自救力에 의존할 수밖에 없어 각국은 자기 이익을 지킬 수 있는 힘을 갖추어야 한다. 스스로의 힘과 동맹국의 지원으로 자기의 지위와 이익을 지켜야 하는 느슨한 국제질서가 금세기 안에 더 향상될 가능성은 없어 보이므로 한국도 자주권을 지키고 국가 이익을 지키기 위해서는 힘을 갖추어야만 한다.

나라의 힘이란 그 나라의 뜻대로 상대 국가가 무엇을 하게 하거나 하지 못하게 할 수 있는 '영향력'이다. 즉 상대방의 저항력을 이겨내고 나의 의지를 관철할 수 있는 영향력의 크기가 곧 국제사회 질서 속에서의 국가의 힘이다.

힘에는 세 가지가 있다. 상대방이 나의 의사를 거역하려 할 때 불이익을 줄 수 있는 힘인 강제력强制力, 상대가 나의 의사를 따라 주었을 때 보상해줄 수 있는 교환력交換力, 그리고 내가 하는 일이 상대방이 옳다고 판단하여 스스로 나를 따르게 하는 권위權威 등이 그 세 가지이다. 국제사회에서 강제력의 대표적인 힘은 군사력이고 교환력의 대표적인 것이 경제원조-협력과 경제 제재이다. 그리고 추구 이념의 우월성이 권위의 대표적 요소가 된다.

국제사회 내에서 국가 간의 위계질서는 종합적인 힘의 크기로 결정된다. 종합적인 힘은 위의 세 가지 힘과 그 나라의 정책 의지와 전략이 합쳐진 것이다. 클라인Ray S. Cline은 비교의 편의를 위하여 종합 국력을 지수로 만들기 위하여 다음과 같은 국력 공식을 만들었다. 럼멜 교수가 만든 공식과 비교할 때 각 요소의 비중이 조금 다르다.

$$Pp=(C+E+M)\times(S+W)$$

여기서 Pp는 인식된 국력Perceived Power이고 C는 인구와 영토의 크기 Critical Mass: 인구+영토, E는 경제 능력 Economic Capability, M은 군사 능력 Military Capability, S는 전략적 목적 Strategic Purpose, W는 전략 추구 의지의 강도 Will to Pursue National Strategy이다. 클라인은 1977년에 이 지표를 만들어 각국의 종합국력을 계산하였는데 미국 421, 소련 523, 중국 120, 프랑스 101, 영국 99, 서독 168, 일본 144, 브라질 122, 인도 58, 한국 53, 북한 31이었다. 손쉬운 지표로는 편의상 GDP 규모로 평가하는 경제 역량, 방위비 규모로 평가하는 군사 역량을 기준으로 각각의 서열을 매기고 그 두 가지 서열을 합쳐서 '종합국력지수'로 활용하기도 한다. 한국의 경우 2002년도 기준 군사력 서열 10위, 경제력 서열 12위였고, 2018년 기준으로는 군사력 서열 8위, 경제력 서열 10위였다. 한국은 서열로 보면 높은 지위에 올라섰으나 미국, 중국 등과 비교하면 절대치에서 비교가 어려울 정도로 적으며 영토도 작고 인구도 세계인구의 0.8%에 불과하여 결코 세계질서를 지배할 수 있는 지위에 있다고 할 수 없다. 다만 노력 여하에 따라 강대국들이 소홀히 다룰 수 없을 정도의 자위력을 행사할 수 있는 수준에 머물고 있다고 할 수 있다. 그리고 이러한 상대적 지위는 금세기 안에는 크게 달라지지 않으리라고 예상된다.[45]

21세기는 강대국 간의 대규모 전쟁은 없으리라고 전망한다. 살상력이 너무 큰 핵무기를 사용하는 전쟁이 일어나면 승전국이나

---

45 Cline과 Rummel의 국력지수에 대해서는 다음 자료를 참조할 것. 이상우, 『국제정치학강의』, 서울: 박영사, 2005의 "제14장 세계 속의 한국", pp.411-432.

패전국 모두가 상상을 초월하는 피해를 입어 결과적으로 누구도 승자가 될 수 없다는 역설적 예측 때문에 강대국 간의 전면전 가능성은 희박해진다. 이런 사정에서 강대국의 이익을 지키기 위한 우호적 중소 국가를 앞세운 대리전의 가능성이 높아진다. 이럴 경우 미·중 냉전이 진행되는 과정에서 한국이 대리전을 치르게 될 가능성은 오히려 높아진다.

전세계가 하나의 생산분업 시스템으로 엮여져 가는 21세기에는 경제적 자립도가 높은 경제 선진대국이 우월한 자원과 기술 수준을 국가 영향력 행사 도구로 활용하는 경제 전쟁이 자주 일어나리라 예상된다. 한국처럼 자원과 기술의 대외 의존도가 높은 나라는 경제 전쟁에 시달릴 가능성이 높다.

한국은 강대국 간의 갈등 속에서 대리전쟁에 말려들 가능성이 높다는 점과 경제 전쟁에 취약하다는 점을 고려하면서 21세기의 생존전략을 짜나가야 한다.

2) 세 가지 목표 가치

자유민주공화국인 대한민국이 지키고자 하는 기본 목표 가치는 자유민주주의 국가로서의 국가 정체성을 지키는 것, 자율의 국가 운영권을 유지하는 자주권自主權을 유지하는 것, 그리고 국가 성원인 한국민 모두의 풍요로운 경제생활과 자유로운 문화 활동을 보장하는 것 등 세 가지이다.

(1) 자주권 수호

70년 전 가난한 신생 독립국가로 출발한 대한민국은 미·소 냉전이라는 험난한 국제환경 속에서 6·25전쟁으로 인구의 1할을 잃고 모든 산업 시설이 파괴된 엄청난 시련을 겪으면서도 자유민주 공화국의 국가 정체성과 자주권을 지켜왔다. 뿐만 아니라 중국, 북한, 구소련 등 공산국가들의 끊임없는 도전을 받으면서도 경제성장과 민주정치 정착이라는 두 가지 과제를 성공적으로 이루어냈다. 한국민들은 가난했던 신생국 대한민국을 건국 70년 만에 세계 200개국 중에서 7번째로 '인구 5천만 명-1인당 국민소득 3만 달러'를 이룬 나라를 말하는 '5030 클럽' 국가로 만들었다.

그러나 21세기의 주변 환경은 대한민국의 자주성을 지키는 일을 쉽지 않게 만들고 있다. 20세기 후반 전세계를 긴장시켰던 미·소 냉전을 이어 신흥 초강대국으로 등장한 공산 중국과 미국 간의 신 냉전이 시작되었기 때문이다. 중국과 국경을 공유하고 있는 한국은 중국의 '종속국화' 위협으로부터 자주권을 지켜내야 하는 막중한 과제를 안게 되었다.[46]

---

46 '공격적 현실주의자'를 자처하는 John J. Mearsheimer 교수는 중국이 부상하면서 미국과 아시아 지역에서의 패권을 놓고 경쟁하게 될 것인데 두 나라 모두 핵보유국이어서 전면적 핵전쟁은 서로 피하려 하겠지만 중국 주변 국가를 앞세운 '대리전' 가능성은 높다고 보고 있다. 그는 중국의 대외정책에서는 과거에 누렸던 패권을 되찾겠다는 '초민족주의'가 크게 작용하기 때문에 한국에서의 지배권 회복 움직임은 뚜렷해지리라 보고 있다. 그의 책 *The Tragedy of Great Power Politics*, Updated Edition, New York: Norton, 2014(한국어판 『강대국 국제정치의 비극』, 이춘근 역, 서울: 김앤김북스, 2017)의 "제10장 중국은 평화롭게 부상할 수 있을까?" 참조.

중국은 미국과 일본의 위협을 막는 완충막 구축을 위해 한반도를 중국 통제 아래 두려고 하고 있다. 그동안 중국은 북한을 위성국으로 관리해왔고 한국을 미국과 일본의 영향권에서 떼어내기 위하여 많은 노력을 펴왔다. 트럼프 대통령 정부가 들어선 후 미국이 '세계평화질서 관리'라는 책임을 포기하고 미국 이익 수호로 대외정책을 소극적으로 재편하기 시작하자 중국은 이 기회를 이용하여 한반도를 중국 영향권에 편입하려는 정책을 강화하고 있다. 중국은 북한을 중국 내의 소수민족 자치구自治區의 하나로 편입하고 한국에 대해서는 반중 행위를 하지 못하도록 묶는 이른바 핀란드화 정책을 구상하고 있다. 공산 강대국 중국의 위협을 이겨내고 자유민주주의 대한민국의 자주성을 지켜내야 하는 일은 국가 존망이 걸린 과제가 된다.[47]

미국의 봉쇄정책으로 중국이 해체되고 한漢족의 민족국가로 축소되어 재탄생하는 경우에도 한국의 자주권 수호는 쉽지 않은 과제로 남을 것이다. 20세기 초처럼 미국, 일본, 러시아의 중국 진출 경쟁이 불가피해질 것이고 그런 강대국들의 각축전 속에서 한국이 자주권을 지켜나가는 일은 치밀한 전략적 대응을 요한다.

공산전체주의 국가이던 구소련도 러시아 민주공화국으로 재탄생했지만 한국을 위협하는 북한의 오랜 동맹국으로 한국을 지배권 안에 두려고 하는 위험한 이웃이어서 러시아의 위협도 경

---

47 한국의 핀란드화 등 중국의 예상되는 대한국 정책에 대해서는 다른 글에서 상세히 설명했다. 이상우, "21세기 국제환경과 한국의 생존환경." 「신아세아」, 제100호(2019 가을호), pp.14-57.

계하여야 한다. 과거 한국을 식민지로 병탄했던 일본도 불가근 불가원不可近不可遠의 이웃이다. 치밀한 전략으로 우방으로 유지해야 할 나라이다.

이러한 주변국들의 위협으로부터 자주권을 지키는 일이 21세기 한국이 당면한 가장 큰 과제가 된다.

(2) 지속적 경제발전 환경 조성

전세계의 모든 국가가 하나로 통합된 단일 세계경제체제 속에서 치열한 생존 경쟁을 벌이게 된 21세기에는 지속적 경제 발전을 이루는데 필요한 자원, 과학기술, 시장을 확보하는 경제 전쟁에서 낙후되어서는 안 된다.

한국의 인구는 전세계 인구의 1%도 안 된다. 영토는 미국, 중국, 캐나다 러시아 등 큰 나라의 1% 정도 밖에 안 된다. 부존자원도 별로 없다. 과학기술이 경제를 지배하는 4차 산업혁명의 진행 속에서 국민의 교육 수준을 높이고 과학기술 개발 전쟁에서 이기는 길만이 한국이 생존을 보장받는 길이 된다. 축적된 과학기술과 필요로 하는 자원을 교환하는 국제협력체제 참여로만 국민이 기대하는 경제적 풍요를 보장해줄 수 있게 된다.

한국과 같은 작은 나라, 자원이 빈약한 나라가 세계화된 국제경제 질서 속에서 살아가려면 적극적인 외교로 세계 모든 나라와 협력체제를 폭넓게 구축해 나가야 한다. 경제 외교가 한국이 펼쳐 나가야 할 국가적 과제이다.

한국은 우선 자원보유국과의 경제협력체제를 구축하여야 한다. 자원보유국이 필요로 하는 기술, 자본, 제품을 공급하고 자원을 안정적으로 공급받을 수 있는 협력체제를 구축해야 한다. 부존자원은 많으나 이 자원을 상품화할 능력이 없는 나라와는 탐색, 채굴, 정제, 운반의 모든 과정에서 한국이 지원하고 그 대가로 자원을 확보하는 협력 관계를 구축해야 한다.

정치적, 외교적, 군사적 지원으로 자원 확보의 길을 열 수도 있다. 서로 필요로 하는 가치의 교환은 반드시 물물교환일 필요가 없다. 자원보유국을 외교적으로, 군사적으로 지원하고 자원 공급을 약속받을 수도 있다.

국제분업체제에 적극적으로 참여하는 것도 한국이 추구해야 할 과제이다. 상품 생산 과정이 세분화 될수록 국제분업이 확대되고 이에 따라 국가 간의 경제적 상호 의존 관계가 심화된다. 이러한 경제 활동에서의 국제분업체제에서 소외되면 한국은 잔존할 수가 없다. 국민들의 생활을 풍족하게 유지시켜 나가려면 국제분업체제에 적극 참여해야 한다. 미국과 같은 초강대국 외에는 세계 거의 모든 나라는 자립경제가 불가능하다. 한국도 자립경제는 불가능하다.

(3) 전세계의 '한국인 생활공간화'

좁은 국토 속에 밀집되어 살고 있는 한국인의 생활공간, 문화활동 공간을 전세계로 넓히는 것도 한국이 21세기에 이루어야 할 과제이다.

한국의 대중음악이 '케이팝K-pop'이라는 이름으로 전세계에

퍼져 나가고 있다. 한국 예술작품, 한국인의 공연예술도 전세계를 무대로 소개되고 발표되고 있다. 활발한 문화예술 교류 속에서 한국인의 삶이 풍요로워진다. 한국인의 생활무대, 활동무대를 전세계로 넓혀 나가는 일도 한국이 21세기에 해 나가야 할 과제이다.

과학기술 수준이 국가의 생존을 결정할 정도로 중요해지는 21세기 시대 환경에서는 국민들의 과학기술 수준을 높이는 교육 훈련이 국가 생존을 좌우하는 중요한 과제가 된다. 교육체제가 선진국에 비해 낙후되어 있는 한국의 경우 교육체제 선진화도 중요한 과제가 되고 있지만 더 급한 것은 선진국 교육기관에 학생들을 보내서 훈련을 받게 하는 것이다. 선진국과의 교육협력체제를 구축하는 일도 국가가 수행해야 할 중요한 과제가 되고 있다. 현재 중국은 '211계획 211工程'을 세워 국가가 총력을 기울여 추진하고 있다. 21세기 말까지 세계적 수준의 대학을 100개 만든다는 계획이다. 그 일환으로 중국 정부는 엄청난 숫자의 유학생들을 미국, 유럽, 일본 등에 보내고 있다. 교육협력 범위를 전세계로 넓혀 나가는 것도 한국 정부가 적극 추진해야 할 과업이다.

21세기의 세계에서는 국경이 낮아지고 있다. 교통통신의 발달로 초국경적 협력이 쉬워지고 있다. 이러한 흐름 속에서는 초지리적 공동체, 초지리적 협력체가 활발하게 활동하게 될 것이다. 이런 흐름은 영토가 작은 나라가 삶의 터전을 넓히는 좋은 기회를 마련해준다. 한국 정부가 21세기에 중시해야 할 과업 중의 하나로 한국인의 생활공간을 전세계로 넓히는 일을 생각해야 한다.

제6장

외교
안보전략

개요

강대국은 자국의 국력이 자국의 안전을 지켜준다. 그러나 자위력을 갖추기 어려운 중소국들은 슬기로운 외교안보전략으로 자국의 주권과 안전을 지킬 수 있다. 각자도생의 21세기 시대 환경에서 외교안보전략은 한국의 존립을 결정하는 수단이 된다.

제한된 국력을 가지고 초대강국들의 각축장이 되어 있는 동아시아라는 지정학적 특수 환경 속에서 자유민주주의 공화국으로서의 국가 정체성을 지키면서 국민들의 안전과 풍요로운 삶을 보장해주려면 지혜와 강한 의지로 국력을 넘어서는 외교 전략을 펴야 한다. 21세기 시대 특성을 정확히 이해하고 재편되는 국제 질서의 변화 흐름이 가져올 위협 요소를 감안하면서 최선의 전략을 펴나가야 한다.

우선 자유민주주의 정체성을 지키며 국제사회에서 자주권을 보장받으려면 이념을 같이 하는 미국과의 포괄동맹 관계를 유지해야 한다. 그리고 아시아의 패권국 지위를 되찾으려는 '민족주의적 사회주의 국가'로 변질된 중국의 위협을 막기 위해서는 일본과의 준동맹 관계를 발전시켜 한·미·일 협동체제를 구축하여야 한다.

중국은 한반도를 중국의 안전을 지키기 위하여 자기 통제 아래 두어야 할 '방파제'로 굳히려 한다. 북한은 중국 자치구의 하나로 편입하고 한국은 반중 행위를 하지 못하게 묶는 이른바 '핀란드화' 정책 대상으로 삼고 있다. 이러한 중국의 위협을 막기 위해 한국은 최대한의 자위 전력으로 억지 전략을 세우고 그 바탕 위에서 미국과 일본의 지원을 확보해야 한다.

21세기는 전세계가 모두 긴밀하게 연계된 초연결사회여서 국제사회의 모든 국가들과 필요한 영역에서 협조를 해나갈 수 있도록 대외적으로 열려 있는 외교 정책을 펴나가야 한다. 그리고 한국 인구의 1할이 170여 나라에 나가서 생활터전을 잡고 있는 현실을 주목하면서 전세계적으로 초지리적 한민족공동체를 구축해 나갈 필요가 있다.

한국의 생존전략을 마련해야 할 현재의 국제환경은 100년 전과 근본적으로 다르다. 100년 전의 국제질서는 힘을 가진 나라가 지배권을 행사하는 단순 질서였다. 사용 가능한 군사력과 군사력을 만들어 낼 수 있는 인구와 자원을 관장하고 있는 나라가 국익을 같이 하는 나라와 동맹을 맺고 세계질서를 관리했다. 제2차 세계대전은 질서지배권을 다투던 범세계적 전쟁이었다. 종전 후 세계는 이념을 달리하는 두 진영으로 양분되었다. 미국이 주도하는 자유민주주의 이념을 존중하는 국가들의 집단과 전세계를 프롤레타리아 계급독재를 주장하는 공산전제주의 이념을 국시로 하는 나라들로 구성된 하나의 '사회주의 공화국들로 구성된 연방'을 만들겠다는 소련 주도의 공산진영의 대결로 국제질서는 양분되었다. 그러나 타협 불가능한 전지구적 이념 대결은 제3차 세계대전으로 번지지는 않았다. 초강대국도 싸움에서 이겨도 감당하기 어려운 피해를 입게 되는 핵무기의 등장으로 핵보유 강대국 간의 전면전은 일어나지 않았으나 대신 싸움은 진영 내 작은 국가들 간의 싸움이라는 대리전으로 전개되었다. 강대국 간 전쟁은 냉전이라 부르는 새로운 형태로 전개되었다.

진영간 대결은 경제전으로 발전하였다. 4차 산업혁명이 진행되면서 과학기술 확보 경쟁이 치열해졌다. 경제전에서 승리한 미국 주도의 자유민주주의 진영의 승리로 냉전은 종식되었다. 21세기에 들어서면서 세계질서는 또 한 번의 갈등을 겪기 시작하였다. 국가 단위의 정치투쟁에 묻혀 잠복되었던 개인의 '인권이 보장되는 자유' 쟁취 투쟁이 시작되어 소수민족 해방투쟁, 종교 자유를 위한 투쟁, 시민 자유 쟁취를 위한 정치투쟁 등이 새로운 형태의 갈등으로 폭발하였다. 세계시민혁명으로 확대되어 가는 새로운 갈등을 관리하기 위한 제3의 범세계적 질서가 논의되고 있다. 여기에 더하여 세계 모든 국가가 함께 노력하지 않으면 해결할 수 없는 지구 온난화, 대기와 대양오염, 대규모 전염병, 자연파괴 등 인류사회 존립을 위협하는 위기관리를 위한 질서가 등장하기 시작하였다.

안보질서 위주의 세계질서는 안보질서, 경제질서, 인권질서, 공공질서 등의 다양한 질서가 동시에 작동하는 '다층복합질서'로 자리 잡아가고 있어 국가 생존전략을 세우는 일도 한층 어려워지고 있다.

21세기의 대한민국 생존전략도 이러한 다양한 질서의 작동 원리를 모두 감안하면서 마련하여야 한다. 안보질서, 경제질서, 공공질서, 환경보전질서, 인권질서 등을 함께 고려하면서 최선의 종합 전략을 세워야 한다.

1. 미국과의 포괄동맹 유지

국가전략 목표 중 가장 핵심이 되는 것은 자유민주주의 국가 정체성을 지킬 수 있는 자주권 확보이다. 그리고 현실적으로 한국이 선택할 수 있는 유일의 방안은 국가이념을 같이 하는 세계 최강의 국력을 가진 미국과 포괄동맹을 유지하는 것이다.

세계 제2의 경제대국이며 미국과 대결하고 있는 공산국가인 중국과 국경을 접하고 있는 한국이 자주권을 지키며 안전을 확보할 수 있는 방법은 미국과 포괄동맹을 유지하면서 미국의 군사적, 정치적, 경제적 지원을 받는 것뿐이다. 중국의 위협을 억제할 수 있는 군사력을 갖춘 나라도 미국뿐이고 중국이 주도하는 공산주의와 대척점에서 이념적 대결을 벌이고 있는 미국의 자유민주주의 이념을 한국도 국가 정체성을 규정하는 기본 이념으로 공유하고 있기 때문이다.

미국은 한국과 1953년에 상호방위조약을 체결한 이후 지금까지 변함없는 군사동맹 관계를 유지하고 있으면서 한국에 미군을 계속 주둔시키고 있다. 그리고 바로 이 동맹에 힘입어 한국은 중국, 러시아, 일본 등 세계 최강의 군사대국들과 국경을 접하고 있으면서도 자주독립 국가의 위상을 지켜올 수 있었다.

휴전 이후 70년간 '한미상호방위조약'은 지난 미·소 냉전시대, 그리고 새로 시작되는 미·중 냉전시대에 한국을 주권국으로 국제 사회에서 존중받게 해준 튼튼한 보장 장치 역할을 해왔다. 이 조약이 깨어지고 한·미 동맹 관계가 해체되는 순간 중국, 러시아, 일본 등 주변 강대국들은 한국을 대등한 외교 상대相對국으로 인정해주던 태도를 바꾸어 강대국 간 외교적 거래의 대상對象으로 격하시킬 것이다. '한미상호방위조약'은 그 전문에서 "… 어떠한 잠재적 침략자도 당사국 중 어느 한 나라가 태평양 지역에서 홀로 서 있다는 환각을 갖지 않도록 외부로부터의 무력공격에 대하여 그들한국과 미국 자신을 방위하고자 하는 공동결의(common determination to defend themselves against external armed attack so that no potential aggressor could be under the illusion that either of them stands alone in the Pacific area …)"라고 밝혀 한국의 안전에 대한 미국의 분명한 보장을 선언하고 한·미 두 나라는 각국의 헌법 절차에 따라 공동 대처해 나가기로 합의했다제3조. 그리고 이 조약 제4조에서 미국이 육·해·공군 병력을 한국 영토 내에 주둔하도록 한국이 허용하고 미국이 수락한다고 합의하였다. 이 조약은 재편되는 동북아시아 안보질서 속에서도 한국이 주권국 위상을 유지할 수 있도록 보장해주는 강력한 외교적 보장 장치로 작용하고 있다.[48]

---

48 한국전쟁 종결 후 한국과 미국은 앞으로도 미국이 대한민국을 외부의 침략으로부터 지켜줄 것을 약속하는 조약을 1953년 10월 1일에 체결하고(1954. 11. 1 발효) 이를 바탕으로 지난 70년 동안 한국에 군대를 주둔하고 있다. 이 조약 제4조에 미국의 한국 영내에 육·해·공군을 주둔시킬 권리를 가진다고 규정하고 있다. 조약 원문은 외무부 발행 『기본 조약집』 1987에 실려 있다.

미국과 중국 간의 신 냉전체제가 지속되면 한국은 앞으로도 미국과의 군사 동맹을 계속 강화해 나가야 한다. 한국에게는 미국과의 군사동맹이 선택 대상이 아니라 필수적 유지 대상이다.

동맹은 당사국 양측이 모두 그 동맹을 필요로 할 때 유지된다. 한국이 미국과의 동맹을 필요로 한다고 해서 미국이 항상 한국과의 동맹 관계를 유지해준다는 보장은 없다. 미국이 한국과의 동맹을 소중하게 여기도록 만들어야만 한·미 동맹은 유지될 수 있다. 특히 미국이 '미국 우선 정책'을 펴면서 기존의 동맹을 재평가하여 새로 조정하려 할 때는 한국이 미국에게도 아시아에서 중국과 대결하는데 도움을 얻을 수 있는 믿을만한 튼튼한 우방임을 확실하게 보여 주어야 한다.

미국은 한국 뿐 아니라 다른 나라와의 관계에서도 마찬가지이겠지만 동맹 선택에서 다음의 네 가지 조건을 중시한다. 1970년대 말 미국 카터 Jimmy Carter 대통령이 주한미군 철수를 결심했던 때 한·미 정책세미나에서 스칼라피노 Robert Scalapino 교수가 내게 일러준 내용이다.[49]

그 조건들은 다음과 같다.

---

[49] 고려대학교 아세아문제연구소와 UC Berkeley의 Institute of East Asian Studies 공동주최로 UC Berkeley에서 열렸던 북한 주제의 세미나, 1981년 2월 24일-27일. 1977년 Nixon을 이어 대통령에 취임한 Jimmy Carter 대통령은 미국의 대외정책의 기조를 민주주의와 인권을 강조하는 도덕적 이상주의 확산에 두고 있어서 한국의 유신 정치에 대하여 강한 부정적 태도를 보였다. 카터 대통령은 주한미군을 1970년대 말까지 철수하겠다고 공언했다가 미국 내 외교 전문가들의 반대로 보류했다. 나는 이 회의에서 북한의 대남정책을 분석·보고하였다.

첫째는 이념적 상응성 ideological compatibility이다. 미국의 대외 정책의 기본 지침은 '자유민주주의 확산 지원'이다. 미국은 전세계를 하나의 민주평화공동체로 만드는 것을 이상으로 하고 있다. 한국이 자유민주주의를 국시로 하는 이념적 상응성을 갖춘 나라가 아니면 미국 정부도, 그리고 미국 국민도 동맹국으로 받아들이려 하지 않는다.

둘째는 전략적 중요성 strategic importance이다. 미국은 중국과의 대결에서 미국의 힘에 보탬을 줄 수 있는 지역에 있으면서 군사적으로 미국을 도울 수 있는 나라를 동맹으로 삼으려 한다. 미국이 일본을 가장 소중한 동맹국으로 존중하고 있는 것도 일본의 이런 전략적 중요성 때문이다.

셋째는 경제적 이익 economic interest이다. 미국은 미국 본토와 동맹국들의 안전을 보장하기 위하여 많은 비용을 지출하고 있다. 대규모의 군사력을 유지하여야 하고 해외에 군대도 주둔시켜야 하며 필요에 따라서는 동맹국 전력 유지를 위한 지원도 해야 하므로 많은 경제적 부담을 안고 있다. 미국은 동맹 유지 비용과 동맹 유지 이익을 대비하여 동맹 존속을 결정하려 한다.

넷째로 동맹국의 자존 능력 viability을 고려한다. 자립 능력을 갖추지 못한 허약한 나라를 동맹으로 삼게 되면 미국은 동맹국으로부터 아무런 도움도 얻지 못하고 부담만 안게 되기 때문이다.

위 네 가지 조건은 지금도 유효하다. 트럼프 같은 '타산적 현실주의자'가 대통령이 되면 더 이기적으로 될 뿐이다.

한국이 중국의 성장으로 안보 위협이 늘어나는 상황에 대비하기 위하여 신뢰할 수 있는 불변의 한·미 동맹을 유지하려면 현재의 한미상호방위조약을 확장하여 포괄적 동맹comprehensive alliance으로 발전시켜 나가야 한다.[50] 한국 정치의 자유민주주의 정체성을 선명하게 밝혀 현재의 군사동맹을 가치동맹으로 확대하고 미군의 한국 주둔비의 상당 부분을 부담하기로 하여 미국이 경제적으로 부담스러워하지 않게 해야 하고 나아가서 미국

---

50 21세기 국제질서의 중심을 차지하는 관심 사항은 중국의 부상이다. 20세기 후반을 지배했던 미·소 냉전이 끝나면서 미국 지배의 단극체제 출현을 기대했던 세계인의 기대를 허문 것이 중국의 급성장이다. 1978년 중국의 1인당 GNP는 230달러였다. 그러나 뒤이은 30년 동안 연평균 9.5%의 성장률을 기록하면서 2030년경에는 중국의 GNP가 미국보다 훨씬 더 커질 것이라고 전문가들은 내다보고 있다. 일부 전문가들은 21세기 중반에 이르면 중국의 경제 규모가 미국을 능가할 것이라고 진단하고 있다. 과학기술 수준과 고성능 무기 보유 경쟁에서는 미국을 능가할 수 없어 '중국 주도의 단극질서' 출현은 어려우나 중국이 미국의 독점적 지위를 견제하는 지위에는 오를 것이라고 내다보고 있다. 중국 국력 상승에 대한 심도 있는 분석 자료는 다음 책에서 찾을 수 있다. Amy Chua, *Day of Empire*, New York: Doubleday, 2007의 Part Three "The Future of World Dominance"와 Joseph S. Nye Jr., *Is the American Century Over?*, Cambridge: Polity Press, 2015의 제4장 "The Rise of China." 중국은 과거 독일이나 구소련이 강대국으로 부상하면서 그 힘으로 미국에 도전하려 했던 것과는 달리 미국의 힘에 맞서지 않으면서 중국의 영향력을 전세계로 확장해 나가려 한다면 미국은 중국의 이러한 도전을 막는데 오히려 더 큰 부담을 갖게 되리라고 내다보는 전문가도 있다. 다음 글을 참고할 것. Fareed Zakaria, *The Post-American World*, New York: Norton, 2008의 "제4장 The Challenger."

이 한반도 외의 지역에서 작전을 전개할 때 한국이 군사 작전에 함께 참여하여 도움을 줄 수 있도록 해주어야 한다. 특히 미국이 추진하고 있는 인도-태평양 전략Indo-Pacific Strategy과 관련하여 미국-오스트레일리아-인도-일본 등과 구축하려는 협력체제에도 적극적으로 참여하여야 한다. 미국이 현재 추진하고 있는 미국-일본-오스트레일리아-인도의 4국 협력체제를 한국을 포함하는 5국 협력체제Penta로 발전시켜야 한다. 한국이 수입하는 석유의 90%를 싣고 오는 해로인 인도양-태평양의 안전은 한국에게도 아주 중요하다. 이 해로SLOC: Sea Lines of Communication의 보호에는 한국도 적극적으로 참가해야 한다.[51]

한국은 미국과 중국이 겨루는 미·중 냉전에서 어느 편도 들지 말고 중립을 지키면서 양측과 등거리 외교를 펴는 것이 "자주권을 지키면서 안전을 확보하는 길"이라고 주장하는 사람들이 있다. 잘못된 생각이다. 자유민주주의를 국시로 하고 있는 대한민국이 취할 수 있는 전략이 될 수 없다. 오히려 미·중 양국과 멀어지는 고립을 자초하는 전략이 된다. 한·미 동맹을 해지하고 주한

---

51 한국과 동남아-인도-중동을 잇는 해양 교통로(SLOC: Sea Lines of Communications)는 한국 경제의 사활이 달린 생명선이다. 이 해로의 안전에 관심을 가진 미국, 일본, 대만, 한국은 1980년 각각 SLOC 연구팀을 만들어 대응책을 연구해왔다. 1982년 9월 23일-25일 샌프란시스코에서 관계국 연구팀 대표들이 모여 공동방어를 위한 방안을 논의하였다. 한국 SLOC 연구팀을 대표하여 나도 공동 대처 방안을 제시하였다. 다음 논문에 담겨 있다. Rhee Sang-Woo, "Urgency and Potency of Protecting SLOC in Northeast Asia: A Prescriptive Analysis," in Sang-Woo Rhee, *Security and Unification of Korea*, Seoul: Sogang University Press, 1984, pp.345-364.

미군 철수를 주장하는 것은 한국의 국제적 위상을 떨어뜨리는 자해 행위가 된다.

21세기 국제질서는 압도적 힘으로 질서를 안정되게 이끌어 갈 지도 국가가 없는 국가 간 협의질서로 유지될 전망이고, 이러한 느슨한 질서에서는 각 국가가 스스로의 힘과 전략으로 자국의 국가 목표를 지켜나가야 한다. 각자도생의 이러한 '힘이 지배하는 질서'에서는 1차적으로 자국의 힘을 바탕으로 자위책을 마련해야 하며 상대적 약소국의 경우에는 강대국의 지원과 협력을 확보하여야 생존할 수 있다.

한국은 주변에 세계 최강의 국력을 갖춘 미국, 중국, 일본, 러시아 등 네 나라가 있다. 한국은 자력만으로 추구하는 국가 목표를 달성할 수 없다. 자주권 수호, 지속적 경제발전 환경 확보, 국제사회의 다양한 협력질서에 자유롭게 참여할 수 있는 지위 확보 등을 위해서는 적대적 주변국의 위협을 막아줄 능력을 갖춘 우방의 보호 약속을 확보하여야 한다.

미국은 미래의 한국이 이룩하고자 하는 자유민주주의 국가의 비전을 공유하고 있는 나라이며 세계질서를 이끄는 초강대국이다. 한국의 안전보장과 지속적 경제발전을 위하여 지속적으로 협력해 나가야 할 국가이다.

2. 일본과의 준동맹 관계 유지

중국의 팽창을 억지하는 미국의 전략은 미·일 동맹과 한·미 동맹이라는 두 개의 기둥 위에 서 있다. 그동안 한국은 미국이 원하는 한·미·일 3각 동맹과 '실질상 동맹 virtual alliance'을 유지하기 위하여 미국의 동맹국인 일본과 준동맹 pseudo alliance 관계를 유지해왔다. 정치적 이유로 한·일 동맹이 어렵다는 점을 고려한 우회적 조치였다. 이렇게 함으로써 사실상의 한·미·일 동맹이 유지되어 왔고 바로 이러한 3국 동맹으로 구냉전 시대에는 소련의 압박을 막아내고 중국과의 신냉전이 시작되는 때에도 한국은 중국의 군사 압력에 맞서서 자주국 국가의 지위를 지켜 올 수 있었다.

그러나 최근에 들어와서 한국 정부의 반일본 정책이 강화되면서 한·일 간의 '준동맹' 관계는 '비동맹' 관계로 후퇴하고 있다. 더구나 한·일 협력 관계의 기초가 되는 한·미 동맹이 흔들리고 있어 한·일 관계도 함께 흔들리고 있다.

한·미 동맹은 미·일 동맹과 연계하여 활용할 때 힘을 발휘할 수 있는 특수한 동맹이라는 점을 고려할 때 한국에게는 일본과의 협력체제 구축이 절대적으로 필요하다.

한·일 간에는 불행했던 과거사가 아직도 정리되지 않아 국민

간의 불신이 남아 있어 '포괄적 동맹'을 추진하기 어렵다. 양국 정부 모두 정치적 부담을 안게 되기 때문이다. 그래서 당분간 두 나라는 공식 동맹보다는 '실질상 동맹'을 맺는 것이 바람직하다는 학자들의 주장을 외교 담당자들은 선호하고 있다. 과거사 정리는 역사학자들에게 맡기고 정부 간의 안보, 경제 협력체제를 굳혀 나가자는 현실론이 설득력을 갖는다.

군사적으로는 한·일 간에 어렵게 체결된 '군사비밀정보보호협정 GSOMIA'과 '상호군수지원협정 ACSA'과 같은 '동맹을 전제로 한 협정'을 성실히 지켜 나가고 방위산업 영역에서의 협력도 강화해야 한국은 군사력 운영에서 일본으로부터 큰 도움을 얻을 수 있다. 그리고 경제적으로도 교역, 금융 등에서 상호 이익이 될 수 있는 협력을 확대해 나가야 한다. 2019년 여름 문재인 정부文在寅 政府가 GSOMIA를 중단시킨 조치는 심각한 자해 행위였다.

앞으로 전개될 아시아에서의 미·중 냉전이 '이념전쟁'이라는 점을 고려할 때 한국에게는 동맹 선택의 자유가 별로 없다. 이념을 공유하는 미국과 일본을 우방으로 삼는 길밖에는 길이 없다.

일본은 한국과 이념을 같이하는 국가이다. 같은 시장경제체제를 유지하는 나라로 한국은 경제적으로 일본에 크게 의존하고 있다. 그러나 흡족하게 청산되지 않은 '과거사'에 묶여 정치적으로 상호 불신하고 있어 가까운 이웃이면서 동맹 관계로 나아가지 못하고 있을 뿐이다.

일본의 식민지 통치를 받던 35년간에 한국 국민이 핍박받았던 일로 한국 국민들은 일본에 대하여 좋지 않은 감정을 가질 수밖에 없다. 더구나 13세기부터 16세기까지 약 300년간 왜구倭寇에 시달렸던 일과 임진-정유왜란 7년간의 전쟁에서 일본이 보여준 잔혹한 행위를 기억하고 있는 한국 국민들이 일본에 대하여 적대감을 가질 수밖에 없는 것은 사실이다. 임진-정유왜란 기간에 당시의 한국 인구 1,300만 명 중에서 115만 명이 일본군에 희생되었다.[52] 그러나 되돌릴 수 없는 과거사를 이유로 현재와 미래를 희생시키는 것은 잘하는 일이 아니다. 역사는 기억과 자성自省의 대상이고, 미래는 삶의 현실을 가꾸어 가야 할 현실적 시간이다. 일본은 한국과 정치이념을 같이 하며 아시아 지역 평화를 함께 만들어 나가야 할 공생共生의 파트너이다. 불행했던 과거의 역사에서 우리는 가해자인 일본을 비난하기보다 피해자였던 우리가 왜, 어떻게 자멸을 초래했는지 교훈을 얻어야 한다. 더구나 그 역사에 묶여 미래를 희생해서는 안 된다.[53]

---

52 임진왜란, 왜구 침범 등 역사상 일본이 한국민에 입힌 피해에 대한 기록은 다음 자료에서 볼 수 있다. 한일문화교류기금 편,『근세 한일관계의 실상과 허상』, 서울: 경인문화사, 2020의 제1편과 제2편에 각각 실린 논문: 関周一, "14世紀 倭寇の韓半島 掠奪"; 김문자, "임진왜란 연구의 제 문제"를 볼 것.

53 일본의 정치 지도자, 전문학자들은 과거 아닌 미래를 내다보면서 현실주의적 시각에서 미·일 동맹을 중시하면서 자유민주주의 이념을 공유하는 한·미·일 3국 협조체제 구축이 세 나라 모두에게 바람직하다고 진단하고 있다. 나카소네(中曽根康弘) 전 수상은 그의 자서전『自省録』(東京: 新潮社, 2004)에서 21세기는 '一強多元世界'라는 '散亂의 時代'가 오리라고 내다보면서 이념보다는 민족주의를 내세우는 나라들이 각자도생을 벌이는 어지러운 시대가 열리리라고 진단하였으며 동북아시아에서는 한·미·일 세 나라가 정책을 조율해 나가면서 북한의 핵위협을 제거해 나가는 것이 바람직하다고 했다. 일본은 과거보다 미래를 더 생각하는 현실주의 정책을 따라야 한다고 했다.

21세기 시대 환경에서 중국의 핀란드화 공세가 거세지는 흐름을 생각할 때 한국은 적극적으로 일본과의 관계를 개선하여 나아가야 한다. 중국 위협을 억지하는 데는 한·일 협력이 절대적으로 필요하다.

그리고 앞으로 한국 주도의 통일을 이루는 데도 일본과의 협력은 절대적으로 필요하다. 일본의 동북아 지역에서의 영향력이 절대적이기 때문이다. 독일통일의 경험에서 교훈을 얻기 위하여 1993년 봄, 내가 신현확申鉉碻 전 총리를 수행하여 독일정부 지도자들과 파리에서 만났을 때 슈미트Helmut Schmidt 전 수상은 한국이 통일을 이루기를 원한다면 미국과 함께 일본과의 협력 관계를 평소부터 잘 다듬어 나가야 한다고 강조했다. 일본의 외교적, 경제적 협력 없이는 통일을 이루기 어려울 것이라고 슈미트 수상은 그 이유를 상세히 설명해주었다.[54]

---

54 전직 국가원수회의인 InterAction Council이 1993년 2월 15일-16일, Paris에서 열렸다. 이 기회에 회의의 공동의장이던 신현확 총리가 Helmut Schmidt 수상에게 청탁하여 독일통일에 관계했던 독일정부의 지도자들과 한국 대표단의 협의 회의를 가졌다. 이 회의에는 Gerhard Schröder 전 수상을 비롯한 장관급 인사도 여러 명 참석하였다.

3. 중국 위협에 대한 전략적 대응

중국은 한국의 불가근불가원不可近不可遠의 이웃이다. 한국은 방심하면 중국이 꿈꾸는 중화제국의 속방으로 흡수당한다. 그렇다고 한국이 멀리 하기에는 경제적, 문화적 연대가 너무 깊게 연계된 이웃이다. 중국과는 대등한 주권 국가로 서로를 존중하는 관계를 유지하면서 필요한 경제적, 문화적 협력 관계를 넓혀 나가야 한다.[55]

---

55 1970년대에 중국은 인구 13억 명이 넘는 세계 최대 인구를 가진 국가였지만 GDP 규모가 인도네시아 정도 밖에 안 되는 개발도상국가에 머물러 있었으나 덩샤오핑(鄧小平) 주석 주도 아래 '개혁개방정책'을 펴면서 경제발전에 주력하여 매년 10%에 가까운 GDP 성장을 기록했다. 중국은 2018년에 세계 GDP 16%를 차지하는 경제 대국으로 25%를 차지하고 있는 미국 다음의 세계 2위의 지위에 올랐다. 이대로 발전을 계속한다면 2027년에는 미국 경제를 추월한다고 골드만삭스 등에서 추정하고 있다. 중국이 급속한 경제성장을 바탕으로 범세계적인 영향력을 행사하려 하면서 미국과 중국 주변국들은 미·소 신냉전 시대가 왔다고 불안해하고 있다. 그러나 중국의 경제 역량의 '질'에서는 아직 선진국에 미치지 못하고 군사적으로는 미국의 독점적 우위가 유지될 것이므로 중국이 미국의 지배적 지위에 도전하는 '투키디데스의 함정' 논리에 따르는 전쟁은 없으리라고 보는 전문가들의 견해가 우세하다. 그러나 동아시아 지역의 사정은 다르다. 중국은 19세기까지 중국 제국 영향 아래에 있던 옛 중화권의 지배권을 되찾으려는 꿈을 가지고 있기 때문이다.

중국은 앞에서 살펴보았듯이 제2장의 4절 중국몽의 전개 과정에서 과거 한반도 국가에 종주권을 행사하던 때로 돌아가 북한 지역을 중국의 자치구自治區로 흡수하고 한국에 대해서는 한국을 반중 행위를 할 수 없는 속국으로 만들려는 이른바 '핀란드화 정책'을 펴려 하고 있다. 한국이 이념을 달리하는 중국의 지배하에 들어간다는 것은 자유한국의 종언을 뜻한다. 절대로 저지해야 한다.[56]

미·중 두 강대국 관계가 21세기 국제질서의 기본 구조를 결정지을 것이라는 생각에 온 세계가 두 나라 사이의 관계 발전과 양국 경쟁의 전개 양상을 긴장 속에서 지켜보고 있다. 더구나 한국처럼 중국과 국경을 접하고 있는 나라는 앞날의 운명이 중국의 움직임에 매이게 된다. 중국은 어떻게 변하고 또 어떻게 주변 국가들을 다루려 할까?

미·중 관계는 지난 세기에 세계질서를 지배했던 미·소 관계와는 다르리라고 생각된다. 중국은 미·소 냉전 전개 과정에서 소련이 범한 실수에서 교훈을 얻어 미국과 군사적 대결은 하지 않으려 할 것이다. 더구나 핵무기의 발달로 전면전이 불가능해졌기 때문에 미·중 전면전은 불가능해졌다. 중국은 군사적으로 미국과 대결하려 하지 않을 것이다. 그러나 중국이 회복하려는 옛 중국 지배 지역인 동아시아 지역은 중국 자체의 안전을 위한 완충

---

56 이러한 분석에 대해서는 나의 다음 글을 참조할 것. 이상우, "21세기 국제환경과 한국의 생존전략," 『新亞細亞』, 2019 가을호(100호 기념 특대호), pp.14-57.

지역이라 생각하고 미국의 접근을 허용하지 않으려 할 것이다.

21세기의 국제질서는 다층복합질서로 구성되어 있다제2부의 제3장 참조. 군사력을 사용하지 않고도 경제제재로 상대방을 굴복시킬 수 있고 나이Joseph S. Nye Jr. 교수가 강조하는 연성 영향력soft power으로도 국제사회에서의 영향력 확대 경쟁에서 이길 수 있다. 중국도 21세기 국제환경을 고려하면서 미국 주도로 만들어진 현존 국제질서를 존중하면서 경제 역량, 특히 중국의 거대 시장과 거대 생산능력을 활용하여 개발도상 국가와 중소 국가들에 대한 영향력 확대에 주력할 것으로 보인다.[57]

문제는 중국의 '회복 대상 지역'에 속해 있는 한국의 대응 전략이다. 중국의 강도 높은 지배력 강화 시도가 예상되기 때문이다. 우선 중국의 군사적 압력을 이겨내기 위한 외교적, 군사적 대응책을 살펴본다.

일차적으로 한국은 미국과의 신뢰할 수 있는 군사동맹을 구축하여 중국의 군사적 압력에서 벗어나야 하며 경제 차원에서 한국 경제의 중국 시장 의존도를 줄여 중국이 경제 제재를 한국에 대한 압박 수단으로 사용할 수 없도록 해야 한다. 강대국 간의 대규모 전쟁이 사실상 불가능한 21세기적 시대 상황에서는 강

---

57 중국의 부상과 거대 중국을 미국 주도의 질서에 순응하게 만드는 정책에 관하여 다음 글들을 참조할 것. Fareed Zakaria, "The New China Scare: Why America Shouldn't Panic About Its Latest Challenger," *Foreign Affairs*, Jan-Feb. 2020, pp.52-69; Minxin Pei, "China's Coming Upheaval: Competition, the Coronavirus, and the Weakness of Xi Jinping," *Foreign Affairs*, May-June, 2020, pp.82-95.

대국들이 경제적 제재를 군사력 대신 외교적 수단으로 사용하고 있다. 현재 미국 트럼프 대통령이 중국과 벌이고 있는 무역전쟁은 좋은 예이다. 미국은 범세계적 무역질서로 만들어진 WTO 규약 등을 무시하고 중국 상품에 고액 관세를 부과하는 방법으로 중국을 압박하고 있다. 대미 교역 의존도가 높은 중국은 미국의 고율 관세정책에 마땅한 방어 수단을 가지고 있지 않아 고민하고 있다. 한국처럼 대외 무역 의존도가 높은 나라의 경우, 강대국의 경제적 제재를 받게 되면 경제적 파산을 겪게 된다. 중국의 한국 복속 유도 정책에 대항하기 위해서는 대중 투자와 무역 의존도를 대폭 줄여야 한다. 단기적 경제 이익을 위하여 중국과의 경제협력관계를 강화하면 한국은 스스로 중국의 전략에 말려들게 된다.

중국에 비하여 상대적으로 군사력의 규모에서 열세인 한국이 중국의 군사 위협을 자력으로 막아 낼 수 없다고 미리 포기하여서는 안 된다. 21세기적 전쟁 환경에서는 과학기술이 앞서면 강대국의 군사 위협도 억지할 수 있다. 국방의 확고한 의지를 가지고 중국의 핵심 지역에 감당하기 어려운 피해를 줄 수 있는 신뢰할 수 있는 치명적 공격 전력을 갖추면 충분히 중국의 군사 위협을 억지할 수 있다. 특히 한국은 중국의 핵심이 되는 베이징, 상하이 등 해안 지방을 가까이서 공격할 수 있는 지리적 이점을 가지고 있다.

고슴도치는 작은 동물이어서 사자 같은 맹수의 적수가 되지 못한다. 그러나 맹수도 고슴도치는 피한다. 가시에 찔리면 큰 피해를 입기 때문이다. 한국도 중국과 전면전을 해서 승전할 가능성은 거의 없지만 중국의 핵심 지역을 선택하여 궤멸시킬 수 있는 공격 능력을 보유하게 되면 중국도 한국을 함부로 대할 수 없게 된다.[58] 제2차 세계대전 때 스위스가 나치스 독일의 공격을 피할 수 있었던 것은 독일이 존중할 생각이 없던 '중립 조약' 때문이 아니었다. 스위스의 방어 능력과 의지 때문이었다. 독일은 스위스 공격을 회피하고 같은 중립국이었던 네덜란드를 거쳐 프랑스로 진격했었다. 인구 870만 명의 작은 국가인 이스라엘도 '고슴도치' 전략으로 주변의 아랍제국의 군사 위협을 이겨내고 있다. 한국은 중국 등 주변 군사 강대국의 위협을 억지할만한 최소 억지전력은 구축할 수 있다. '고슴도치 전략porcupine strategy'은 과학기술이 전력의 핵심 요소가 되는 21세기적 시대 상황에서는 유용한 방위 수단을 보장해준다. 한국은 중국을 군사적으로 제압할 수 있는 대규모 군사력을 보유하기는 어렵지만 중국의 핵심 지역에 감당하기 어려울 피해를 줄 수 있는 '고슴도치의 가시'에 해당하는 군사 능력을 갖출 수 있다. 한국이 장기 국방 계획에서 구축하려는 3-K 전력구축 계획인 적공격능력 선제타격능력 Kill Chain, 한국형 미사일 방어체계 KAMD: Korea Air and Missile Defense, 대

---

58 고슴도치 이론은 약소국이 선택할 수 있는 억지전략으로 구상해 본 전략이론이다. 한국의 자주국방 계획을 염두에 두고 개발해 본 이론이다. 다음 자료에 이론 구조, 조건 등이 상세히 실려 있다. 이상우, 『국제관계이론』 4정판, 서울: 박영사, 2006, "제19장 고슴도치 이론: 약소국의 억지전략," pp.480-504; "약소국 방위와 고슴도치이론," 『국제정치논총』, 제16집, 1976, pp.132-139; 『한국의 안보환경』, 서울: 서향각, 1977, pp.57-67에도 수록.

량응징보복KMPR: Korea Massive Punishment and Retaliation 전력만 갖추게 되면 '대중국 고슴도치 전략' 능력은 갖추게 된다.

국가 간의 관계는 정부 차원의 외교적, 군사적 관계만으로 이루어지지 않는다. 다양한 민간 교류로 외교군사 관계를 보완할 수 있다. 문화예술 영역에서의 협력체제, 민간인 교류, 비정부 기관 간의 협력체제 구축 등을 강화하여 정부 간 관계가 악화되는 것을 막는 노력도 필요하다.

가장 시급한 대책으로는 중국과의 경제 관계를 세밀히 재조정하는 문제이다. 중국의 저임금 생산공정을 활용하기 위하여 생산 시설을 중국에 가져간 기업이 많아 한국 공업의 대중국 의존도가 높은 것은 문제이다. 한국이 주력하는 공산품 부품의 상당량을 중국에 의존하고 있고 중국 시장을 목표로 하는 소비재 생산도 상당 수준에 달하고 있다. 이러한 생산공정, 소비재 생산에서의 높은 대중국 의존도는 외교안보 정책과 관련한 중국의 간섭을 자초한다. 한국은 미국과 일본이 시진핑 주석의 국제사회에서의 영향력 확대 정책에 맞서 중국을 견제하기 위하여 취하고 있는 경제 영역에서의 상호 의존 단절decoupling 정책을 따를 필요가 있다. 미국은 중국에 진출한 자국 공장들을 미국으로 가져오는 reshoring, 제3국으로 옮기는 off-shoring 정책을 이미 실천에 옮기고 있다. 우리도 참고할 필요가 있다.

중국은 북한의 유일한 동맹국이다. 두 나라는 이념적으로도 뿌리가 같은 공산국가이며 1당지배의 전제주의 국가로 민족주의를 인민단결의 지도 이념으로 발전시켜 온 민족주의-사회주의,

곧 '나치즘'을 공유하고 있다. 중국은 북한과 이념적으로 가장 가까운 나라이며 우리와는 정치이념, 정치체제가 전혀 다른 나라이다. 이러한 중국을 한국과 북한 간의 관계 개선의 중재자로 활용한다는 것은 중국의 내정간섭을 자초하는 행위이다. 중국과의 문화예술 교류와 인적 교류 확대를 추진하는 것은 이웃으로서의 한·중 두 나라 국민 간의 우의를 돈독히 하는데 도움이 되지만 한국의 자유민주주의 헌법 이념을 해치게 방치해서는 안 된다.

중국은 너무 가까이 하여서도 안 되고 너무 멀리해서도 안 되는 이웃으로 조심스럽게 접근해야 할 이웃이다.

미국과 중국의 교차 압력 속에서 선택을 강요받을 때 한국의 정책 선택 기준은 분명하다. 대한민국의 정체성을 지키는 데 도움이 되는 결정, 국가 목표 달성에 도움을 주는 결정을 한다는 전략의 기본 원칙을 지키는 것이다. 전략은 정해진 목표를 달성하기 위한 수단과 방법의 선택이지 목표 자체의 수정이어서는 안 된다. 한국의 자유민주주의 정체성 수호, 한국의 안보 확보라는 목표에 맞도록 한다는 원칙 준수의 의지를 밝히고 정책을 선택하여야 한다.

4. 국제사회와 함께 호흡하는 '열린사회' 유지

국제질서를 주도할 수 있는 강대국이 못 되고 스스로 자주권을 지킬 수 있는 국력을 갖춘 나라가 아니면 국제사회에서 존경받는 나라가 되어 많은 나라와 우의를 지키며 어려울 때 도움을 받을 수 있어야 살아남을 수 있다. 세계가 하나의 생활권으로 되어가는 21세기적 시대 환경에서 한국은 과감하게 스스로의 국경을 열고 바깥세상과 호흡을 같이 하면서 미래를 설계해야 한다.

작은 나라가 살 수 있는 길은 국제사회에서 많은 우방을 가지고 협력의 폭을 넓혀 나가는 '열린사회 정책'에서 찾아야 한다. 산업에서 국제 분업이 급속히 진행되고 국경을 넘는 인적, 물적 교류가 폭발적으로 늘어나는 21세기적 시대 환경에서는 국가 정책의 대상을 전세계로 확장하여야 한다. 인종적 차이, 종교의 다름, 문화 전통의 상이 등을 넘어서서 되도록 많은 나라와 협력의 폭을 넓혀 나가야 한다.

개인도 사회생활을 하면서 어려움을 겪을 때는 친지의 도움을 얻어야 한다. 국가도 마찬가지이다. 다양한 행위 주체가 생존 경쟁을 펼치는 21세기 국제사회에서, 그리고 생산의 국제 분업으로 한 나라가 혼자서 경제발전을 이루기 어려운 현실에서는 더더욱 어려울 때 서로 도울 수 있는 우방을 많이 확보하여야 한다. 특히 한국과 같이 강대국 대열에 들어서지 못한 국가인 경우에는 국가 안보를 위해서도 신뢰할 수 있는 우방을 많이 확보하여야 한다. 아직도 국제사회에서는 구성 국가의 안전을 보호해줄 중앙정부가 없기 때문이다.

한국은 이미 국제연합의 평화유지 활동에 적극 참여하고 있다. 아프리카, 중동, 동남아에도 국제연합 평화유지군UN Peace-Keeping Forces으로 군대를 파견하고 있다.[59] 군사 활동 이외에도 어려움을 겪는 여러 나라에서 여러 가지 사회사업에 참여하고 있다. 이러한 국제사회에서 어려운 나라를 돕는 일에 적극적으로 참여하여야 한다. 한국이 언제 이들 나라의 도움을 받을 일이 생길지 모른다.

한국은 좁은 영토에 부존자원도 별로 없어 자족경제로 생존하기 어려운 환경에 놓여 있다. 한국은 경제 영역에서의 대외 의존도가 세계에서 가장 높은 나라 중 하나이다. 한국은 싱가포르처럼 고급 인력과 잘 짜여진 기업들의 활동으로 높은 경제 수준을 유지해야 한다. 대외 의존도가 높은 경제 구조를 가진 한국은 개방경제체제를 구축하여 경제활동 영역을 과감하게 해외로 넓혀 나가야 한다. 생산업의 국제 분업, 자본 시장의 국제화, 해외 시장의 확대, 국제경제협력기구 적극 참여 등을 추진해야 한다.

4차 산업혁명이 진행되고 있는 21세기에는 과학기술 수준이

---

59 2014년 기준 한국은 국제연합 평화유지군으로 10개국에, 그리고 다국적군 평화유지 활동(Peace Keeping Operations)에 참여하기 위하여 소말리아 해역에 청해부대, 아프가니스탄에 오쉬노부대, 남수단에 한빛부대 등 7개 지역에 군대를 파견하고 있다.

높은 전문 인력의 확보가 경제 성장의 핵심 전략이 된다. 과학기술 수준이 높은 선진국과의 협력체제를 강화해야 한다.

고급 기술 인력의 해외 영입도 과감히 추진해야 한다. 21세기의 국경은 반투과성막 partially permeable membrane과 같아서 과학기술 수준이 높은 나라로 고급 인력이 흡수되고 단순 노동자는 차단된다. 선진국은 국경을 선택적으로 개방하여 필요한 인력만 받아들이므로 국가 간 기술 격차는 시간이 갈수록 넓어진다. 한국도 고급인력을 해외에서 영입하는 국가 정책을 세워야 한다.[60]

과학기술 수준이 국제사회에서 한 나라의 국력 위계를 결정하는 21세기적 시대 상황에서는 과학기술 전문가의 확보에 모든 나라가 힘을 모으고 있다. 미국 등 선진 강대국은 이미 국경을 선택적으로 개방하는 정책으로 고급 인력을 모으고 있다. 고급 전문인력을 받아들이고 그렇지 않은 이민을 막는 선진국의 선택적 국경 관리로 오늘날 국경은 세포막과 같은 반투과성막과 같아져서 인력 흐름이 전문인력 밀도가 높은 선진국 쪽으로만 흐르는 삼투 작용을 한다. 한국도 이와 같은 선택적 국경 개방 정책을 세워야 할 필요가 있다.

과학기술이 국력을 결정하는 21세기 시대 상황에서 경제 선진국으로 남아 있기 위해서는 '전국민의 전문 기술자화' 정책을 세워야 한다. 교육체제를 혁명적으로 개편하여 새 시대가 필요로 하는 전문인력을 양산하여야 한다.

---

60 중국은 고급 인재를 미국 등지에서 영입하기 위하여 2008년 천인계획(千人計劃)을 세우고 성공적인 성과를 거두었다. 연봉 100만 위안(한화 1억 7천만 원), 주택 등을 보장하는 이 계획은 응모자가 많아 만인계획(萬人計劃)으로 확장했는데 이미 8천 명을 영입하였다.

5. 초지리적 한민족공동체 구축

교통통신 기술이 고도로 발달하면서 국가 간의 정보 교류, 인적 교류가 급격히 늘어나고 있다. 이제 전세계가 하나의 생활권으로 변화하고 있다. 이러한 초연결 세계 hyper-connected world 시대에는 지리적 거리가 인간 간의 접촉 강도에 크게 영향을 주지 않는다.

문화동질성을 공유한 인간 집단을 민족이라고 한다. 이런 민족들이 만든 생활공동체가 민족공동체이다. 민족공동체는 공동체 구성원들이 지리적 인접성으로 매일 접촉할 수 있을 때 이루어졌었다. 그래서 지리적 접근성이 민족공동체 형성 조건이 되었었다. 그러나 하루면 세계 어느 곳에도 갈 수 있는 시대, 실시간으로 매일 대화를 나눌 수 있는 시대가 되면서 지리적 접근성은 점차로 문제가 되지 않게 되어가고 있다. 이러한 21세기적 시대 상황에서는 초지리적 민족공동체가 가능해진다. 지리적으로 떨어져 있는 동족 집단도 하나의 민족공동체를 이룰 수 있게 된다.

한국 민족은 민족 크기에 비해서 비례로 세계에서 이스라엘 다음으로 많은 해외 동포를 가지고 있다. 인구 1할에 해당하는 740만 교포가 미국, 일본, 러시아, 중앙아시아, 그리고 동남아시아에 흩어져 있다. 중국 화교가 2천만 명이라고 해도 14억 중국 인구의 2%도 되지 않는다.

21세기는 '산란散亂의 시대'가 되어간다고 한다. 민족주의가 다시 국민단합의 주된 도구가 되면서 민족국가가 '으뜸공동체'가 되어 자유와 풍요라는 두 가지 가치를 지키는 기본 협동 단위가 되어 간다. 이러한 시대 흐름을 고려할 때 우리도 해외 교포에 대한 관심을 높일 필요가 있다. 해외 교포를 모두 포용하는 초지리적 한민족공동체를 이루면 한국인의 생활공간, 경제활동 공간을 세계화할 수 있다. 그리고 필요한 고급 전문인력을 해외에서 확보하는데 큰 도움을 얻을 수 있다. 해외 교포는 우리 민족의 귀한 자산이 되었다.

해외 교포를 민족공동체에 포용하기 위해서는 교포들의 모국에 대한 관심을 높일 수 있는 모국의 구심력求心力을 강화해야 한다. 교포들이 자랑할 수 있는 한국 문화 등이 이러한 구심력에 해당한다.

또한 해외 동포들의 현지 활동을 적극 지원해주는 모국의 원심력遠心力도 강화해야 한다. 해외 교포들이 살고 있는 사회에 쉽게 적응할 수 있도록 재정적으로, 그리고 제도적으로 지원해주고 교포들이 자긍심을 가질 수 있도록 문화적 지원을 해주는 것이 필요하다.

21세기 시대 환경에서는 전세계를 관심 속에 넣고 한민족의 생존 환경을 개선하는 정책을 펴는 안목이 필요하다.

제7장

통일의 목표와
전략

개요

분단 초기에 우리 국민들은 '분단 이전 상태로의 회귀'를 통일로 인식했다. 하루아침에 38선을 경계하여 남북한으로 생활공간이 나뉘면서 가족이 분해되고 삶의 터전이 파괴되면서 한국민은 엄청난 고통을 겪었다. 그 고통이 없던 분단 이전 상태로 되돌아가는 것이 분단 초기 한국민에게는 가장 절실한 소망이었다. 그러나 분단 70년이 넘어서면서 분단의 아픔은 역사에 묻혔다. 분단의 아픔을 겪은 세대는 거의 모두 세상을 떠났다. 우리에게는 되돌아갈 '분단 이전 상태'가 없다.

하나이던 나라는 이미 역사가 되었다. 이제 통일은 미래의 어떤 시점에서 우리가 만들어 내어야 할 '창조의 과제'가 되었다. 우리는 어떤 통일을 만들어야 하는가?

북한이 장악, 통치하고 있는 2천500만 동포를 한민족공동체에 통합하는 민족통일의 과제가 21세기 중에 한국이 이루어야 할 최대 과제가 되었다. 북한 주민도 우리 민족공동체의 일부로 우리가 누리는 '인권이 보장된 자유'를 함께 누릴 수 있게 해야 한다는 우리 국민들의 동포애에 기초한 정감적 욕망이 통일을 민족적 과제로 만들고 있다. 그리고 현실적으로는 북한의 끊임없는 정치적, 군사적 도전이 민족사회의 안정과 발전에 어려움을 주고 있어 이 어려움을 제거해야 한다는 현실적 당위도 있다. 이제는 북한의 도발을 억지해 나가면서 북한 주민이 우리와 공존공생을 하도록 만드는 '바른통일'을 추구해야 하며 불완전한 '빠른통일'의 유혹은 피해 나가야 한다.

통일은 한민족이 반드시 이루어야 할 민족적 과제이다. 그러나 서둘러서는 안 된다. 분단의 고통은 이미 역사가 되었다. 이념을 달리하는 두 개의 국가로 자리 잡고 있는 남북 관계의 현실도 외면해서는 안 된다. '빠른통일'보다는 '바른통일'을 추구해야 한다.

통일정책에서는 목표를 분명히 해야 한다. 통일은 우리의 영역을 넓혀 부강한 나라가 되려는 이기적 목표로 추구해서는 안 된다. 북한 동포들에게도 우리처럼 자유와 평등이 보장된 정치 환경에서 살 수 있는 기회를 마련해준다는 동포애에 바탕을 둔 정책을 펴나가야 한다.

1당지배의 사회주의 전체주의 국가인 북한과 자유민주공화국인 한국 간의 타협에 의한 통일은 불가능하다. 두 이념은 상호 모순 관계에 있기 때문에 논리적으로 이념의 통일은 불가능하다. 군사적 통일은 바람직하지 않다. 북한 주민은 우리와 같은 한민족 성원이고 우리와 똑같이 자유롭고 풍요로운 사회에서 살아갈 수 있도록 포용하여야 할 동포이지 파괴의 대상이 되어서는 안 된다.

결국 통일의 길에는 남북한 체제 경쟁을 통하여 이기는 쪽이 다른 쪽을 흡수하는 이른바 독일통일 방식만 남는다. 북한 주민이 한국 사회의 일원으로 들어오도록 길을 열어주는 것만이 우리에게 남은 통일 방안이다.

1. 남북한 관계의 현주소

통일은 한민족 성원 모두가 함께 풀어가야 할 시대적 과제이다. 통일은 대한민국 헌법에 명시한 국가적 사명이기도 하다. 대한민국 헌법은 그 서문에서 "… 조국의 민주개혁과 평화적 통일의 사명에 입각하여… 민족의 단결을 공고히 하고… 우리들과 우리들의 자손의 안전과 자유와 행복을 영원히 확보할 것을 다짐"하고 있으며, 제4조에서 "통일을 지향하며 자유민주적 기본 질서에 입각한 평화적 통일정책을 수립하고 이를 추진한다"고 명시하고 있다.

분단 상태가 75년 지속되었지만 통일은 아직도 이루어지지 않고 있다. 통일의 주체인 국민의 통합된 통일 의지를 구축하지 못했고, 통일의 대상인 북한의 도전을 극복하지 못했으며, 주변국의 일치된 축복과 협력을 얻어내지 못했기 때문이다. 분단 75년을 넘기면서 국민들의 통일 인식에 많은 변화가 있어 뜻을 하나로 모으지 못하고 있으며, 북한을 설득하는 데도 실패했다.

북한의 무력도발로 일어난 1950년의 6·25전쟁에서 인구의 1할을 잃은 희생을 겪으면서 북한 땅을 모두 점령하고도 다 이루어 놓은 통일을 중국의 군사 개입으로 완성하지 못한 채 다시 휴

전선을 경계로 제2차 분단을 겪었다. 통일은 우리 민족 내부 문제이면서도 또한 국제문제여서 우리만의 힘으로 이룰 수도 없었다.

그러나 가장 큰 통일의 장애였던 남북한 간의 통일 주도권 다툼은 이제 끝나가고 있다. 무력해방을 시도하고 한국 내에서 인민민주혁명을 통하여 통일을 쟁취하려던 북한의 정치전은, 북한 체제 자체가 붕괴할 조짐을 보이면서 더 이상의 추동력을 잃어가고 있고, 범세계적으로 자유민주주의가 보편화되고 있어 시대착오적 계급독재 사회를 만들려는 북한의 통일 명분은 퇴색되고 있다. 대한민국이 성공한 민주국가로 자리 잡으면서 이제 '자유민주주의 통일한국'을 이루려는 대한민국 주도의 통일은 한민족 구성원 대부분이 지지하는 바른통일의 길로 인정받고 있다. 통일문제를 다루는 마음의 자세를 바꾸어야 한다. 분단 초기에 통일은 '분단 이전 상태'로 되돌아가는 것으로 모두 인식했다. 특히 이산가족의 경우는 분단 고통 해소가 통일에 대한 관심의 초점이었다. 그러나 이제 되돌아갈 과거는 없다. 앞을 보고 통일을 생각해야 한다.

현재 한국 정부는 1989년에 채택한 '한민족공동체통일방안'을 통일의 큰 그림으로 제시하고 있다. 현재의 적대 관계를 '안정된 공존 관계'로 전환하는데 남북한 합의가 이루어지면 통신, 통행, 통상 등 3통을 추진하고 이러한 접촉을 통하여 양측의 체제 간에 상응성이 점차로 높아지게 되면 그때 협의에 의해서 정치통합을 모색한다는 방안이다. 정부는 이러한 통일 방안의 실현 방법으로 북한의 군사력을 무용화시킬 수 있는 압도적 우위의 군사력을 유지하여 북한을 우리가 추진하는 평화통일의 길로 유도하기로 방침을 세우고 국방개혁을 동시에 추진했었다.[61]

북한은 국력 경쟁에서 한국에 압도되어 체제 경쟁을 더 이상할 수 없음을 잘 안다. 체제 경쟁을 포기한 북한은 전략을 고쳐한국과 함께 합의하여 양측이 모두 보유하지 않기로 한 핵무기를 합의를 깨고 개발하여 '핵보유국 지위'를 유지하면서 한국을 군사적으로 압박하여 북한 주도의 통일을 이루겠다는 계획을 세우고 있다. 북한은 1961년에 맺은 '조·중 우호협력 및 상호원조조약'을 바탕으로 중국이 강력하게 지원해줄 것을 기대하고있다. 이 조약에서 "… 맑스-레닌주의와 프롤레타리아 국제주의의 원칙에 입각하여…" 중국은 북한의 안전을 지켜준다고 약속하고 있다. 북한은 중국의 보장 속에서 핵무기를 포기하려 하지않을 것이다.

---

61 북한이 경제발전에서 한국보다 앞서가던 1970년대까지는 북한의 공격을 효과적으로 방어할 수 있는 전력을 갖추는 '적극방어계획(positive defense plan)'을 세우고 국방 계획을 추진했었으나 북한보다 경제 역량에서 월등히 앞서가기 시작한 1980년대에 들어서서는 북한의 공격 의지를 분쇄하는 억지(deterrence) 능력 강화에 초점을 두고 전쟁 계획을 세웠었다(노태우 정부의 '818계획'). 북한이 핵무기를 보유하게 된 2010년 이후의 한국 전략은 북한의 공격 능력을 사전에 무력화시킬 수 있는 강력한 공격 능력을 갖추어 북이 무력통일의 꿈을 스스로 접도록 만들기 위한 '능동억지전략(Proactive Deterrence Strategy)'을 세우고 전력을 정비하고 있다(국방계획 307). 북한이 '무력해방'을 포기하여야 공존을 수용하고 우리가 추진하는 '한민족공동체 통일안'을 받아들일 것이다.

1) 남북한 간의 통일문제 인식의 차이

한국 국민들은 해방과 동시에 제2차 세계대전 승전국들에 의해 이루어진 영토 분단, 미·소 점령군에 의하여 두 개의 국가가 수립되면서 이루어진 정치 분단, 북한 공산주의자들이 도발한 전쟁으로 말미암은 민족 성원 간의 동족의식의 약화 등 세 단계로 깊어진 분단을 극복하여 하나의 자유민주주의 민족공동체를 건설하는 것을 통일의 목표로 삼아 왔다. 즉 우리 국민들은 분단된 민족사회를 다시 하나로 만드는 것을 통일의 과제로 인식해왔다.

그러나 북한은 처음부터 통일 과제를 우리와는 전혀 다른 시각에서 인식해왔다. 북한은 한민족은 1945년 구소련군에 의하여 북위 38도선 이북만 해방되고 그 이남은 일본 제국을 승계 점령한 미국군의 점령 지역이 됨으로써 '해방되지 않은 지역'으로 남았다고 주장한다. 그러면서 남쪽에서 미 제국주의 점령군을 축출하여 남반부를 해방시켜 민족해방을 완성하는 것, 즉 '미완성의 민족해방의 완성'을 통일 과제로 주장해왔다.

북한은 또한 통일의 과제를 '인민의 해방'을 목표로 한다고 주장하고 있다. 구소련군에 의해 해방된 북한 땅에서는 무산자 계급인 인민이 착취 계급인 지주와 자본가로부터 해방이 되었는데 미군 점령 하의 남쪽에서는 이러한 인민해방이 이루어지지 않아 남쪽의 무산자 계급인 노동자 농민을 해방시키는 '인민해방'이 통일 과제의 최종 목표라고 주장해왔다. 즉 '미국으로부터의 민족해방' NL: National Liberation과 착취 계급으로부터의 '인민의 해방' PD: Proletariat Democratic Revolution의 두 가지를 이루는 것을 통일의 과제로 삼아 왔다. 북한의 정치 노선에 동조하는 한국 내의 반체제 세력은 지금도 투쟁 방향 설정에서 PD와 NL을 주장하고 있다.

이러한 통일 과제의 인식 차이는 남북한 간 통일 방안을 타협 불가능한 것으로 만들고 있다.

첫째, 한국은 한민족 성원 모두가 '인간 존엄성이 보장되는 자유'를 누리는 하나의 민족공동체 재건을 통일이라고 생각해왔다. 이에 비해 북한은 민족공동체 성원 중 남북한의 프롤레타리아 계급 간의 통일, 그리고 자산 계급의 타도를 통일로 보아 왔다. 북한의 통일은 남북한 무산자 간의 통일이라는 수평적 통일과 더불어 자산자 계급의 제거라는 수직적 분단을 동시에 추구하는 혁명을 의미한다. 뿐만 아니라 북한의 주장은 대한민국을 미국의 식민지로 전제하는 허구에 입각한 주장이기도 하다. 민족 성원 모두를 통합하려는 한국 주장과 민족사회 내의 특정 계급만 하나로 통합하려는 북한 측 주장은 타협될 수 없다.

둘째, 한국은 사회 구성원 모두의 자유와 번영을 목적으로 하는 자유민주주의 민족공동체를 이루는 것을 통일의 목표로 삼고 있다. 이에 반하여 북한은 프롤레타리아 계급 독재국가 건설을 목표로 하는 통일이다. 북한의 주장은 마오쩌둥 지배의 중국이 혁명 구호로 내세웠던 '인민민주전정 人民民主專政'을 모방한 것이다. 즉 '인민 계급 내의 민주'와 '반동 계급에 대한 인민 계급의 독재'를 합친 것이다.

이제 중국은 반동 계급이 모두 소멸한 상태여서 혁명의 필요성을 더이상 주장하지 않는다. 그러나 북한은 북한 지역에서는 반동 계급을 제거했으나 아직 '공화국 남반부', 즉 한국에서는 반동계급이 인민을 계속 지배하고 있어 이러한 노선은 통일의 날까지 지켜야 한다고 주장하고 있다.

모든 개인이 '인간 존엄성이 보장된 자유'를 누리는 자유민주주의 정치체제를 북한 주민에게까지 확장하자는 한국 국민의 통일 목표와 개인이 아닌 집단의 자유를 앞세우고 한국의 '반동 계급'을 제거하는 것을 통일 목표로 하는 북한과는 타협의 여지가 있을 수 없다. 오늘날 세계에서 북한이 주장하는 무산계급 집단지배를 앞세우는 나라는 더 없다. 오직 북한만이 시대 역행적인 사고에 묶여 있다.

셋째, 민주주의 가치에 대해서도 남북한은 서로 상반된 인식을 하고 있다. 민주주의는 주권재민의 공화주의 이상을 실현하기 위한 수단이다. 주권자인 국민의 의사를 국가정책 결정으로 연결하는 방법이 민주주의이다. 그래서 민주주의는 선거 제도, 복수정당 제도를 통치체제의 근본으로 삼고 있다. '모든 인간은 신에 의하여 동등하게 창조되었다All men are created equal'라는 민주주의의 바탕이 된 사상은 신분, 인종, 자산 등의 차별 없이 모든 사회 구성원이 정치적 주체로서 동등한 권리를 가진다는 뜻과 더불어 인간은 신이 아닌 신의 피조물被造物이어서 모두 불완전한 존재라는 겸허한 생각도 함께 포함한 사상이다.

따라서 다양한 의견을 가진 국민의 의사를 하나로 만들어 내는 방법 E pluribus unum으로 투표를 생각해냈다. 투표는 다양한 의사의 분포를 발견하기 위한 수단이다. 그 분포를 바탕으로 타협안을 찾기 위한 것이다. 이러한 민주주의가 자유민주주의 정치에서 인식하는 민주주의이다. 자유민주주의에서의 투표는 진리 발견의 수단이 아니라, 타협안을 만들기 위한 다양한 구성원 의사의 분포를 확인하는 절차이다.

그러나 북한은 민주주의를 '절대 진리 발견의 수단'이라고 주장하는 '신민주주의 neo-democracy', '과학적 민주주의 scientific democracy'로 받아들인다. 다양한 의견 중에서 틀린 wrong 의견을 버리고 옳은 것 right을 찾는 방법이 투표라 생각한다. 투표에서 51% 지지를 얻은 안은 옳은 것이고 49% 지지를 얻은 의견은 투표 순간부터 틀린 생각으로 낙인찍힌다. 인민민주주의에서의 민주주의 방식은 타협을 위한 것이 아니라 절대진리를 찾고 틀린 생각을 알아내는 방법이라고 북한은 주장하고 있다. 북한식 민주주의에서는 타협이란 생각할 수 없다.

민주주의에 대한 이러한 남북한 간의 인식 차이는 타협으로 통일한국의 정치체제를 만들어낼 수 있는 길을 막고 있다. 신민주주의는 집단주의 전제체제 운영의 원리로 될 수는 있어도, 자유민주주의 정치체제의 운영 원리가 될 수는 없다.

신민주주의는 레닌주의 공산체제가 구소련 및 그 지배 아래 있던 공산국가에서 집단주의 의사결정체제로 채택되었었으나, 21세기에 들어서서는 세계에서 북한 이외에는 어느 나라에서도 국가운영체제로 택하고 있는 나라가 없다.

통일 목표로서의 통치 이념에 관한한 이제 남북한 간의 논쟁은 끝난 셈이다. 자유민주주의 이념이 세계 보편 이념으로 자리 잡은 21세기에는 더이상 논쟁이 되지 않는 이념 투쟁이다.

2) 체제 우위를 입증하기 위한 투쟁

정치체제의 우월성은 그 체제 운영의 결과로 입증된다. 남북한은 남북에 각각의 국가가 들어선 1948년 이래 체제 우위를 입증하기 위한 투쟁을 계속해 왔다.

남북한은 건국 당시 모두 가난한 후진국이었다. 일본 식민지 체제가 남긴 빈약한 공업 시설은 주로 북한 땅에 남아 있었고 얼마 되지 않은 광물 자원도 북한 지역에 집중되어 있었다. 그래서 북한은 경제건설 경쟁에서 초기에는 약간의 우위를 유지할 수 있었다.

북한은 전제주의 정치체제를 이용하여 인민을 강제 동원할 수 있어, 이러한 동원체제를 가지지 못한 한국보다 노동집약적 생산체제가 주류를 이루던 초기의 경제건설 경쟁에서는 앞섰었다. 기술 수준이 낮은 노동집약적 생산 구조에서는 노동량이 생산 요소 중 가장 중요한 요소였기 때문에 북한의 계획경제, 동원체제는 높은 생산성을 보여줄 수 있었다. 이러한 북한 경제의 우위는 대체로 1960년대로 끝났다.

생산 양식의 고도화와 과학기술 수준의 비약적 발전으로 생산 요소 중 기술과 자본이 노동의 양보다 더 중요해지고, 노동도 양보다 질이 더 중요해지는 시대가 되면서 노동량에만 의지하던 생산 양식을 유지해오던 북한의 경제성장은 한계에 도달했다. 더구나 국제적 분업체제가 급속히 확산된 시대에 폐쇄적 자급자족 체제를 고집해온 북한은 경제적 파탄을 자초했다. 북한 경제는 1990년대에 들어서면서는 국민의 식량 조달도 하지 못하는 세계 최빈국 수준으로 낙후되어 버렸다. 경제에 관한 한 북한은 실패한 국가의 본보기가 되었다.

한국은 자원도, 자본도 없는 어려운 여건에서 교육을 통한 기술 수준의 향상과 노동의 질 향상, 과감한 대외 개방과 수출 산업 강화 등의 경제개발정책을 세우고 이를 추진하여 1970년대부터는 고도성장의 궤도에 들어섰다. 한국은 1970년대부터 1990년대까지 10%에 가까운 연간 성장률을 유지하여 1996년에는 OECD국의 하나가 되었으며 2010년에는 세계경제체제를 주도하는 20개국으로 구성된 G20 국가의 하나가 되었다. 대한민국은 이제 GDP 규모에서 북한의 40배가 되는 성공한 경제대국으로 올라섰다. 한국은 인구 5천만 명, 1인당 국민소득 3만 달러를 이룬 나라를 말하는 '5030 클럽' 국가의 지위에 2018년 세계에서 7번째로 올라섰다.[62]

정치적으로도 한국 국민은 반세기만에 아시아에서 제일 앞서

---

62 2015년 기준의 남북한 주요 사회경제지표는 다음 책에 실려 있다. 이상우, 『북한정치 변천: 신정체제의 진화과정』, 서울: 오름, 2017의 부록 2(pp.379-380).

는 민주국가를 만들어 내었다. 한국 국민은 1961년의 5·16, 그리고 1979년의 12·12 등 두 차례의 군사혁명을 겪고 유신체제라는 군사독재를 겪기도 했다. 그러나 지속적 민주투쟁을 벌여 1987년의 민주항쟁을 끝으로 파행적 민주주의 시대를 마치고 자유민주주의 정치를 정착시키는데 성공하였다.

북한은 1948년 건국 당시 도입한 레닌주의 노동당 1당 독재체제를 유지해오다가 1950년대 말부터 1960년대에 걸쳐 몇 번의 정치적 격변을 겪으면서 김일성 1인 지배의 완전한 전체주의-전제정치체제를 확립하였다. 그 뒤에 북한은 다시 김일성의 신격화神格化를 통해 역사상 유례가 없는 김일성 신정체제神政體制: theocracy를 굳혔다.[63]

현재 북한은 모든 권위의 원천을 '김일성의 의지'로 정하고 이를 통치 기반으로 삼고 있다. 김일성 사후에는 그 아들인 김정일이 '김일성의 이름으로' 통치해왔으며 2011년 12월 김정일이 죽자 다시 그 통치권을 김정일의 아들인 김정은에게 승계시켰다. 그리고 김정은도 통치 권위를 '김일성의 의지'에서 찾는다.

북한 신정체제를 정당화하는 논리는 아주 정교하다. 인민이 바른 생각을 하는 '자유'를 누리기 위해서는 인민을 지도하는 노

---

63 북한정치의 신정체제로서의 특성에 대해서는 위의 책 제4장(pp.103-117)을 볼 것. 북한헌법 서문에서 북한은 북한이라는 나라 자체를 "김일성 동지와 김정일 동지의 사상과 령도를 구현한 주체의 사회주의조국이다"라고 규정하고 국가의 통치 권위를 김일성의 초인간적인 신성(神性)에 두고 있다고 선언하고 있다. 2016년에 수정된 북한헌법 전문은 주2)에 소개한 『북한정치 변천』의 부록 8에 실려 있다.

동당의 올바른 지도를 받아야 하며 노동당이 바른 지도를 하기 위해서는 초인간적인 판단력을 갖춘 김일성의 뜻을 따라야 하고 김일성의 뜻을 측근에서 가장 잘 배운 그 아들이 승계하여 지도하여야 된다는 논리이다. 북한 신정체제는 유일신 종교의 교단 운영 원리와 같다. 최고 권위의 원천인 김일성은 신神이며 김일성만 신성神性을 가진다. 김정일 등은 신성을 가지지 않고 오직 신의 이름으로 신인 김일성의 권위를 빌어 통치하도록 되어 있다.

지난 75년 동안 대한민국은 북한과의 체제 경쟁에서 승리함으로서 통일의 주도권을 확보한다는 전략overriding strategy을 유지해왔다. 북한은 한국의 개방된 사회에 침투하여, 한국 내에서 정치투쟁을 통하여 친북 정권을 창출하여 통일을 이룬다는 침투전략subversive strategy에 주력해왔다.[64]

북한은 북한 사회를 철저히 폐쇄하여 북한 체제를 외부에서 시도하는 변혁 노력으로부터 지키면서 한국 사회를 내부에서 붕괴시키면 이긴다는 손자의 전략을 통일전략으로 삼아 왔다. "지지 않도록 나를 준비하는 것은 내가 할 수 있는 일이고 적에게 이길 수 있는 여건은 적에게 달려 있다. 그러니까 우선 내가 지지 않도록 나를 단속하고 상대가 질 때를 기다리면 이긴다의역: 可勝在敵 不可勝在己, 先爲不可勝 以待敵之可勝"라는 손자의 전략을 이은 레

---

64 남북한의 통일 주도권 장악을 위한 경쟁의 전략적 특색에 대해서는 다음 글을 참조할 것. Sang-Woo Rhee, *Security and Unification of Korea*, Seoul: Sogang University Press, 1984의 제5장 "Overriding Strategy versus Subversion Tactics: A Macro-Comparative Study on South and North Korean Unification Strategies"(pp.105-133).

닌 V. I. Lenin의 전략을 그대로 수용한 것이다.[65]

남북한 간의 이러한 전략적 대결도 이제는 끝났다. 북한은 경제적으로 파탄했고 정치적으로도 북한 주민의 지지를 잃어 완전히 실패한 국가가 되었다. 북한체제를 탈출하는 북한 주민이 수십만에 이르고 있는 현실이 이를 입증한다. 그리고 한국 내에서의 정치투쟁도 한계에 도달하여 한국민의 지지를 얻어내지 못하고 있다.

남북한 간의 반세기에 걸친 체제우위 확보 경쟁에서 북한은 패하고 한국은 승리했다. 이러한 상황에서 통일한국을 만들어내는 주도권은 대한민국이 갖게 되었다.

---

65 『孫子』軍形篇의 첫째 줄과 둘째 줄을 합친 것. 노태준 역해, 『孫子兵法』, 서울: 홍신문화사. 1994, pp.73-75를 볼 것.

2. 통일정책의 기본 원칙

대한민국은 평화통일, 민주통일, 자주통일을 세 가지 통일정책 원칙으로 설정하고 있다.

첫 번째인 평화통일 원칙은 '평화를 위한 통일'과 '평화적 통일'이라는 목적과 수단을 규정한 원칙이다. 우리는 평화를 위하여 통일을 추구한다. 평화란 '공동체 구성원들이 자발적으로 공존을 합의한 상태'를 말한다. 구성원들이 서로의 다른 생각, 다른 삶의 양식을 존중하고 공동체의 질서를 함께 지키면서 살아가기로 합의한 상태가 평화이다. "동등한 격을 가진 구성원들ᵖ이 서로 다름을 인정하고 공존하기로ʰ 합의한 상태"가 평화이다.

자유민주주의는 국가 내의 평화질서를 유지하기 위한 약속이다. 대한민국 국민은 현재 이러한 평화질서 속에서 살고 있다. 통일은 바로 남한 내에서 이루어 놓은 한민족공동체 내의 평화질서에 북한 동포를 포용하는 것을 목적으로 한다. 이것이 목적으로서의 평화통일 원칙이다.

수단으로서의 평화통일 원칙은 통일의 수단에서 폭력을 배제한다는 원칙이다. 통일을 성취하기 위한 것이라고 하더라도 폭력적 수단을 쓰지 않는다는 '폭력 불사용의 결의'와 상대가 폭력을 쓸 수 없도록 막는다는 '폭력 불허용의 결의'를 합친 것이 평화통일 원칙이다.

두 번째인 민주통일의 원칙은 자유민주주의 통일한국 건설을 통일의 목적으로 한다는 것과 통일 정부 수립 과정에서 북한 동포의 민주적 참여를 허용하겠다는 결의를 포함한다. 우리는 자유민주주의를 기본 이념으로 하는 통일한국 이외의 어떠한 통일 조국도 거부한다. 그리고 우리가 건설하려는 통일한국의 기본 이념이 자유민주주의인 만큼 북한 동포들의 민주적 참여도 허용하겠다는 생각을 갖고 있다.

세 번째인 자주통일 원칙은 자주적인 강한 통일한국 건설을 통일 목표의 하나로 삼는다는 것과 통일 과정에서 국제적 협력은 받아야겠지만 통일 과정은 어디까지나 우리가 주도하는 자주적인 방안을 선택하겠다는 결의를 말한다. 분단이 지속되는 한 이 분단을 이용한 이웃나라의 개입을 막기 어렵다. 분단을 극복하고 하나의 강한 대한민국을 만들어야 우리의 자주권을 확실히 지킬 수 있다는 생각에서 자주를 통일 목표의 하나로 삼고 있다.

또한 통일 과정에서 우리가 주도하지 않으면 통일 후에도 자주권을 침해받을 수가 있어 아무리 어려워도 통일만은 우리가 주도하겠다는 수단으로서의 자주통일 원칙을 세우고 있다. 외국의 힘으로 얻은 해방이 가져온 외세의 간섭을 뼈아프게 생각하는 한국 국민들은 통일만은 우리 손으로 이루겠다는 결의를 다지고 있으며 이것이 바로 자주통일 원칙이다.

3. 점진적 동화정책

통일은 현재의 남북한 간 적대적 대결 관계를 우선 대화가 가능한 중립적 공존체제로 전환하는 데서부터 시작하여야 한다. 북한이 약속을 지키는 정상 국가normal state가 되고 우리를 협의의 상대로 존중하는 상태가 되어야 평화를 위한, 그리고 평화적 수단을 통한 통일 협의가 시작될 수 있다.

다음으로 북한이 한국과의 공존에 합의하고 협력할 뜻을 갖게 하는 공존의 제도화를 추진해야 한다. 서로 상대를 현실적, 법적 존재로 인정하기로 합의하고 이 합의의 진정성을 권위 있는 국제기구, 예를 들어 국제연합 등에 의하여 보증 받은 상태가 되면 남북한은 상호 협력, 지원을 시작할 수 있다.

분단 75여 년 동안 북한은 대한민국의 법적인 실체를 무시해 왔다. 1991년 '남북기본합의서'를 체결했을 때에 처음으로 대한민국을 인정하고 조약을 맺었다. 그러나 그 기본 조약도 함께 합의한 '남북비핵화선언' 등 조약과 더불어 모두 지키지 않았다. 한국에 '북한에 대하여 유화적인 정부'가 들어섰을 때 북한은 적극적으로 남북관계 개선을 추진하였다. 2000년 6월 15일에는 북한의 초청으로 김대중 대통령이 한국 국가원수로는 처음으로 평양을 방문하였으며 '6·15남북공동선언'을 채택하였다. 그리고 2007년 김대중 대통령을 이어서 노무현 대통령이 평양을 방문하여 김정일 국방위원장과 '10·4 남북공동선언문'을 채택하였다. 이 두 개의 공동선언은 남북한 간의 이념의 상이성, 체제의 상이성이 있음을 인정하고 공존공영하기로 합의했다는 점에서 남북한 간의 관계 개선에 큰 진전을 이룬 것으로 평가되고 있다. 그러나 북한은 이 두 선언 내용도 지키지 않고 있다. '10·4 남북공동선언문' 제3조에서 군사적 적대 관계를 종식시키기로 합의하였지만 북한은 핵무기 실험을 계속하고 있고 2010년 3월에는 서해 백령도 연안에 잠수함을 침투시켜 초계 중이던 한국 초계함 천안함을 격침시켰으며 같은 해 11월에 연평도에 무차별 포격을 감행하여 많은 민간인을 살상하였다. 북한은 한국에 어떤 성향의 정부가 들어서도 아직은 한국과 공존할 의사가 없어 보인다.

북한은 아직도 '남반부' 해방이 가능하다고 믿고 있으며 대한민국의 존재 자체를 무시하고 있다. 정치전이나 무력으로 남반부 해방이 가능하다고 믿는 동안은 북한은 대한민국과의 공존합의를 거부할 것이다.

북한은 무력의 우위로 대한민국을 굴복시킬 수 있다고 믿고 있으며 이를 위해 엄청난 경제적 희생을 무릅쓰고 핵무기를 개발하고 있다. 북한의 이러한 환상을 깨트려 주어야 북한은 공존을 수락할 것이다. 한국이 북한이 핵무기를 개발, 배치하는 과정에서나 또는 사용하기 직전에 이들 핵무기와 발사 장비를 무력화無力化시킬 수 있는 능력을 갖추고 북한이 실제로 핵무기를 사용하려 시도하면 선제공격preemptive strike으로 제거할 뜻이 있음을 확신시켜 주어야만 북한은 무력해방의 꿈을 버릴 것이다.

남북한 간의 공존체제가 제도화되고 안정화된 후 우리는 본격적으로 북한 지원에 착수하여야 한다. 우선 북한 동포들의 삶의 질 향상을 위한 지원을 시작하여 그들을 기아와 극한적 빈곤 상태에서 구출해내야 한다. 우리가 통일을 추구하는 목적은 우리가 더 잘 살기 위해서가 아니다. 북한 동포들도 우리와 같이 자유와 복지를 누리게 하자는 것으로 우리의 동포애가 그 원동력이 되고 있다. 북한 동포에 대한 사랑이 아니라면 굳이 한국 국민은 스스로 희생을 감수하면서 통일을 추구하지 않으리라 본다.

남북한의 협력 범위를 넓혀 남북 이산가족 재결합, 통신, 통행, 통상 등 3통三通까지 확대하면 남북한 주민 간의 삶의 양식의 균일화가 진행될 수 있고 이에 따라 점진적으로 북한체제의 민주화도 기대해 볼 수 있게 된다. 상호 교류를 통하여 체제 상응성system compatibility을 높여 나가 함께 하나의 정부를 만들어낼 수 있는 단계에 이르면 남북한 정치체제를 하나로 통합하는 정치 통일의 단계에 도달하게 될 것이다.

남북통일은 무력해방을 통하지 않는 한 이러한 점진적인 접근, 즉 공존제도화-교류협력-정치통합의 3단계로 추진할 수밖에 다른 길이 없다.

독일은 이러한 접근 방법을 '점진적 접근으로 이루는 변환Wandel durch Annäherung'이라고 했다.

대한민국은 1960년 공식으로 무력통일 정책을 포기한 후 북한과의 교류협력의 전제가 되는 남북한 공존체제의 제도화, 안정화에 노력을 집중하여 왔다. 대한민국은 북한의 정치이념, 통치체제, 대외정책 등 모두를 인용忍容할 수 없다고 하면서도, 일단 북한 정부에 현실적 정치 주체라는 격格을 인정해주고 북한 정권과 공존의 합의를 하려고 애써 왔다.

분단 이후 최초로 이루어낸 남북한 간의 합의는, 서로가 서로를 국가로 인정하지 않는다는 전제에서 '남'과 '북'이라고만 인정한 채 이루어졌다. 1972년 7월 4일 '서로 상부의 뜻을 받든 이후락-김영주 간의 합의'의 형식으로 '7·4남북공동성명'이 발표되었다.

이 공동성명에서 서로 무장도발을 하지 않기로 합의하고 남북한 간의 협의를 상설화하기 위하여 남북조절위원회를 설치하기로 하였다. 그 뒤 몇 번 조절위원회 회의가 열렸었으나 북한이 일방적으로 이 합의를 파괴하고 무시함으로써 다시 남북한 관계는 원점으로 되돌아갔다. 그러나 한국은 1973년 6월 23일, 북한의 국제연합 가입을 반대하지 않는다고 성명을 발표함으로써 북한의 국가로서의 객관적 존재도 인정하였다.

적십자사를 통한 남북 이산가족 상봉 사업은 1971년에 시작되어 1985년 8월에 처음으로 성과를 거두어 남북한 각각 100명의 이산가족 간의 면회가 성사되었다. 그러나 그 뒤 금강산 사업의 일환으로 금강산에서 몇 차례 더 있은 후 중단되었다. 민간 차원의 접촉 교류를 촉진하기 위하여 노태우 대통령이 발표한 1988년 7월 7일의 '민족자존과 통일번영을 위한 특별선언7·7선언'과

1990년에 제정한 '남북교류협력에 관한 법률'은 남북 교류협력을 제도화하는 조치로 남북 교역, 제한된 인적 왕래의 기초가 되었다.

1998년부터 2008년까지 10년간 지속된 금강산 관광 사업으로 총 193만 명의 한국인이 금강산을 다녀왔다. 그리고 2000년에 시작된 개성공단 사업으로 117개의 한국 기업이 공단 내에 세워졌으며 5만 명이 넘는 북한 근로자가 이 기업들에서 근무했다.

북한과의 공존을 제도화하기 위한 노력은 노태우 대통령 때 적극적으로 시작되었다. 1989년 9월 11일 노태우 대통령은 '점진적 동화정책'의 내용을 담은 '한민족공동체 통일안'을 발표하고, 1990년 9월 제1차 남북고위회담 총리회담을 시작하였다. 그리고 1991년 9월 17일 남북한은 각각 독립주권국가 자격으로 국제연합에 가입하였으며 같은 해 12월 한국은 북한과 '한반도의 비핵화 공동선언' 및 '남북 사이의 화해와 불가침 및 교류협력에 관한 합의서' 기본합의서 1991. 12. 13 서명를 채택하였다. 이 합의서는 남북한이 서로의 국가로서의 격을 인정하고 공식으로 합의한 최초의 국가 간 조약이라는 점에서 남북한 공존체제의 시작이라고 보아도 좋을 것이다.[66]

문제는 북한이 이러한 조약을 준수하지 않는다는 데 있다. 북

---

66 남북한이 주고받은 제의 등과 주요 합의문, 기타 관련 문건은 다음 책의 부록에 실려 있다. (1) 1987년 이전 것은 이상우 편, 『통일한국의 모색: 이념, 환경과 정책적 노력』, 서울: 박영사, 1987의 부록 Ⅰ, Ⅱ, Ⅲ. (2) 그 이후 것은 주61)의 책 부록 6과 11.

한은 비핵화공동선언을 서명하고서도 핵무기를 계속 개발하고 있으며 여섯 차례 공개 핵실험을 감행하였다 2007, 2009, 2013, 2016. 1, 2016. 9, 2017. 9. 기본합의서에서 "무력을 사용하지 않으며 상대방을 무력으로 침략하지 아니한다"제9조고 약속하고도 앞에서 지적한 바와 같이 제1차 연평해전 1999. 6. 15, 제2차 연평해전 2002. 6. 29, 대청해전 2009. 11. 10을 감행하였다. 2010년 3월 26일에는 백령도 남쪽에서 한국군 초계함 '천안함'을 격침시키고 다시 11월 23일에는 연평도에 포격을 가하여 민간인을 포함한 10여 명의 사상자를 냈다. 이 모든 도발은 명백한 합의위반이다.

한국은 북한의 불성실한 대응에도 불구하고 남북 관계의 정상화, 즉 공존의 제도화를 위하여 계속 노력해왔다. 2000년 6월 김대중 대통령은 평양에서 김정일 국방위원장을 만나 '6·15남북공동선언'을 채택하였다. 2007년 10월에는 노무현 대통령이 김정일 국방위원장과 평양회담을 마치고 '남북관계 발전과 평화번영을 위한 선언 10·4선언'을 발표하였다. 그러나 국가원수들이 합의한 이 두 가지 조약도 북한이 지키지 않음으로써 큰 의미를 가지지 못하게 되었다. 다만 이러한 반복되는 합의 속에서 점진적으로 남북한 평화공존체제가 자리 잡혀가리라 기대한다.

한국은 이러한 회의, 합의, 협약 체결 등의 노력 이외에도 북한에 대한 경제 지원을 함으로써 접촉 교류의 길을 닦고 있다. 한국은 북한에 1991년부터 2010년 봄까지 20년 동안 남북협력기금으로 5조 5천 438억 원약 50억 달러 규모의 경제 지원을 해왔다. 그리고 1988년부터 남북한 무역을 허용, 2009년까지 교역량 누계 137억 달러에 이르렀고, 여기에 금강산 관광을 통해서도 북한에 경제적 지원을 해왔다. 1998년에 시작된 금강산 관광은 2008년 한국 관광객을 북한 경비병이 사살한 사건으로 중지될 때까지 방문한 193만 명에 대하여 1인당 100달러씩을 지불하는 직접 지원 이외에 사업운영 수입 등을 통하여 북한이 아쉬워하는 외화를 공급해주었다.

그러나 이렇게 꾸준히 노력해왔음에도 한국은 북한을 '정상국가'로 만드는데 성공하지 못하고 있다. 정상국가란 국제규범을 준수하고 약속을 지키는 신뢰할 수 있는 국가를 말한다. 한국은 북한 민주화를 지원하는 제2단계의 통일정책을 펼치기 위해서 북한과 정치적 접촉, 경제적 지원, 인도적 지원 등을 꾸준히 전개해가고 있다.

4. 한국 주도 통일의 3가지 요건

통일의 주체는 국민이다. 국민이 단합된 통일 의지를 가져야 통일을 추진할 수 있다. 국민이 통일을 원하지 않는다면 통일은 의미 없는 일이 된다. 통일의 대상은 북한 주민이다. 북한 주민들이 한국 주도의 통일을 지지할 수 있어야 통일이 가능하다. 그리고 그 과정에서 북한의 정치체제가 민주화 되어야 우리와 함께 민주통일을 하려는 북한 동포들이 우리의 통일 노력에 동참할 수 있다.

한국 통일은 우리에게는 민족공동체 내부의 과제일지 모르나 현실적으로는 국제문제이기도 하다. 한반도가 누구의 주도로 통일되는가 하는 것은 주변국의 국익에 직접 영향을 준다. 주변국들은 한반도 통일을 국제문제로 인식하고 있다. 한국 주도의 통일을 이루려면 주변국들의 축복과 협력을 얻어야 한다. 최소한 이들 국가들의 인용을 얻어내야 한다. 우리 국민의 단합된 통일의지, 북한체제의 민주화, 그리고 주변 국가들의 협력 확보가 한국 주도 통일 성공의 세 가지 요건이 된다.

분단 초기에는 우리 국민들의 통일문제 인식은 단순했다. 분단이 가져온 고통에서 벗어나 분단 이전 상태로 되돌아가자는 것이 통일로 인식되었고, 이러한 통일에 대하여 모두 한 가지로 뜻을 모을 수 있었다. 그러나 분단 75년이 된 지금 되돌아갈 '분단 이전의 상태'는 더이상 존재하지 않는다. 분단 이전 상태이던 하나의 민족공동체는 역사적 기록으로만 남아 있다. 통일은 이제 '분단 이전 상태로의 회귀'가 아니라 우리가 미래의 어떤 시점에서 만들어내야 할 '창조의 과업'이 되었다.

분단 기간이 오래되면서 분단 이후에 태어난 국민이 전체의 90%를 넘어섰다. 분단 이후 세대에게는 분단 이전 상태에 대한 기억이 있을 수 없고, 또한 이들의 북한에 대한 이해도 부족하다. 북한은 가본 적도 살아본 적도 없는 곳이고 북한 동포는 만나본 적도 없고 함께 살아본 경험도 없는 남이다. 이러한 국민들이 생각하는 바람직한 통일 조국의 상像은 관념적으로, 그리고 논리적으로 도출되는 당위當爲의 상이다.

체험하지 않은 '통일된 조국'을 창조하려는 의지는 오직 교육을 통하여 형성될 수밖에 없다. 그런 뜻에서 통일 노력에서는 통일정책을 정교하게 다듬는 일 못지않게 통일 교육이 중요해진다. 우리에게 통일은 무엇이며, 어떤 통일이 우리 민족 장래를 위하여 바람직한지, 그리고 통일을 위해서 우리는 어떠한 희생을 감수해야 하는지를 스스로 깨달아 강한 통일 의지를 갖게 만들어주는 체계적이고 심도 있는 통일 교육이 필요하다.

북한은 우리 국민들이 단합된 통일 의지를 가지지 못하도록 집요한 정치전을 펴고 있다. 북한은 "서울이 주전장主戰場이다"라는 구호를 내걸고 치밀하고도 강력한 정치전을 펴고 있다. 지하 조직을 구축하고 거짓 정보를 보급하면서 흑색선전을 펴고 있다.

대한민국의 정체성을 흔드는 정교한 논리를 펴 국민들의 국가에 대한 충성심을 깨려 한다. 그리고 북한에 대한 환상을 갖도록 북한 사회에 대한 허구적 그림을 보여주고 있다. 한국 국민 사이의 이념적 갈등을 조장하여 이른바 남남갈등南南葛藤의 골을 깊게 하려고 애쓰며 한국 사회 내에 친북한 세력을 확산시키려 든다.

북한의 이러한 정치공세는 방어하기 어렵다. 국민의 다양한 의사를 존중하고 모든 구성원의 언론·출판·집회·결사의 자유를 존중해주어야 하는 헌법질서 속에서 반체제 세력을 정부가 나서서 제재하기 어렵기 때문이다. 오직 깨어 있는 의식을 가진 지식인들의 자율적 노력으로만 바른 통일 교육을 전개할 수 있을 뿐이다. 다만 지난 반세기 동안 대한민국이 성취한 경제 선진화, 정치 민주화의 실증된 현실에 대한 한국민의 자긍심이 이러한 북한 정치 심리전을 이겨내는 힘이 된다.

두 번째 요건인 북한체제 민주화는 통일 과정에서 가장 어려운 과제가 되고 있다. 분단 이후 계속된 북한의 폐쇄정책으로 바깥세상을 전혀 접하지 못했던 북한 주민들에게 그들로서는 친숙하지 않은 자유민주주의 정치체제와 개방사회의 생활양식을 이해시키는 것은 쉬운 일이 아니다. 더구나 집단 가치를 개인 가치에 앞세우는 가치관을 집중적으로 주입 당한 북한 주민들에게 개인 자유의 소중함, 기본 인권 등을 앞세우는 자유민주주의 이념과 가치관의 중요성을 이해시키는 것은 더욱 어려운 일이다. 현재 한국에 온 3만여 명의 탈북 동포들이 우리 사회에서 느끼는 가치관의 혼란을 보면 2천 500만 북한 동포들의 정형화된 가치관과 생활양식을 이해할 수 있다.

흔히 동서독 통일의 경험에서 우리가 앞으로 맞이하게 될 남북 사회통합 과정에서의 문제점을 미리 짐작해보려고 한다. 그러나 유의할 것은 독일은 45년 만의 통일이었고, 동서독 간에는 6·25전쟁과 같은 전쟁이 없었으며 동독은 북한과 같은 폐쇄사회가 아니었다는 점이다. 동독인들은 통일 전에도 서독 TV를 시청했고 거리에서 미국 잡지 「타임」과 「뉴스위크」를 사서 볼 수 있었다.

이렇게 열린 사회였던 동독에서 살았던 동독인인데도 통일 후 30년이 지난 지금까지도 서독인과 하나가 되지 못하고 있다. 아직도 서독인Wessi과 동독인Ossi은 생활양식을 달리한다. 분단 75년이 되고 외부 소식이 완전히 차단된 북한에서, 더구나 가장 철저한 전제정치체제에서 평생을 살아온 북한 동포들이 한국 국민을 '우리'라고 생각하게 하려면 얼마나 많은 노력과 시간이 걸릴지 모를 일이다. 그러나 이런 어려움을 이겨내야 남북한 사회 통합을 이룰 수 있다.

세 번째의 요건인 이웃나라의 축복과 협력을 얻어내는 일도 쉽지 않다. 중국은 북한을 자국보위의 완충 국가로 쓰고 있으며 앞으로도 그런 생각을 가지리라 예상된다. 중국은 미국과 일본을 지역 주도권을 다투는 경쟁국으로 여긴다. 한국 주도의 통일은 따라서 중국이 거리를 두고 싶어 하는 무서운 경쟁 상대인 미국의 영향력이 압록강에 이르게 만드는 일이라고 생각하기 때문에 북한의 존속을 위해 한국의 통일 노력을 견제하고 북한을 지원하고 있다. 중국의 국익이 통일한국에 의해서도 보장된다는 것을 한국이 중국에 납득시켜야 중국은 한국 주도의 통일을 묵인할 것이다.

일본의 협조를 얻기도 쉽지 않다. 일본은 중국의 부상浮上을 경계하고 있으며 중국을 견제하는데 일본과 이념을 같이 하는 한국이 필요하다고 생각한다. 그런 시각에서 한국 주도의 통일을 환영할 것이나 한국과의 불편한 관계를 생각하게 되면 적극적으로 한국을 도우려 하지는 않을 것이다. 한국은 적극적인 노력을 펴서 일본의 지원을 얻어내야 한다.

현재로서 한국의 통일을 지원해줄 나라는 미국밖에 없다. 미국은 한국과 가치기반 동맹value-based alliance을 맺고 있는 나라로서 동아시아 지역에서의 질서 주도권을 장악하기 위해서 한국을 필요로 한다. 미국은 한국 주도 통일이 이루어져서 강한 자유민주주의 통일한국이 탄생하는 것을 환영하게 될 것이다.

한국이 민족통일의 과업을 성공적으로 이루기 위해서는 세 가지 요건 충족이라는 방향성을 가진 노력을 펴나가야 할 것이다.

5. 북한 급변사태에 대한 대응 전략

통일은 우리가 예측하지 못했던 방법으로도 이루어질 수 있다. 하늘 아래 변하지 않는 것은 없다. 북한 정권 내에서의 권력 투쟁, 지도자의 갑작스러운 사망 등으로 이른바 '북한 급변사태'가 일어나는 경우 사태 진전에 따라서 우리가 원하는 형태의 통일 국가를 만드는 기회를 맞이할 수 있다. 북한 급변사태를 어떻게 관리하여야 우리가 바라는 통일을 이룰 수 있을까? 전략이 미리 마련되어야 한다.

미국은 오래전부터 북한 급변사태 대응 전략을 세우고 있다. 해마다 달라지는 내외 환경에 맞추어 계획을 지속적으로 고쳐 왔다. RAND 연구소의 계획은 1차적으로 북한의 대량살상무기를 제3국이 가져가지 못하도록 막는데 집중되어 있었다. RAND 의 담당연구책임자는 수시로 한국에 나와서 한국군과의 협력 방안을 협의했었다. 중국도 선양 군구瀋陽軍區가 북한 진주 준비를 해오는 것으로 알려졌다.

북한 급변사태의 경우 한국의 1차적 전략 목표는 북한 사회의 안정 회복이다. 북한 주민의 희생을 최소화시키기 위해서이다. 그 다음은 비폭력적 방법으로 민주 정부가 자리 잡도록 돕는 것이다. 한국과의 협의에 의한 통일이 우리의 궁극적 목적이기 때문이다.

우리의 전략 목표를 달성하기 위해서는 우리와 뜻을 같이 하는 미국과 긴밀한 협력을 할 수 있는 체제를 미리 만들어 놓아야 한다. 중국의 개입을 억지하기 위해서도 한미협력체제 구축은 절대적으로 필요하다. 우리 힘만으로는 중국의 정치, 군사 개입을 막을 수 없기 때문이다.

우리 정부도 1980년대 중반부터 북한 급변사태 대응 전략과 북한사회 관리 계획을 세우고 해마다 보완해 왔다. 모든 가능한 사태에 대응할 수 있도록 유연성 있는 대응 전략을 마련하여야 기회가 닥쳤을 때 그 기회를 이용하여 우리가 바라는 통일을 이룰 수 있다. 기회는 준비하고 있는 자에게는 축복을 주지만 준비가 되어 있지 않은 자에게는 재앙이 될 수도 있다.

6. 독일통일의 교훈

독일 분단과 한반도 분단은 모두 제2차 세계대전의 종결 과정에서 이루어졌으며 미국 점령 지역과 구소련 점령 지역에 각각 별도의 정부가 세워져 정치적으로 분단되었다는 점에서 공통점을 가진다. 그러나 독일 분단은 독일의 전쟁 책임에 대한 징벌적 분단이었고 한국의 분단은 구소련의 욕심에서 이루어졌다는 점에서 차이가 있다. 그리고 한국의 경우 남북한 간에 전쟁이 있었고 그 과정에서 구소련을 대치하여 중국이 북한에 대한 보호자로 등장했다는 점이 독일의 경우와 크게 다르다.

분단 초기 독일은 아데나워Konrad Adenauer 수상이 이끄는 기독교민주당의 자석이론Magnet Theory의 정책 노선에 따라 서독이 정치, 경제적으로 동독에 대한 확고한 체제 우위를 확보하면 동독의 붕괴와 소련의 동독 포기를 이끌어내어 통일을 이룰 수 있다는 동방정책Ost-politik을 추진하였다. 서독은 서독만이 자유선거에 의하여 수립된 유일 합법 국가로 독일을 대표할 수 있는 권한을 가졌으므로 서독 주도로 통일이 이루어져야 한다는 원칙을 고수했다.

독일은 냉전이 격화되던 1960년대에 들어서면서 소련의 강력한 저항에 부딪혀 현실적으로 통일의 기회가 멀어지고 있다고 판단했다. 그래서 통일될 때까지 실질적으로 국민들의 분단 고통을 덜어주면서 동독 정부와의 교류협력을 확대하면서 동독의 체제 변화를 유도하자는 '작은 걸음 정책Politik der kleinen Schritte'을 채택하고 '접근을 통한 변환Wandel durch Annäherung'을 시도하였다.

이 정책은 실용주의적인 독일 사회민주당SPD의 브란트Willy Brandt 수상의 신동방정책Neue Ost-Politik으로 정착되어 1968년 이후 독일의 통일정책의 기본이 되어 왔다. 이 정책은 슈미트Helmut Schmitt 수상과 콜Helmut Kohl 수상이 계승발전 시켰다. '분단의 평화적 관리 정책'으로 알려진 이 브란트의 신동방정책은 동독 사회에 큰 변화를 일으켜 1990년 10월 3일 통일독일 정부를 세우는데 큰 기여를 하였다.

독일의 경우는 우리와 다른 점이 많다. 우선 동독이 북한과 전혀 다른 나라였다는 점이다. 동독은 분단 이후 통일될 때까지 동독인들이 서방의 방송, 신문, 잡지를 듣고 보는 것을 허용했다. 제한적이나마 연금 수혜자들의 동서독 방문도 허용했고 기독교 교회를 모두 존속시켰으며 서독 정당의 동독 내의 활동도 제한적으로 허용하였다. 그리고 더 중요한 것은 동독 정부는 서독 정부와 합의한 조약과 협정은 모두 준수하였다. 한 마디로 동독은 이념적으로 서독과 다르고 자유민주주의체제를 부정하는 통치체제를 고집했으나 정상 국가normal state의 국제적 책임을 지켰다.

북한 정권은 아직 동독 수준의 개방을 하지 않고 있으며 한국과의 공존 자체를 인정하지 않아 '접근을 통한 변환'의 여건이 성숙되지 않고 있다. 동서독 간에 체결된 1972년 '동서독기본조약'과 같은 수준의 '남북기본합의서'가 1992년에 체결되었으나 북한은 이를 무시하고 있고, 같은 때 합의한 '비핵화공동선언'도 무시하면서 핵무기 개발을 계속하고 있다.

이런 점에서 남북한 관계는 동서독 관계가 가장 험악했던 1960년대 초와 같은 상태에 머물고 있다고 보면 된다. 다만 교조적인 김일성의 유훈에 묶여 있던 김정일의 사망으로 운신의 폭이 좀 더 넓어진 김정은 시대가 시작되고 있어 북한도 정상 국가의 길로 들어서지 않을까 기대해 본다.

독일의 통일은 독일의 노력만으로 이루어진 것은 아니었다. 독일통일을 가로막고 있던 구소련이 개혁개방을 단행하면서 독일통일을 허용했기 때문에 가능했다. 베를린 장벽이 허물어지던 1989년에 동독에는 30만 명의 소련군이 주둔하고 있었으나 전혀 개입하지 않았다. 소련의 묵인 하에 동독에 자유선거를 통한 새로운 정부가 들어서고 이 정부가 동독의 각 주州가 서독연방에 가입하도록 길을 열어주어 순탄하게 평화적 통일 절차가 마무리되었다.

한국의 경우 통일의 관건을 쥐고 있는 나라는 중국이다. 중국이 구소련처럼 중국식 페레스트로이카를 단행하여 민주화된다면 한국에도 통일 환경이 조성될 수 있다. 그때까지는 중국이 한국 주도 통일을 인용해 줄 수 있도록 최선의 노력을 펴야 한다.

독일통일에서 얻을 수 있는 교훈은 많다. 특히 중요한 교훈은 확고한 통일 목표의 일관성 있는 유지라 할 수 있다. 서독은 통일 독일이 자유민주주의 국가여야 한다는 원칙을 버린 적이 없다. 서독은 동독이 제안했던 '국가연합 통일 방안'을 거부하였다. 동독의 '2개의 독일안'도 거부하였다. 동독이 마지막으로 1989년에 제안했던 '조약공동체'도 거부하였다. 통일의 목표인 자유민주주의 단일정부 수립과 어긋난다는 점에서였다. 신동방정책을 펴면서 서독정부는 동독 주민의 삶의 질 향상을 위한 실질적 도움을 계속 주었지만 통일 목표 자체를 훼손한 적은 없었다.

독일은 통일 독일의 비전을 분명히 밝힘으로서 '도덕적 우위'를 지켰고 이러한 도덕적 우위가 경제적, 정치 외교적 우위와 합쳐져서 동독의 저항을 허물어 통일을 달성하였다. 그리고 시종일관 지켜온 독일의 평화지향의 대외정책이 국제적 신뢰를 얻는데 큰 힘이 되어 결정적인 기회가 왔을 때 주변국의 방해를 막을 수 있었다. 우리가 유념해야 할 교훈이다.

남북한 관계를 논할 때 흔히 독일의 경우와 비교한다. 제2차 세계대전에서 독일이 패하여 연합국 분할점령으로 미국, 영국, 프랑스가 점령한 서독과 구소련이 점령한 동독으로 분할되었고 일본이 패하여 일본 식민지이던 한국이 미군 점령 지역인 남한과 구소련군 점령 지역인 북한으로 나뉜 점이 같기 때문이다. 더구나 독일도 미군 등 민주주의 국가들에게 점령당한 서독에 민주공화국인 '독일연방공화국'이, 그리고 구소련군 점령 지역에 공산당 지배의 '독일민주공화국'이 세워졌고 한국의 경우도 미군 점령 지역인 남한에 자유민주주의공화국인 '대한민국'이 건국되었고 구소련 점령군 점령 지역인 북한에 '조선민주주의인민공화국'이 건국되었다는 점에서도 독일과 한국은 닮았다.

한국의 경우 남북분단은 세 단계로 깊어졌다. 첫 번째는 냉전이 시작되던 때 두 진영 지배국이 각각 점령하고 있던 남북한은 공간적으로 완전히 분리되었다. 경계선이었던 북위 38도선은 세계 어느 국경보다 살벌한 공간 구분선이 되어 통행, 통신, 통상 모두를 막는 철벽같은 국경·진영 구분선으로 굳어졌다. 공간분단이다. 두 번째는 그렇게 분단된 두 지역에 미국식 자유민주공화국인 대한민국과 교조적 프롤레타리아 독재의 1당 지배 전체주의-전제주의를 국시로 내세운 조선인민공화국이 세워지면서 남북한 간에는 타협 불가능한 이념을 각각 내세운 대립적인 정치분열이 일어났다. 정치분단이다. 세 번째는 북한이 무력통일 목적으로 전쟁을 일으켜 인구의 1할을 잃게 한 한국전쟁으로 남북한 국민 간의 상호 증오감은 어느 적대국 간보다 깊어진 민족분단이다. 독일의 경우는 동서독 간에 제한된 교류가 허용되어 공간분단도 한국의 경우보다 덜 심했으며 전쟁을 겪지 않았기 때문에 한국처럼 동서독 주민들 간에 깊은 원한이 쌓이지 않았었다.

분단 과정과 통일을 막는 국제환경 조건의 유사성 때문에 한국 정부와 한국 국민들은 독일의 통일정책에 깊은 관심을 가지고 그들의 정책을 '타산지석他山之石'으로 삼고자 했다. 분단 초기부터 독일의 통일 노력을 배우려 노력했다.

6·25전쟁으로 초토화된 나라를 재건하는 과정에서 구소련과 동유럽 공산국들의 지원을 받으면서 풍부한 자연자원을 활용할

수 있었던 북한은 한국보다 경제 재건에 유리했다. 전쟁으로 북한에서 남으로 넘어온 대량의 주민으로 한국의 인구는 북한의 2배로 늘었고 농업 지역이던 한국은 전쟁 복구에서 많은 어려움을 겪었다. 1960년대까지 북한의 GDP는 한국을 앞섰다. 북한은 한국군의 2배 이상의 군사력을 갖추고 수시로 한국을 괴롭혔다. 이 점에서 경제적으로 서독이 동독을 압도하던 동서독 관계와 남북한 관계는 사정이 많이 달랐다.

남북관계 개선, 북한주민 인권 향상, 통일 등에 관심을 갖기 시작한 것은 1970년대부터이다. 1961년 군사혁명 초기에 박정희 대통령은 '10-100-1,000'이라는 구호를 내걸었다. 10년 내 100억 달러 수출 달성, 1인당 국민소득 1,000달러 고지를 점령하고 그때부터 경제적·체제적 우위에서 북한과 통일문제를 다루겠다고 선언했다. 그리고 그 계획에 따라 1971년 11월에 대북 접촉을 시작하여 1972년 7월에 남북한 접촉의 시발점이 된 '7·4남북공동성명'을 만들어냈다. 이때부터 한국 정부는 북한문제, 통일문제를 체계적으로 연구하고 장기 전략 수립에 나섰었다. 그리고 독일의 통일 노력에 관심을 가지기 시작하였다.

1989년 12월 미국의 부시 George Bush 대통령과 러시아의 고르바초프 Mikhail Gorbachev 대통령이 몰타 Malta섬에서 냉전 종식을 발표하면서 공산 진영은 해체되고 러시아의 동의로 서독의 통일정책이 탄력을 받아 독일은 1990년 10월 3일 통일되었다. 동독을 이루던 5개의 주州가 독일연방에 가입함으로서 독일은 하나의 통일된 연방공화국이 되었다.

독일의 통일에 자극받아 한국 정부와 학계는 독일통일을 깊이 있게 학습하기 시작하였다. 1989년 12월 통일부는 관련 전문학자들로 동유럽 시찰단을 편성하여 처음으로 동베를린을 방문하게 하였다. 대통령자문 21세기위원회는 1991년 7월에 '독일 통일 과정 조사단'을 독일에 파견하여 신동원申東元 대사의 협조로 구 동독 공산당 간부와의 접견, 서독 정부의 통일 관련 인사들과의 만남을 가지고 통독統獨 관련 자료를 수집해 왔다.

전직 국가원수들의 모임인 InterAction Council의 공동의장을 맡고 있던 신현확 전 총리는 함께 공동의장을 맡고 있던 슈미트Helmut Schmitt 전 서독 수상에게 요청하여 독일통일의 경험을 공유하는 모임을 가졌다. 1993년 2월 파리에서 열린 IAC 회의 중에 독일통일에 관련했던 장관들과 국립은행 행장 등을 초청하여 비공개 간담회를 가졌다. 강경식姜慶植 전 경제부총리, 연하청延河淸 교수와 함께 나도 참석했었다. 슈미트 수상은 다음 해 서울에 와서 관련 전문가들에게 많은 경험담을 전해주었다.

가장 의미 있는 학습 노력은 현인택玄仁澤 전 통일부 장관이 독일 정부와 합의하여 창설한 '한독통일자문위원회'이다. 양국에서 각각 15명의 위원을 선정하여 매년 1회 서울과 독일을 오고 가면서 정치, 외교, 경제, 사회, 문화 등 전 분야에서 통일 준비 과정, 통일 이후의 문제 등을 심도 있게 연구하고 있다. 2011년에 열린 제1차 회의부터 2017년 제7차 회의까지 나도 참석하였다. 많은 주제가 논의되었는데 특히 동독군 해체 문제, 동독 각급 학교 재편 문제, 서독 주민의 동독 내 재산처리 문제, 동독 산업시

설 재건 문제, 파괴된 동독 환경 복구 문제 등의 경험은 우리에게 많은 도움을 주었다.[67]

독일의 통일 과정에서 우리가 배워야 할 점을 몇 가지로 요약한다.

첫째로 통일은 그 자체가 목적이 아니라 우리가 원하는 '한민족공동체'를 만드는 과정이어야 한다.[68] 통일의 목표는 북한 주민도 '인권이 보장된 자유'를 누리며 한국에 살고 있는 주민들과 함께 안전, 풍요, 자유가 보장되는 한민족공동체의 조건을 만들기 위한 것이지, 통일 자체가 목적이 되어서는 안 된다는 것이다. 독일은 통일의 목적을 희생하는 어떠한 양보도 하지 않았다. 독일은 통일 과정에서 연방헌법의 한 줄도 고치지 않았다. 동독의 5개 주가 연방헌법에 부합하는 조건을 만들고 연방에 가입 신청

---

67 한독통일자문위원회 회의자료는 통일부에서 매년 발간하고 있다. 한독 양측 위원들의 주제 발표문과 토론이 한국어와 독일어로 모두 수록되어 있다.

68 통일이 단순한 국토 통일이나 남북한 두 정부를 하나로 만드는 행위가 아니라 역사적으로 발전되어온 한민족공동체의 근대화된 모습을 갖춘 하나의 민족공동체로 발전시키기 위한 민족통일의 과제라는 생각을 담은 최초의 통일 방안이 1982년에 발표된 『민족화합 민주통일방안』이다. 이 방안을 바탕으로 구체적인 통일 방안을 완성시켜 지금까지 한국의 공식 통일정책의 기초가 된 것이 1989년 9월에 발표된 『한민족공동체 통일방안』이다. 통일을 민족공동체의 완성으로 보는 한민족공동체 통일정책의 큰 틀은 두 번에 걸쳐 통일부 장관을 역임한 이홍구(李洪九) 총리가 내어놓은 구상이다. 이상우, 『통일한국의 모색』, 서울: 박영사, 1987의 "제1장 통일이념으로서의 민주와 자유" 및 "제6장 민족화합 민주통일방안의 역사적 이념적 조명"을 볼 것. 통일문제에 대한 세부적 논의는 다음 책을 참조할 것. 이상우, 『함께 사는 통일』, 서울: 나남, 1995. 좀 더 상세한 '민족화합' 개념에 대해서는 『통일한국의 모색』의 "제4장 남북한 통일정책의 논리 구조 비교"를 볼 것.

을 하게 하여 통일을 완성하였다. '빠른통일'을 위하여 '바른통일'을 희생해서는 안 된다는 교훈이다.[69]

둘째는 슈미트 수상이 강조한 미국, 일본 등 우리와 공동이념과 같은 도덕적 준칙을 갖춘 우방들과의 우의를 바탕으로 국제사회의 폭넓은 지지를 얻어야 통일을 이룰 수 있다는 점을 명심해야 한다. 슈미트는 "맹방들은 맹방이기 때문에 같은 이념을 추구하는 것이 아니고 같은 이념을 가졌기 때문에 맹방이고 동일한 도덕적 기준을 지녔기에 맹방이다"라고 했다. 독일은 전통적인 우방인 미국과 그리고 독일을 견제하려는 프랑스, 영국 등의 옛 적국과도 공동이념을 앞세워 꾸준히 설득, 노력을 폈으며 동독 후원국인 러시아도 독일이 추구하는 이념과 도덕적 원칙을 앞세워 설득하여 통일을 지지하도록 만들었다. 우리에게도 미국과 일본 등 같은 이념을 가진 우방과의 우의를 계속 유지해야 하고 러시아, 중국 등도 민주주의의 공존원칙 존중을 앞세워 통일을 수용하게 만들어야 한다.

셋째는 철저한 사전 준비의 필요성 인식이다. 독일은 분단 초기부터 통일 이후의 동독 교육체제를 어떻게 고쳐 나갈지를 연구하여 왔고, 심지어 통일 후에 동독에서 사용할 초등학생들의 교과서 내용까지 다듬어 왔다. 동독 경찰을 재훈련하는 계획, 동독의 공공시설 개선 계획까지도 치밀하게 연구해 놓았었다. 동독

---

69 북한인권 문제에 대한 국제연합의 제재결의에 한국이 불참한다는 것은 통일 목적에 위배되는 것이다. 북한인권 문제야말로 우리 통일정책의 핵심이다.

의 대학교 교과 재편성 계획을 서독 대학교에 미리 할당하여 연구시켜 왔다. 그렇게 치밀하게 준비해 온 독일도 통일 30년이 되는 지금까지 서독 주민들과 동독 주민들 간의 마음의 거리를 다 좁히지 못하고 있다. 우리들이 안아야 할 과제의 무거움을 느끼고 있다. 독일보다 더 열심히 사전 준비를 해야 한다는 교훈을 우리는 독일의 경험에서 배운다.

제8장

생존 가능한
한국 만들기

개요

태풍에 앞선 검은 구름이 다가오고 있다. 인간 통제를 벗어난 과학기술의 발달로 삶의 양식이 혁명적으로 바뀌는 시대에 자리 잡혀가던 국제정치질서가 흔들리면서 크고 작은 국가들 모두가 각자도생을 모색하는 생존 경쟁이 벌어지고 있다. 이런 변혁기에 미국과 중국이 주도권을 다투는 새로운 냉전이 시작되고 그 다툼의 주전장이 된 동북아 지역 복판에서 중소국 한국이 생존전략을 짜야 한다. 한국은 닥쳐올 태풍을 헤치고 살아남으려면 어떻게 대비해야 하는가가 우리의 초미의 관심이다.

미국 주도의 '단일 세계 민주국가공동체'의 출현을 기대했던 20세기 말의 꿈은 깨어졌다. 주도국 미국이 지도국 지위를 버리고 '미국 우선'이라는 독자 생존의 길로 나섰다. 초대강국으로 부상한 중국이 전 아시아를 지배하던 옛 중화질서를 복원하려는 '중국몽'을 구체화하기 시작했다. 미국은 '인도-태평양 전략'을 세우고 일본, 호주, 동남아, 인도를 묶어 중국을 포위하려 하고 있고 중국은 '일대일로 전략'을 내세우고 과거 중국 영향 아래 있던 실크로드 국가들과 해상 실크로드를 이루던 나라들에 경제 지원을 펴면서 중국 세력권에 묶으려 하고 있다. 한국은 미국과 중국 사이에서 협력 대상의 선택을 강요받고 있다.

국제질서가 한국의 안전과 풍요를 보장해주지 못하는 새로운 시대 환경에서는 한국 스스로가 자생 능력을 갖추어야 한다. 우리가 우리나라를 생존 가능한 나라로 만들어야 한다.

우선 교육혁명을 통하여 한국을 지적 밀도가 가장 높은 나라로 만들어야 한다. 노동의 양이 아닌 노동의 질이 국력을 지배하는 새 시대에서 생존 능력을 갖추기 위해서는 전 국민을 전문인으로 만들어야 한다. 그리고 효율적 정부 운영을 위하여 직능에 맞는 전문가로 정부 조직을 채워야 한다.

국론 분열로 국력 소모를 막을 수 있도록 세대 갈등, 이념 갈등을 극복할 수 있는 정치 개혁, 사회 개혁에 힘을 기울여야 한다. '내환'을 극복해야 '외우'를 이겨낼 수 있다. 중국을 비롯한 주변 강대국의 군사 위협에서 벗어나기 위해서는 '선제적 억지전력'을 포함한 강력한 군사력을 갖추고 이념을 같이 하는 미국 등 우방과의 군사협력체제를 강화해 나가야 한다. 그리고 폭넓은 국제 협력체제를 구축하여 국제적 고립을 피해야 한다.

21세기에도 민족국가가 국제사회에서의 행위 주체가 될 것이다. 민족은 삶의 양식을 공유한다고 생각하는 사람들이 모여 만든 공동체이다. 국가가 위기를 맞이할 때 구성원들이 자기희생을 감수하고 국가의 생존을 위해 헌신할 수 있는 공동체는 이익공동체인 조합형 국가보다는 정감적 유대를 바탕으로 만든 생활공동체인 민족국가이다. 국가 간 생존 경쟁이 심화될 때 민족국가는 국민의 단합된 의지를 만들어 낼 수 있다. 민족국가의 특성을 살려 단합된 국민 의지를 만들어 낼 수 있으면 21세기의 새로운 국제환경에서도 생존 가능한 대한민국으로 지켜 나갈 수 있다.

1. 생존 단위가 되는 민족공동체

1) 민족과 국가

민족은 언어, 혈연, 관습, 문화를 함께 나눠 가진 역사적으로 형성된 정감적 공동체이다. 국가는 주민, 영토, 주권을 가진 정치공동체이다. 민족은 역사 속에서 자연히 형성된 공동체이나 국가는 인위적인 제도의 도입으로 만들어진 공동체이다. 민족이 국가를 만들 수 있으나 국가가 민족을 만들지는 못한다. 민족국가는 민족이 만든 국가이다. 민족 구성원이 주체가 되는 국가를 민족국가라 한다. 그리고 인문주의 혁명으로 시민혁명이 진행된 근세에 시민이 주권자가 된 민주적 민족국가가 출현했다. 20세기에 접어들면서는 전세계적으로 민족적 자각이 보편화되면서 민족국가의 전성시대가 시작되었다. 민족국가 전성시대에는 국가 간 패권 경쟁이 심화되었으며 승자가 패자를 지배하려는 제국주의 전쟁이 이어졌다.

민족국가는 민족주의를 국민들의 국가에 대한 충성심을 이끌어 내는 수단으로 활용한다. 국민들이 민족이라는 집단에 정신적 귀속의식을 느끼고 국가의 안전과 풍요를 자기의 것으로 인식하게 되면 국가는 대외 경쟁에서 강한 힘을 행사할 수 있게 된다. 민족국가가 표준적인 정치공동체로 자리 잡으면서 국제사회는 민족국가들을 구성단위로 하는 2차적 질서를 가지게 되었다.[70]

2) 국가들의 자율사회

1648년에 체결된 베스트팔렌 조약으로 국가 간 합의에 의한 국제질서가 최초로 출현하였다. 크고 작은 모든 국가의 주권을 서로 존중하는 주권 평등의 국제질서가 출현하였다. 각 국가는 다른 나라의 내정을 간섭하지 않기로 하고 국가 간의 관계는 합의된 규범에 따라 처리하기로 한 국제질서이다. 이 질서는 서구 제국이 전세계로 진출하여 지배권을 확장하면서 범세계적 국제질서로 자리 잡았다. 국제사회는 국가를 구성원으로 하는 국가들의 사회가 된 것이다.

20세기에 들어와 선진국 간의 식민지 쟁탈전이 격화됨에 따라 이를 규제하기 위하여 베스트팔렌체제를 국가에 준하는 강제력을 갖춘 통제 권한을 가진 하나의 세계통치기구가 지배하는 질서로 만들려는 노력이 전개되었고 그 결과로 제2차 세계대전이

---

70 진덕규, "한국의 민족개념과 민족의 통합," 이상우 편, 『통일한국의 모색: 이념, 환경과 정책적 노력』, 서울: 박영사, 1987의 제2장 pp.44-77에 한국 정치에서의 민족개념과 민족국가 성격에 대한 심도 있는 분석이 실려 있다.

종결된 1945년에 국제연합이 출범하게 되었다. 출범 당시의 기대는 구성국들로부터 점진적 권력이양을 받아 중앙통제기구의 지배력이 커지면 중앙 권위체인 세계정부가 전세계 국가를 통제하는 단일 세계정치공동체가 출현하게 되리라는 것이었다.

그러나 21세기 국제질서는 기대와 다르게 아직도 국가 간 협의로 운영되는 중앙권력 기구가 형성되지 않은 자율질서의 형식으로 운영되는 국가들의 느슨한 협동적 사회이다. 그리고 점차로 강화되는 민족주의 흐름으로 국가 간 경쟁이 심화되는 '무정부의 자율질서', 민족국가들이 각자도생하는 경쟁 질서로 발전하고 있다. 한국의 생존전략도 이러한 추세를 감안하면서 구상하여야 한다.

3) 지도국 없는 '국가들의 공존사회'

세계질서는 이미 '국가들의 사회'라는 틀을 바탕으로 발전되어가고 있다. 마치 국민 개개인이 구성단위가 되는 국가정치체제처럼 국가라는 단위체가 구성원이 되는 공동체질서가 세계질서로 되어 가고 있다. 이러한 이중 구조는 21세기가 끝날 때까지도 큰 변화는 없을 것이다. 다만 국가들이 구성원이 되는 기능 영역별로 구성되는 다양한 범세계적 질서들은 국가 내의 질서처럼 엄격하게 지켜지지 않을 것이다. 국내정치질서를 관리하는 강력한 정부와 같은 권위체가 국제사회에는 없기 때문이다.

한때 세계단일정부의 출현 가능성에 대한 기대가 높아졌던 때가 있었다. 제2차 세계대전 종전 후 반세기 가량 지속되던 미·소 냉전이 종식되면서 미국이 '도전받지 않는 초대강국'의 지위를 확보하면서 미국 주도의 단일 민주공동체, 즉 자유민주주의 국가들을 미국이 주도하는 하나의 범세계적 정치질서 속에서 공존하게 하지 않을까 하는 기대가 컸었다. 이러한 기대 속의 평화질서를 '미국에 의한 평화' 질서라 불렀었다.

김영삼金泳三 대통령은 1993년 취임 직후 대통령자문 21세기위원회 보고석상에서 위원회 업무 중점을 '세계화'에 맞추라고 주문했다. 세계화는 그 당시 모든 기획 업무의 핵심이 되는 지침으로 자리 잡았었다. 그러나 세계화의 열기는 2010년경부터 식기 시작했고 탈세계화의 역풍이 불기 시작하였다.

민주국가들로 구성된 하나의 세계의 건설이라는 기대는 오래가지 못했다. 21세기 초에는 전세계 국가들의 80% 이상이 자유민주주의 정치체제를 채택하면서 '민주화'는 거역할 수 없는 시대 흐름처럼 여겨졌지만 4차 산업혁명이 급속히 진행되면서 나라마다 대량실업이 발생하였고 이에 따라 신생국에서 자리 잡아가던 민주공화제가 허물어지기 시작하면서 '민주주의 후퇴' 현상이 두드러졌기 때문이다. 여기에 더하여 새로운 세계질서를 이끌기를 기대했던 미국이 자국 내에서 민주정치의 중심 세력을 이루던 중산층의 '반국제주의反國際主義' 정서의 심화로 세계정치의 지도국 역할을 포기할 수밖에 없게 되어 Pax Americana 시대는 빠르게 종말을 고하게 되었다.

미국 국민들은 미국의 민주공화정에 대하여 강한 자부심을 가져 왔다. 신대륙에 새 나라를 세워 불과 200년 만에 세계 모든 인류가 선망하는 부유하고 강한 세계 최강의 국가를 만들어냈다는 자신감에서 미국 국민들은 한발 더 나아가 자기들의 자유민주 정치질서를 전세계에 보급하는 '선교자적 사명감'을 가지게 되었다. 이러한 미국 국민의 이타利他적 정신이 밑받침이 되어 미국 정부는 후진국들을 경제적, 군사적으로 지원하여 안정된 민주국가로 성장하도록 도와 왔다.

그러나 4차 산업혁명의 진행 과정에서 '쓸모없는 계층'으로 밀려나기 시작한 미국 사회의 중심 세력을 이루어 온 산업 종사자들은 미국 정부의 국제사회에서의 지도적 역할에 불만을 가지게 되었으며 정부에 대하여 미국 국민의 안전과 복지 증진부터 챙기라고 요구하기 시작하였다. 트럼프 대통령의 미국 우선정책은 이러한 미국 국민들의 정서를 반영한 것이다.

미국은 70년 동안 쌓아온 미국의 세계 영도국 지위를 버리고 공을 들여 유지해오던 동맹국도 정리해 나가고 있다. 유럽을 지켜온 NATO 동맹체제도 재편하려 하고 6·25전쟁 이래 유지해온 한·미 동맹도 재고하고 있다. 동아시아의 안보질서를 위협하는 북한의 핵무기 개발도 미국을 직접 위협하지 않는다면 눈감으려 하고 있다.

현 추세라면 21세기에는 전세계가 하나의 정치체제로 통제되는 세계단일정부가 출현할 가능성은 거의 없다. 다만 공동이익을 가진 국가들 간의 특정 목적의 협력질서들이 구축되어 유지되는 다층복합질서multi-tiered complex system가 국가 간의 협력을 관리하게 될 것이다. 질서를 통합하는 중심 국가가 없는 국제질서에서는 국가 간의 경쟁이 격화될 것이며 각 국가의 생존 전략이 국가마다의 안전과 부를 결정하게 될 것이다. 역사 흐름의 역류가 일어나 이기적 민족주의가 추동하는 민족국가들 간의 생존 경쟁이 격화되는 각자도생의 19세기적 세계질서가 다시 재생될 것이다.

4) 예상되는 다극체제

21세기 시대 상황에서 국제질서를 규제하는 보편규범의 유용성은 모든 국가들이 인정하고 있어 다양한 규범 질서가 다자조약 형태로 자리 잡아가고 있다. 그러나 추구 이념을 달리하는 국가들 간의 대결과 이념을 같이 하는 국가들 간의 협력체제가 강화되어 갈 것이다. 초연결의 지구촌화한 세계에서 국가 간의 상호 의존이 심화되는 흐름 속에서 홀로 살아남기는 어렵게 되어 이해를 같이 하는 국가들 간의 협력은 오히려 강화되어 가고 있다. 특히 이념을 같이 하는 국가 간의 동맹은 생존을 위한 필수적 장치가 될 것이다. 그리고 이러한 동맹이 여러 개 생기면서 세계는 다양한 동맹들이 공존하는 다극체제의 질서 속에서 관리되리라 예상된다.

2020년 초에 전세계를 강타한 코로나바이러스의 창궐로 범세계적으로 이루어지던 분업체계가 무너지면서 이념과 이익을 공유하는 국가들의 작은 규모의 배타적 협력체들이 새로 등장할 것으로 보인다. 이미 트럼프 대통령은 중국에 진출한 기업들을 이념을 같이 하는 나라들에 재배치하는 계획을 세우고 2020년 5월 21일 EPNEconomic Prosperity Network이라는 중국을 제외한 동아시아 제국의 협력공동체를 공식 제안했다.

국가 간 관계가 안보 관계에 한정되지 않고 경제, 사회, 문화, 교통통신 등 여러 기능 영역으로 확대되면서 국제질서도 다층복합질서로 구성되고 이에 따라 기능 영역별로 동맹 구성국이 달라지는 복합동맹체제가 출현할 것이다.[71]

미국 지배의 단극질서가 무너지고 대신 미국, 중국, 유럽공동체, 기타 신흥대국 중심의 다극체제가 등장하리라는 견해도 많이 등장하고 있다. 이른바 Post-American 세계질서의 다양성 속에서 자국의 안전, 경제발전 환경의 보장을 확보하기 위해서는 변화된 새 질서의 생존 방법을 익혀 나가야 한다.

---

71 미국 주도 단극체제 이후에 등장하리라 예상되는 세계질서에 대해서는 다음 책들을 참고할 것. (1) Fareed Zakaria, *The Post-American World*, New York: Norton, 2008; (2) Michael G. Roskin & Nicholas O. Berry, *IR: The New World of International Relations*, 2nd Edition, Englewood Cliffs: Prentice Hall, 1993; (3) Henry Kissinger, *World Order*, New York: Penguin, 2014; (4) Paul Kennedy, *Preparing for the Twenty-First Century*, New York: Random House, 1993; (5) Joseph S. Nye Jr., *Understanding International Conflicts*, 3rd Edition, New York: Longman, 2000.

5) 다시 으뜸공동체가 되는 민족국가

과학기술 발달로 생활양식이 고도의 복잡성을 가지게 되면서 개인이 삶에 필요한 물자와 서비스를 어느 누구도 혼자서 확보할 수 없게 되었다. 고도의 분업체계 속에서 각자가 배당된 역할을 수행하면서 서로 협동하여야 추구하는 가치를 만들어 낼 수 있고 그 성과물을 나누어 가짐으로써 개인은 혼자서 이룰 수 있는 것보다 훨씬 높은 수준의 배당을 받아 누릴 수 있게 된다. 이러한 시대 환경 속에서 개인의 미래는 협동할 수 있는 사람들이 모인 국가의 미래에 종속된다. 국가가 강해지고 발전하여야 그 국민도 안전과 풍요를 누릴 수 있게 된다.

21세기 시대 환경에서도 국가가 표준 생활 단위가 될까? 현재의 추세를 보면 21세기 말까지도 국가가 인간의 공동체 생활의 기본 단위로 남아 있을 것으로 보인다.

어떤 국가가 각자도생의 국제사회에서 효율적인 국가일까? 자위에 필요한 군사력을 갖출 수 있는 일정 규모 이상의 인구와 산업시설을 갖춘 국가가 바람직할 것이다. 그러나 이러한 규모보다 더 중요한 것은 국민들의 단합된 의지를 창출할 수 있는 문화동질성을 가진 단일 민족국가가 생존 경쟁을 벌이는 국제질서에서 높은 생존율을 보일 것이다. 구성원 간의 동포애가 국민들의 공동체 수호를 위한 자기희생적 헌신을 유도할 수 있기 때문이다. 다민족으로 구성된 대국보다 단일 민족의 작은 나라가 21세기적 시대 환경에서는 더 잘 적응해 나갈 수 있게 된다. 이러한 공리적 타산이 '민족국가'를 21세기의 '으뜸 정치공동체'로 다시 자리 잡게 만들 것이라고 본다.

국가는 정감적 공동체인 민족을 바탕으로 만든 정치공동체로 출발하였다. 국제질서를 구성하는 단위인 국가는 규범과 조직을 갖춘 이익공동체이다. 현존 국가중 민족국가가 다른 공동체와 다른 점은 구성원들 간의 정감적 유대가 공동체 질서를 지켜주는 정신적 바탕이 된다는 점이다. 공동체 구성원들은 문화적 동질성을 공유하고 있다는 친밀한 감정을 공유하고 있고 이러한 문화적 동질성에서 형성된 기풍ethos이 국가에 대한 충성심을 만들어 낸다. 민족국가의 국민들은 공유하고 있는 국가에 대한 애정과 충성심을 가지고 있어 공동체의 공공선을 위해 자기의 권리와 욕구를 스스로 자제하면서 집단자아를 만들어 낸다. 이러한 단결심은 이질적 문화를 가진 다양한 집단으로 구성된 거대한 제국에서는 기대하기 어렵다.

벨Daniel Bell교수는 "국가는 작은 일을 처리하기에는 너무 크고, 큰일을 감당하기에는 너무 작다"라는 말로 인간의 삶을 행복하게 관리하는 조직으로서의 국가의 다면성을 평했다. 시대 변화에 따라 국가가 담당해야 하는 일이 달라지고 국가의 크기는 시대 환경에 맞추는 것이 바람직하다는 것을 강조한 말이다. 세계 단일 정치공동체를 만들려던 계획들이 흔들리면서 국가 단위로 각자도생의 길로 나서는 21세기 시대 상황에서는 다시 민족국가가 으뜸공동체가 되어가고 있다. 구성원의 정신적 지지를 받는 민족국가가 구성원의 행복을 보장하는 투쟁에서 가장 효율적으로 기능할 수 있기 때문이다. 21세기는 다시 민족국가들 간의 생존 경쟁이 벌어지는 시대가 될 것이다.

부유한 국가의 국민이면 자기 개인의 능력과 관계없이 상대적으로 풍요로운 삶을 누릴 수 있다. 강한 군사력으로 국제질서를 지배하는 국가의 국민은 국가 자주권을 위협받는 허약한 국방력을 가진 국가의 국민보다 훨씬 안전이 보장된 환경에서 생을 즐길 수 있다. 모든 사람들이 강하고 부유한 국가의 국민이 되기를 원하는 한 국가 간 경쟁은 불가피하다. 그리고 이러한 경쟁에서 이기기 위하여 '민족국가'를 '으뜸공동체'로 선호하는 종족주의가 풍미할 것이다.

21세기에 들어서면서 과학기술의 발달로 장거리 이동이 가능해지고 실시간 정보 교류가 가능해지면서 국경을 넘는 인구 이동이 급격히 늘고 있다. 생활 조건이 좋은 국가의 국민이 되면 쉽게 풍요롭고 안전한 삶을 누릴 수 있기 때문에 경제적, 정치적 이민이 늘어나고 있다. 또한 문화동질성을 공유한 사람들 속에서 '마음 편한 삶'을 누리기 위해 동족이 사는 나라로 회귀하는 이민도 늘어나고 있다. 아프리카에서 유럽 여러 나라로, 그리고 중남미에서 미국으로 가려는 이민들은 '보다 풍요한 환경'을 찾아 옮기려는 이민들이고, 미얀마에서 방글라데시로 탈출한 로힝야족의 이민은 종교를 같이 하는 사람들과 살고자 하는 동기의 이민이다. 재중 한인동포, 중앙아시아 교포들이 한국으로 귀환하는 이민의 흐름은 풍요와 삶의 질을 위한 것이다. 그러나 역설적으로 이러한 대량이민의 발생은 국가 간 경쟁을 더욱 심화시킨다.

외부에서 들어오는 이민으로 자기들이 누리던 안전과 풍요가 박탈당한다고 생각하는 국민들의 저항으로 국가는 국경을 더욱 엄격하게 지키면서 국가 간 경쟁에 힘을 기울이게 된다. 이미 유럽은 아프리카로부터의 이민으로 심각한 정치적 혼란을 겪고 있다. 미국도 중남미로부터의 이민으로 고통을 받고 있다.

20세기 후반, 냉전종식 후에 풍미하던 '단일세계질서'의 꿈은 21세기에 들어서면서 급속히 수그러들고 있다. 종족, 문화의 다름을 넘어서서 온 인류는 하나의 가족이라고 주장하던 정치 지도자들의 구호도 2020년 코로나바이러스 창궐이란 대재앙이 닥치자 모두 사그라지고 자국, 자기민족 우선이라는 종족주의 흐름이 두드러지고 있다. 과학기술의 급속한 발달로 달라지는 삶의 양식 속에서도 가까운 사람들과 함께 지내는 삶을 추구하는 인간의 정감적 욕구는 사라지지 않는다. 종족주의가 다시 두드러지면서 21세기의 국제질서는 계속 '민족국가'를 단위로 하는 '국가들의 사회'로 남을 것이다.

한국의 생존 전략도 이러한 격화되는 국가 간 경쟁을 예상하고 국가 중심의 전략으로 구상해 보았다. 국가로서의 대한민국이 강한 자주국가, 번영하는 경제 선진국이 되어야 한국 국민의 미래도 밝아질 수 있기 때문이다.

2. 국민의 질 향상과 정부 효율 높이기

1) 교육혁명과 지적 밀도 높이기

과학과 기술이 인간의 삶을 지배하는 21세기적 시대 환경에서 국제 경쟁에서 우위를 차지하기 위해서는 국민의 지적 밀도知的 密度를 높여 '작지만 강한 나라'로 한국을 변신시켜야 한다. 국민을 교육을 통하여 새 시대가 필요로 하는 사람으로 전환시켜야 하며 국제사회에서 고급 인력을 흡수하여 지적 밀도를 높여 나가야 한다.

과학기술 수준이 국력의 기초가 되는 21세기, 노동의 양이 아니라 노동의 질이 경제 역량을 결정하는 시대에 한국을 자주 독립국의 지위를 누리는 당당한 민주공화국으로 만들고 지켜 나가려면 교육혁명을 통하여 한국민을 모두 전문 지식을 갖춘 인재로 만들어야 한다. 지나온 70년 동안 가난한 신생 독립국이던 대한민국을 세계 10위권에 드는 자유민주주의 경제 선진국으로 만들 수 있었던 것은 다른 후진국들이 따라올 수 없는 열의로 교육

에 국력을 기울였던 덕분이었다.[72]

이미 2차, 3차 산업혁명이 진행되던 20세기 후반에도 과학기술 수준이 국력 신장의 척도가 되었었다. '네 마리의 용'이라고 부르던 한국, 대만, 홍콩, 싱가포르는 모두 짧은 시간 동안 후진 식민지에서 경제 발전과 민주정치 발전을 동시에 이룬 나라로 세계의 주목을 받았었다. 자원도 없고 축적된 산업 기반도 없던 이 네 나라가 반세기만에 선진국 대열에 올라설 수 있었던 것은 고급 인력을 확보할 수 있었기 때문이었다. 한국, 대만, 홍콩의 경우 북한과 중국 본토가 공산화되면서 '교육 받은 중산층 이상의 지식인'들이 몰려들어 지적 밀도가 급격히 높아져서 다른 후진국들과 비교할 수 없을 정도로 고속성장을 할 수 있었다. 마치 나치스가 유럽을 석권하면서 유태인을 탄압하게 되자 최고급 수준의 유태인 학자, 전문 기술자들이 미국으로 망명하면서 미국을 하루아침에 세계 최강국으로 변신시킨 것과 같은 현상이 중국, 북한 공산화로 반복된 것이다.

남북 아메리카에 20개국이 있지만 미국이 가장 개방된 나라, 고급 인력을 적극적으로 받아들인 '열린사회'여서 고급 인력을 흡수할 수 있었다. 같은 시기에 신대륙에 나라를 세운 남북미 국가들 중에서 미국과 캐나다만이 앞선 나라가 될 수 있었던 것

---

72 초대 대통령 이승만은 '교육입국(教育立國)'을 최대 과제로 선정하고 초등학교의 의무교육제 실시, 10개 국립대학 설치 등 교육 진흥에 국력을 기울였다. 그 결과로 80%를 넘는 문맹률을 5년만에 3% 이하로 줄였고 대학 진학률을 선진국 수준 이상으로 높였다. 1960년대에 시작된 경제개발5개년계획은 이러한 교육혁명이 선행되었기 때문에 성공할 수 있었다.

은 이 나라들이 '열린사회 정책'으로 고급 인력을 확보할 수 있었기 때문이었다. 한국, 대만, 홍콩의 경우도 마찬가지였다. 한국의 경우 북한 지역에 있던 중학교 이상 교육을 받은 고급 인력의 90% 이상이 한국으로 넘어 왔고, 중국의 경우 10억 명이 넘는 인구를 가진 중국에서 고급 인재들 대부분이 인구 2천만 명 밖에 안 되는 대만에 몰려들어 하루아침에 총인구당 고급인력 비례를 표시하는 지적 밀도가 급상승하여 빠른 성장의 계기를 마련할 수 있었다.

4차 산업혁명이 진행되고 있는 21세기에는 과학기술 수준이 국력을 좌우하는 가장 중요한 요소가 되며 지적 밀도가 국가의 위상을 결정하는 기준이 된다. 미국을 비롯한 앞선 나라들은 그래서 지적 밀도를 높이는데 정성을 쏟고 있다.[73] 고급 전문 인력만을 흡수하기 위한 선별적 이민 정책, 다양한 장학금으로 우수 인력을 유인하는 정책, 각종 연구소를 설립하여 연구 인력을 전세계에서 모으는 정책 등은 모두 이러한 인재 모으기 노력이다.[74]

에버슈타트 Nicholas Eberstadt는 최근 *Foreign Affairs* 2019년 7-8월호에 실은 글에서 '인구의 질'이 국가의 운명을 결정한다고 지적하

---

73 중국은 21세기 말까지 세계 정상급 대학을 100개 만든다는 '211공정'이라는 계획을 세우고 정부가 집중적으로 지원하고 있다.

74 중국은 해외에서 고급 인재들에게 파격적 예우를 약속하고 영입하는 '천인계획(千人計劃)', 이어서 '만인계획(萬人計劃)'을 세우고 추진하여 성공하고 있다. 중국은 미국, 일본 등 과학기술이 앞선 나라에 유학생을 집중 파견하고 있다.

면서 "시민교육 평균연한 1년 증가할 때마다 1인당 GDP가 10% 증가한다"는 조사 결과를 내어 놓았다. 그는 2017년 기준 아일랜드의 1인당 GDP는 중앙아프리카공화국의 100배가 된다고 지적했다. 교육의 중요성을 보여주는 통계이다.

인간의 수명 연장도 국력 증강과 관련이 높다. 스웨덴은 1886년부터 120년 걸려 국민의 평균수명을 50세에서 80세로 늘렸는데 한국은 1950년부터 불과 60년 만에 평균수명을 50세에서 80세로 높였다고 지적하면서 에버슈타트는 '수명 연장'도 국가경쟁력 증가와 밀접한 관계가 있음을 강조하였다.

인간의 육체적 노동량이 생산량을 결정하던 시대와 달리 노동의 질이 생산을 결정하는 21세기에는 고령자가 오히려 경험과 숙련도 그리고 지혜가 높아 생산력을 높이는데 더 기여한다는 점을 고려하면 고령자의 활용 제도로 나라의 힘을 증가할 수 있다.

한국의 21세기 생존 전략에서도 인재 양성 계획과 해외에서 인재 흡수 계획을 중요 사업으로 포함시켜야 한다. 21세기는 과학기술 전쟁의 세기가 될 것이기 때문이다.

새로 시작하여야 할 교육혁명은 21세기의 시대적 요구에 맞도록 인공지능AI, 빅데이터 처리 기술, 핵에너지 관련 기술, 생명공학기술 등 새 시대의 전문 직업에 소요되는 기술을 갖춘 과학기술 전문인력을 대량 양성하는 것과 더불어 능력, 노력, 성취에 따른 보상이라는 21세기 경쟁 사회의 작동 원리를 이해시키는 사회교육 확대도 포함해야 한다. 국내질서와 국제질서가 단절되어 있던 시대에는 국내질서를 '능력에 따른 배분 아닌 수요에 따른 배분'이라는 사회주의적 정의실현을 추구할 수 있었지만 치열한 국가 간 경쟁이 예상되는 21세기의 국제환경에서는 그렇게 할 수 없다. 국제 경쟁에서 생존하기 위해서는 국가 경쟁력을 높일 수 있는 현능주의적 '능력에 따른 보상'을 국민들이 받아들이도록 설득하여야 한다. 전세계가 단일 생활권으로 되어가는 21세기 시대 환경에서는 안목을 전세계로 넓혀 시대 흐름을 읽으면서 국내 문제를 다룰 수 있는 열린 마음을 가진 국민들이어야 선진 민주 공화국 대한민국을 지켜 나갈 수 있다.

2) 효율적 정부운영체제 구축

21세기적 시대 환경에서 살아남으려면 효율적으로 국가를 운영할 수 있도록 전문화된 행정체제를 갖춘 나라, 고도의 전문성을 가진 인재가 정부 조직, 사회 조직을 이끄는 자리에 충원될 수 있도록 하는 현능주의적 국가경영체제를 구축하여야 한다.

21세기 시대 상황에서는 정부의 기능이 전문화되어야 한다. 일반 행정 지식을 갖춘 공무원으로는 고도의 과학기술을 확보하고 운영할 수 있는 계획을 세우기 어렵다. 정책의 전문화를 위해서는 담당 공무원의 전문성을 높여야 한다. 또한 국정 방향을 정하고 필요한 법을 만드는 국회의원도 전문성을 가진 인재로 충원하여야 한다.

자유와 평등은 민주정치 제도의 두 개의 기둥이 되는 기본 가치이다. 사회 구성원 모두에게 '인권이 보장되는 자유'를 지켜주는 것을 정치의 목표로 삼고 사회 구성원 모두가 주권자로서 동등한 정치참여권을 가지게 하여야 민주정치라고 한다. 문제는 정치참여권의 평등을 보장하는 등가참여의 선거 방식이다. 국가 행정이 치안 확보와 국가 안보로 한정되어 있던 단순 농업사회에서는 평균적 상식을 가진 국민들의 등가투표로 정치 지도자와 행정 책임자를 선출하여도 무방하였으나 고도의 전문성을 가져야만 공무원이 바른 정책을 다룰 수 있는 21세기 시대 상황에서는 국가 정책을 앞에서 이끌어야 할 국회의원과 유능한 행정공무원을 이러한 등가참여 제도로 선출할 수가 없다.

민주주의체제의 약점은 많은 시민들이 정치적 무관심과 개인주의적 이기심, 무책임한 감정적 정치참여 등으로 주권자로서 진지하게 국가 전체가 추구하는 공공선을 생각하면서 주권 행사를 하지 않는다는 점이다. 플라톤Platon이 걱정하던 중우정치衆愚政治이다. 민주주의가 중우정치로 전락하면 그 나라는 자멸의 길로 들어선다. 특히 21세기처럼 국제질서를 지켜주는 강력한 지도국이 없어 모든 나라가 각자도생을 하려고 치열하게 다른 나라들과 다투는 무한경쟁 시대에는 중우정치에 시달리는 국가가 살아남기 어려워진다.

민주주의 국가에서도 사람의 생명을 다루는 의사는 일정한 수준의 체계적 교육을 받은 사람 중에서 국가시험을 거쳐 자격을 부여한다. 판사도 마찬가지이고 대학교원도 마찬가지이다. 그러나 법을 제정하는 의회 의원이나 정무직 고급 관료는 모두 정치적 판단으로만 선임한다. 고도의 전문성을 가져야만 정책을 다룰 수 있는 21세기 시대 상황에서는 이러한 인력충원 제도는 부적합하다.

다니엘 벨 Daniel Bell은 중국의 급속한 성장을 행정공무원과 고급 정부 관료 선정에 현능주의 원칙을 도입했기 때문이라고 분석하고 있다. 평균적 상식 수준의 지식을 갖춘 정부 운영 공무원을 갖춘 국가가 할 수 없는 일을 전문성 기준으로 엄선한 공무원으로 정책기획, 관리직에 충원하여 해결함으로써 중국이 국제 경쟁에서 앞설 수 있었다고 벨 교수가 지적하고 있다.[75]

한국도 21세기 시대 환경에 맞추어 생존 전략을 세우기 위해서는 정책기획, 관리, 추진을 담당하는 직책에 전문성을 갖춘 인재를 충원할 수 있는 현능주의 충원 정책을 도입해야 한다고 생각한다. 주권자의 주류를 이루는 젊은 층의 정치의식이 점차로 개인주의화 하는 추세를 생각하면 형식적 평등을 내세우고 등가참여 원칙에 따라 국회의원 등 핵심 지도자들을 선거할 때 새 시대가 필요로 하는 전문가를 선출하기 어려워진다. 국가의 공공선보다 자기 개인의 이익에 더 높은 관심을 보이는 유권자들의 성향을 악용하여 '민주주의자를 가장한 전제주의자가 직무 수행의 전문성을 갖추지 않고도 유권자의 기대에 호응하여 국가 장래를 어둡게 만들 정책을 내걸고 공직을 차지하는 대중영합주의가 민주헌

---

75 Daniel A. Bell, *The China Model: Political Meritocracy and the Limits of Democracy*, Princeton: Princeton University Press, 2015.

정질서를 허물게 될 것이다. 니콜스Thomas M. Nichols 교수는 『전문가의 죽음The Death of Expertise』이라는 저서에서 유권자의 개인이익 추구가 전문성을 갖추지 못한 공직자를 뽑아 민주정치체제를 허물게 된다고 예리하게 분석했다.

전문성을 갖춘 입법, 행정, 사법 공무원을 충원하는 제도로 국회의원 등 선출직 공무원의 경우 입후보의 자격 규정을 엄격히 하는 방법을 검토해 보아야 한다. 또한 정당을 제도화하여 정당이 자격을 갖춘 후보를 선정하여 제시하는 기능을 하도록 하는 방법도 생각해 보아야 한다.

능력에 따라 공직에 근무할 사람을 선택하고 충원하는 현능주의가 만민평등의 민주주의 원칙에 어긋난다는 주장이 있다. 그러나 자격획득 기회를 모든 국민에게 균등하게 부여하는 '기회평등'을 준수하면 민주주의 원칙에 어긋나지 않는다고 생각한다. 성취에 따른 분배 원칙도 민주주의의 평등 원칙에 어긋나지 않는다. 성취 기회의 동등한 부여로 평등 원칙은 지켜지는 셈이다. 성취와 관계없는 분배는 오히려 많은 노력을 하여 국가 사회에 큰 기여를 한 사람을 역차별하는 것이 된다.

국민은 국가를 구성하는 공동체 구성원이다. 국가는 정감적 공동체, 이익공동체, 이념공동체의 성격을 모두 갖춘 공동체이므로 모든 국민에게 능력과 성취에 관계없이 최소한의 생활환경을 모든 국민의 공동부담으로 조성해주어야 한다는 주장은 수용되어야 한다. 그러나 능력을 무시한 기계적 공직 배분은 공생의 이념인 공화共和 정신에 어긋난다.

3) 새로운 도전이 된 세대 간 갈등 해소

역사상 수많은 국가가 탄생, 번영, 쇠퇴, 멸망의 순환 과정을 겪었다. 국가의 흥망성쇠를 분석해 놓은 연구를 보면 국가 멸망의 원인으로 외우내환外憂內患이 가장 많이 거론되어 왔다. 그러나 대부분의 경우 외우보다 내환이 멸망을 이끌었다. 국가가 국민의 지지를 잃고 제 기능을 못하게 되면서 외국의 침략을 자초하여 자멸한 경우가 대부분이었다. 물론 국력이 아주 강한 외국의 침략을 약소한 국가가 막아내기는 어렵다. 그러나 작고 상대적으로 열세의 군사력과 경제력을 갖춘 나라도 국민이 단결하여 국가의 저항을 지원하게 되면 강대국도 '얻을 이익보다 잃을 손해'가 더 클 것을 우려하여 전쟁보다 화친을 추구하려 하기 때문에 작은 국가도 자주권을 지켜 나갈 수 있었다.

문제는 국가가 국민의 지지를 못 받는 경우이다. 국민이 분열하여 대립 투쟁을 벌이는 경우 국가는 제대로 정책을 세우고 행위로 이어나갈 수 없게 된다. 이럴 경우 국가는 명목상의 강대국이라도 작은 외환에 멸망의 길로 들어서게 된다. 내환內患이 외우外憂를 부르는 것이 국가가 자멸하는 일반적인 현상이다.[76]

21세기 시대 환경에서도 내환으로 국가 자체가 자멸하는 현상은 계속 반복될 것이다. 국가 간의 생존 경쟁이 격화되리라 예

---

76 구한말의 선비 황현(黃玹)은 그의 책 『매천야록(梅泉野綠)』에서 "나라는 스스로 허문 후에 남이 허문다(國必自伐而後人伐之)"라고 했다. 임진, 병자란, 그리고 구한말의 망국 과정을 논하고 결론으로 내린 진단이었다.

상되는 21세기 후반에는 내환에 시달리는 국가가 존속하기 어려울 것이다.

왜 국민은 분열하는가? 빠르게 진행되는 4차 산업혁명의 흐름 속에서 세대 간 갈등이 심화되기 때문이다. 농업사회 때처럼 시대 흐름이 정체된 시대에는 농지를 소유한 지배층과 농지를 빌려 노동하고 그 대가로 살아가던 가난한 피지배층을 이루는 계급으로 사회가 나뉘었고 그 구분은 수백 년간 변하지 않고 유지되었다. 그 시대에는 세대에 따른 의식의 차이도 두드러지지 않았다. 세대가 바뀌어도 그 관계는 바뀌지 않았기 때문이다. 그래서 세대 간 갈등은 심각하지 않았다. 오직 신분상의 계급 갈등만 사회 분열 요소로 작용하였다.

공업화 시대에 들어서면서 세대 간 갈등이 시작되었다. 공장이라는 새로운 생산 조직이 등장하면서 기능별로 분업화된 노동을 담당하는 노동자와 관리직을 담당하는 사무직 노동자가 생겨나면서 새로운 생산체제에 참여할 수 있는 특수 기능을 새로운 교육체제 덕분에 가지게 된 세대와 그런 기능을 가질 기회를 가지지 못했던 앞선 세대 간의 추구가치, 정부에 대한 기대 내용 등의 차이로 세대 간 갈등이 일어나기 시작했다. 2차, 3차 산업혁명이 진행되던 시대에는 학교와 공장 등 직장에서 필요한 지식과 기술을 습득한 세대와 기술 습득 기회를 갖지 못한 세대 간의 간격은 약 20년 정도였다. 그래서 대체로 부모 세대와 자식 세대 간의 세대 차이로 정치적 성향을 달리하게 되었었다.

20세기 후반부터 시작된 4차 산업혁명은 이러한 세대 분열을 더욱 촉진시켜 거의 10년 단위로 세대가 나뉘기 시작했다. 한국의 경우 1930년부터 1950년 사이에 태어난 사람들이 이른바 '산업화 세대'를 이루고 1960년대에 태어난 세대가 이른바 '386세대'를 이룬다. 그리고 1970년대 출생자들을 'X세대'로 분류하고 '밀레니엄 세대'가 그 뒤를 잇는다. 이러한 세대 구분은 이들의 사회 진출 시기의 한국사회 구성의 차이로 생긴 '추구가치 성취 기회'의 차이에서 사회 전반에 대한 기대, 희망, 절망 등으로 특정 의식을 갖게 되면서 각각 특정 세대로 분류하고 있다.

4차 산업혁명 시대, 국경을 넘는 인간의 이동과 정보의 교류가 폭발적으로 늘어난 초연결 시대에 들어서면서 사회 계층 자체도 세분되고 있다. 공업화 초기에는 생산 수단을 보유한 부르주아 계급과 임금노동자로 구성된 무산 계급, 프롤레타리아 계급으로 나뉘었으나 4차 산업혁명 시대에는 여기에 노동자의 단순한 육체노동을 대체하는 기계의 설계, 관리를 맡은 특수 전문가로 구성된 '샐러리아트salariat' 계급과 '불안정한 임시직 단순노동자'를 칭하는 '프레카리아트' 계급을 새로 추가하고 있다. 스탠딩Guy Standing 박사가 새로 만들어 제시한 용어들이다. 스탠딩 박사는 바로 프레카리아트 계급의 불만으로 공업화가 진행되는 국가에서는 큰 진통을 겪으리라 내다보았다.

한국 사회는 일본의 식민 통치, 미국 군정, 6·25전쟁 등을 거치면서 급속한 구조 변화를 겪었다. 구한말의 농업 사회는 자산, 권력을 모두 가진 양반 계급과 자산과 권력을 조금 가진 평민, 아무것도 못 가진 천민으로 신분이 엄격히 구분된 계급 사회였으나 조선왕조가 붕괴되고 일본의 식민지로 전락하면서 신분 구분은 사실상 소멸되었다. 모두가 함께 일본 제국의 식민지 백성으로 전락하였다. 식민지 시대와 공업화 시대가 겹치면서 새로 도입된 보통교육제도에 힘입어 새로운 지식과 기술을 배운 사람이 새로운 지배층을 이루는 신분혁명이 진행되었다. 교육이 신분 상승의 통로가 되었으며 그 결과로 신식 교육을 받지 못한 기성세대와 새로운 학교 교육을 받은 세대 간의 세대 갈등이 일기 시작했었다.

8·15 해방 후 민주공화국인 대한민국 시대로 들어서면서 또 한 번의 사회혁명이 일어났다. 만민평등의 민주주의 헌법이 도입되면서 모든 국민은 계급 제도에서 해방되었다. 그리고 곧이어 실시된 농지 개혁으로 토지 소유로 부를 누리던 옛 양반 계급은 일시에 무너져 버렸다. 여기에 6·25전쟁으로 양반층이 보유했던 건물, 산업 시설 등이 모두 파괴되면서 한국 사회는 모두가 가난한 하나의 계급으로 통일되었었다.

새로 도입된 의무교육제도와 고등교육제도는 한국 사회를 '배운 사람'과 '배우지 못한 사람'으로 나누어 놓으면서 새로운 계급 사회로 서서히 발전해 나갔다. 이어서 1960년대에 시작된 경제개발 5개년계획에 따라 빠른 공업화, 산업화가 진행되면서 한국 사회는 빈부 차이에 의한 계층 분화가 일어나기 시작하였다. 소수의 신흥 재벌, 대다수의 임금노동자와 전문직 종사자로 이해를 달리하는 사회집단이 형성되기 시작하였다. 그리고 이러한 집단 간 이해 차이가 민주정치체제 속에서 신자유주의자들과 사회주의 추종자 간의 정치적 갈등을 심화시켜 나갔다.

2017년 문재인 정부가 이른바 '386세대'가 이룬 혁명의 결과로 출범하였다. 1960년대에 출생하여 1980년대에 대학을 다닌 세대를 말하는 386세대는 현재 정부와 주요 기업체 등 사회 거의 모든 영역에서 중책을 맡아 수행하고 있다. 2019년 현재 기업 이사진의 72%, 국회의원 44%를 386세대가 차지하고 있으며[77] 2017년에 들어선 문재인 정부의 주요 보직 거의 전부도 이들이 장악하고 있다. 이들의 특색은 같은 세대에 속한 사람들이 모두 하나가 되어 집단의식을 가지고 활동하고 있다는 점이다. 앞선 이른바 '산업화 시대'에 속한 사람들은 미개척의 빈 길에 들어서서 '무에서 유를 창조한다'는 정신으로 투쟁하여 각 분야의 주역으로 올라선 소수의 '성취한 사람'들과 경쟁에서 한발 뒤쳐진 다수의 소시민들이 이념, 정치 성향 등에서 대립하면서 사회 분열을 촉진했던 것과 비교된다. 이철승 교수가 지적했듯이 386세대는 산업화 세대가 한국 사회를 지배하던 1980년대에 권위주의적 정부에 대한 투쟁을 벌이면서 만든 조직과 투쟁 경험을 바탕으로 구축한 '네트워크'에 힘입어 여러 분야에 진출한 '동지'들이 서로 협조하며 권력과 부를 쌓으면서 거대한 '지배집단'으로 성장했다. 그리고 이들이 사회 각 분야의 지배적 지위를 차지하고 오래 머물면서 다음 세대의 진출 기회를 막고 있어 386세대와 그 아래의 X세대 2020년 현재 40세에서 55세 사

---

77 이철승, 『불평등의 세대』, 서울: 문학과지성사, 2019의 통계.

이 간의 세대 갈등을 촉발하고 있다. 나아가서 2019년 한국 사회를 두 토막 낸 '조국曺國 사태'에서 보듯이 386세대는 그들이 성취한 사회적 지위를 자식들에게 물려주기 위하여 국민 일반의 질서 의식, 사회 윤리를 깨는 편법적 지위 상속까지 감행하고 있어 세대 갈등은 점차 새로운 계급 갈등으로 발전하고 있다.

1990년부터 2010년대까지 30년간 한국 사회를 지배해온 386세대에 대하여 그 뒤를 잇는 X세대, 밀레니엄 세대Y세대: 25세에서 40세까지, Z세대10세에서 25세까지가 2010년대에 사회에 진출하면서 불만을 토하기 시작하였다. X세대에 속하는 대표적 지식인들이 목소리를 가다듬어 내어 놓은 『386세대 유감』과 같은 책을 보면 386세대, X세대, 그리고 그 다음 세대 간의 '의식상의 갈등'은 한국 사회를 분열시킬 정도로 심화되고 있음을 알 수 있다.[78]

한국 사회에서 386세대에 대하여 그 다음 세대인 X세대와 밀레니엄 세대가 불만을 가지는 것은 386세대가 '민주화운동 세대'라는 자긍심을 가지고 그들의 정치투쟁으로 정치권력을 장악한 것을 계기로 양질의 일자리와 높은 임금, 그리고 권력을 30년 가까이 오랫동안 독점해왔기 때문이다. 이들의 일자리 독점이 오래가기 때문에 다음 세대의 사회 진출의 길이 막혔다고 X세대는 불만을 토로하고 있다.

세대 간의 갈등이 한국 사회의 단합된 '국민의지' 창출에 어려움을 주기 시작했다는 점도 주목할 만하지만 새 세대의 공통된

---

78 김정훈 등, 『386 세대유감』, 서울: 웅진지식하우스, 2019.

성향으로 개인주의 성향이 두드러진다는 점도 주의 깊게 보아야 한다. 386세대는 '민족'을 모든 정치적 주장의 정당화 근거로 앞세우는 집단주의 의식을 당연하게 여겼다. 이들 중 상당수는 자유민주주의라는 대한민국의 정체성을 희생해서라도 공산전제주의 북한과 '민족끼리'라는 논리로 손잡고 나가자는 주장을 폈다. 그러나 그 다음 세대인 'X세대'와 '밀레니엄 세대'는 나의 행복, 나의 자유, 나의 삶을 정부 정책의 평가 기준으로 삼기 시작하고 있다. 이러한 세대 간의 상극적 국가관을 어떻게 하나의 틀로 포괄할까를 고민해야 한다.

2020년 현재 10세에서 25세 사이의 Z세대는 앞선 세대와 삶의 환경이 근본적으로 달라졌다. 이들은 태어나서부터 디지털기기가 일상화된 환경에서 살았다. 이들은 TV, 컴퓨터, 핸드폰을 통하여 사이버 공간과 현실 공간을 함께 접하는 일상생활에서 자기와 타인, 자기와 사회 조직 관계를 인식하면서 국가, 사회 등의 소속 공동체에 깊이 매이지 않고 자기중심의 개인주의적 가치 기준을 가지며 살고 있다. 이들은 국가의 안전, 풍요보다는 자기 개인의 삶의 조건을 더 중요하게 여기고 선거에 참여할 때도 자기 개인의 생활 조건에 누가 더 잘 봉사할 것인가를 따지는 개인주의적 정치 성향을 강하게 나타낸다. Z세대는 전체 인구 중 800만 명을 헤아린다. 이들의 정치 성향은 한국의 국가 정책 결정에 큰 영향을 미칠 것이다.

21세기 한국의 생존 전략을 논하려면 1차적으로 세분되는 세대 간의 갈등을 해소하는 전략을 먼저 생각해야 될 것 같다.

세대 간 갈등에 이념의 좌우 갈등, 진보와 보수 간의 갈등까지 포개지면 한국 사회 구성원 모두의 안전과 풍요를, 그리고 보람된 삶을 보장해야 할 국가의 발전 전략을 짜는 것이 어려워진다. 누구를 위한 국가 전략이어야 할지를 먼저 생각해야 한다. 한국의 생존 전략 논의의 출발은 바로 '한국사회 구성 논리'라는 원점의 논의에서부터 시작해야 한다.

4) 국민의식 통합의 과제

21세기 시대 환경에서 국제사회에서 심화되는 생존 경쟁은 국가 간 경쟁으로 진행되리라고 예상된다. 특히 민족국가가 투쟁의 기본 단위로 될 것이라고 생각된다. 왜 민족국가일까?

인간이 서로 협동하고 공동행위를 하기 위하여 만들어낸 공동체는 다양하다. 생활양식을 공유하는 사람들이 친숙한 생활환경을 유지하기 위하여 구성하는 정감적 공동체가 있다. 민족사회가 대표적이다. 같은 언어, 같은 풍속, 같은 관습을 가진 사람들이 모여 살면 편안함을 느끼기 때문에 이러한 공동체를 만들었다. 씨족, 부족, 민족 사회로 그 크기가 커졌어도 기본 성격은 마찬가지이다. 이러한 정감적 공동체 구성원 간에는 이해관계를 초월하는 정감적 유대가 형성되어 있다. 서로 남이라 생각하지 않기 때문에 이타적利他的 협력이 가능해진다.

공동이익을 창출하기 위하여 이익을 같이 하는 사람들이 만든 이익공동체가 있다. 기업체가 대표적인 이익공동체이다. 이익공동체의 구성원 간에는 '이익 극대화'를 보장하는 약속 체계에 기초한 협력이 가능하다. 구성원 각자의 이기적利己的 동기가 합리적 규범으로 조율되는 공동체이다.

위의 두 가지 형태의 공동체를 넘어서는 제3의 공동체로 가치동맹적 공동체가 있다. 옳다고 생각하는 가치를 공유하는 사람들이 모여 그 가치를 지키고 보급하기 위하여 힘을 모으기 위하여 만든 공동체가 가치공동체이다. 종교집단이 대표적 가치공동체이다. 종교는 '세상을 보는 눈', '사람을 보는 눈', '사람이 추구해야 할 가치' 등을 하나의 통일된 교리로 정리한 가치체계이다. 이러한 가치공동체 구성원 간의 결속력은 정감적 공동체나 이익공동체에서 기대할 수 있는 결속력보다 훨씬 강하다. 생명을 바치는 순교도 가능하다.

가치공동체의 정치사상이 공화共和주의이다. 구성원 모두 각각의 가치 정향이 있겠지만 모두가 하나의 큰 공동체의 소속원으로 그 큰 공동체가 대표하는 가치를 존중하면서 그 틀 속에서 모두가 공존하는 질서가 공화의 질서이다. 공동체가 대표하는 큰 가치는 초월적 존재가 내려준 것으로 사람은 이를 따를 뿐이지 고치거나 부정할 수가 없다. 기독교에서 이 가치는 하느님이 정해준 것이라 믿는다. 중국 전통사상에서는 하늘로 상징되는 '대자연의 섭리'인 도道, 도를 풀어 구성한 리理가 가치의 뿌리라 생각했다. 자연 속의 모든 존재는 다 똑같이 귀한 생명이어서 서로의 존재를 존중하고 함께 살아야 한다共과 和는 도리를 모두 수용할 때 인간 사회의 질서는 자연질서와 일치하게 된다고 주장했다.

안병욱安秉煜 교수는 공화를 쉽게 표현하였다. '너도이즘'이라고 했다. 함께 존중하는 집단가치를 위하여 내 것만 내세우는 '나만이즘'을 넘어서는 '너도이즘'을 모두 갖추면 함께 살아가는 공존질서가 가능하고 그런 이념을 공화라고 한다고 했다. 가장 쉬운 공화이념의 정의이다.

문제는 하늘의 뜻, 도를 어떻게 알 수 있는가 하는 것이다. 신神의 뜻이라면 신의 뜻을 전하는 사제司祭를 통하여 깨달음을 얻으면 된다. 신정神政의 논리이다. 하늘의 뜻은 명命을 받은 천자天子가 널리 알리면 된다. 이것이 '절대진리'를 따라야 한다는 전제專制체제의 논리이다. 중세까지 인류 사회를 지배해왔던 절대주의 정치이념은 모두 초인적 인간인 '지도자'의 능력을 앞세운 전제정치의 지도 이념이었다.

르네상스를 거쳐 시작된 시민혁명은 하느님이 만든 피조물인 모든 인간은 똑같이 한계를 가진 지능 밖에 갖지 못한 동등한 존재라는 인식에서 출발하였다. 인간 개개인은 절대진리를 알 수 있는 능력을 갖추지 못했지만 자연의 일부인 인간은 '진리의 조각'은 모두 갖추고 있어 이 조각을 모두 모으면 진리에 접근할 수 있다고 생각했다. 이것이 민주적 의사결정 방법을 정당화하는 논리가 되었다. 똑같은 권리를 나누어 가진 국민들의 의견을 투표로 반영하여 타협점을 찾아내는 민주적 의사결정제도가 주권재민의 민주정치체제의 운영 방법으로 정착되었다.

공화의 이념과 민주적 의사결정체제를 갖춘 민주공화정은 21세기 시대 상황에서도 가장 이상적인 정치체제로 받아들여질 것이다. 다른 어떤 정치체제도 주권재민, 만민평등의 굳어진 원칙을 벗어나기 어렵기 때문이다.

　　민주공화정이라는 정치체제를 운영하는 단위로 이상적인 것이 이미 굳어진 '민족국가'라는 정치공동체라고 생각한다. 20세기까지 진화해온 '으뜸 정치공동체'인 민족국가는 생활양식을 같이 하는 정감적 공동체적 특성을 갖추고 있고 안전과 부를 확보하는 효율적인 이익공동체임을 입증해왔다. 그리고 국가를 이루는 공동체 구성원이 종교에 의하여 공동가치를 공유하게 된다거나 특정 이념을 공유하게 되어 가치공동체의 특성까지 함께 갖추게 되면 생존 경쟁이 치열해지는 21세기적 시대 환경에서도 가장 강한 경쟁력을 갖춘 정치공동체로 남을 것이라 생각된다.

　　한국의 경우 민족공동체가 바탕이 된 민주공화 헌정질서를 갖춘 정치공동체로 삶의 단위가 굳어졌다. 그러나 이념갈등, 지역갈등, 세대갈등으로 정치적 위기를 겪고 있다. 외부 환경에서도 강한 민족주의로 단합되어 있는 중국, 일본 등의 이웃과 생존을 위한 경쟁을 할 수밖에 없게 되어 있다. 한국 국민은 한민족 사회를 넘어서는 다민족 국가를 이룰 수 있는 여건을 갖추고 있는가? 없다. 7천만 한국인들이 여러 개의 국가를 운영하면서 국제 경쟁에서 살아남을 수 있을까? 어렵다. 불행하게도 이념으로 남북한이 나뉘어 두 개의 다른 국가를 가지게 되었지만 그 이상으로 나누어져서는 살아남기 어렵다. 국내의 모든 갈등 요소를 자유민주주의 이념을 바탕으로 한 민주공화정의 틀 속에서 해소해 나가면서 단합된 국민국가로 발전시켜야 21세기 생존 경쟁에서 살아남을 수 있을 것이다.

3. 군사적 자위 능력 구축

21세기에도 각 국가가 보유하고 있는 군사력을 국제질서를 관리하는 세계정부라 할 하나의 중앙통제기구가 통합관리하는 '범세계적 무장력 공공화公共化'가 이루어지기 어렵다고 본다. 1990년 미·소 냉전종식 후 미국 지배의 단극 질서가 자리 잡던 시대에는 미국이 주도하는 초국가적 국제질서로서의 국제연합을 기대해 보았었다. 이른바 미국에 의한 평화 시대가 열려 국제연합이 군사력을 통합하여 관리하면서 국제사회를 하나의 정치공동체로 만들어 갈 수 있을 것으로 기대했었다. 그러나 21세기에 들어서면서 자유민주국가liberal democratic state가 비자유 민주국가illiberal democratic state로 전락하기 시작하면서 '세계 단일민주공동체'의 꿈은 깨어졌다. 공공이익보다 자기 집단과 개인의 이익을 더 중시하는 새 시대의 시민들의 개인 가치 추구 추세를 이용하는 '대중영합주의자populist'들의 등장으로 민주주의를 앞세운 전제주의 전체주의 정치체제가 등장하면서 '인류공동체의 평화질서'보다 국가 이기주의가 다시 강화되고 국가 간 생존 경쟁이 격화되면서 국가이익 수호를 위한 수단으로 다시 군사력 증강이 경쟁적으로 이루어지기 시작했다.

제2차 세계대전 종결과 더불어 출범한 국제연합은 '집단안보'라는 전쟁억제체제를 채택하였다. 질서 교란국, 평화질서 파괴국에 대하여 나머지 전 회원국이 집단으로 응징하기로 합의하여 전쟁을 억제한다는 '자동 동맹의 원리'를 바탕으로 한 집단안보체제는 모든 국가를 통제하는 초국가적 통치기구가 등장하여 모든 무력을 통합하여 행사하는 범세계적 차원의 '무력의 공공화'에 이르는 첫 단계의 전쟁억제 장치여서 평화를 갈망하는 온 인류의 기대를 모았으나 국제연합 중심의 집단안보를 주도하던 미국부터 '미국 우선America First'을 내세우고 집단안보체제에서 이탈하면서 추동력을 잃어가고 있다.

　집단안보체제 등장 이전부터 전쟁 예방에 많은 기여를 해오던 세력균형체제도 안정성을 잃어가고 있다. 이익을 공유하는 국가가 힘을 모아 함께 무력행사를 하는 협력체제를 구축하여 대항 세력과 맞서게 되면 두 집단 간의 힘의 균형이 이루어져 갈등이 전쟁으로 번지는 것을 막게 되는 세력균형체제balance of power system도 각국이 추구하는 이익이 달라 동맹이 어려워지면서 흔들리고 있다. 공동방위를 약속한 동맹 간에도 자국 우선주의가 득세하면서 '집단방어 동맹' 자체가 해체되거나 약화되기 시작하고 있다. 서유럽 국가들의 공동방위 동맹인 북대서양조약기구, 동남아시아조약기구SEATO도 약화되고 있다. 미국도 그동안 유지해오던 한·미 동맹 등에 대해서 해체 수순을 밟고 있다.

　모든 국가가 각각의 군대로 자국 방위를 해야 하는 시대가 온다면 한국도 최소한의 자위를 위한 군사 능력을 갖추어야 생존

할 수 있다. 어떤 군사력을 어느 정도의 규모로 건설유지해야 한국이 자주권을 가지고 자유민주공화국의 정체성을 유지하면서 국민의 풍요로운 삶을 보장할 수 있을까?

21세기 우리가 이루고자 하는 목표 상태, 국내외 정세 변화, 그리고 우리의 능력 등을 함께 고려하면서 우리가 갖추어야 할 군사적 자위 능력을 검토해 본다.

1) 자주권 수호를 위한 군사 능력

우리는 국가 간의 생존 경쟁이 치열해지리라 예상되는 21세기 시대 환경 속에서 한국이 자유민주공화국의 정체성을 지키면서 자주국가로 남는 것을 '양보할 수 없는 목표 가치'로 삼고 있다. 그리고 국민 모두가 자유와 복지를 누리는 환경을 지키려고 한다. 그러기 위해서는 한국도 군사력을 앞세워 자주권을 위협하는 중국 등의 '가상 적대국'의 군사 위협을 억제할 수 있는 군사 능력을 갖추어야 한다.

군사력은 해외에서 영토, 자원, 재화를 확보하기 위하여 능동적으로 사용하는 수단으로 활용하기도 하고 반대로 외국의 군사적 위협과 침공을 막는데도 사용한다. 그리고 외국의 군사 위협을 막는 방어적 군사력 사용에 있어서도 침략군을 격퇴할 수 있는 능력인 전수방어 능력과 함께 한발 나아가서 상대국이 군사 위협을 할 의지를 가지지 못하도록 하는 선제적 억지 능력도 포함한다.

한국이 갖추어야 할 군사 능력은 국가 자주권을 지키는데 필요한 억제전력이다. 한국이 자유민주주의 공화정의 정체성을 유지하는 한 한국을 군사력으로 위협할 국가는 중국, 러시아와 북한뿐이다. 미국과 일본은 한국과 이념을 공유하는 국가들이고 군사적으로 영향력 범위를 확장하려는 나라들이 아니다. 두 나라 모두 민주공화국이어서 국민이 주권자들이고 국민들이 승인하지 않으면 외국을 군사적으로 침공하지 못한다.

한국은 현재 국방비 지출 규모에서 세계 8위 2018년, 병력수 6위로 군사력 서열지수 7위이다. (방위비 서열 + 병력수 서열)/2로 표시하는 전력지수는 각국의 상대적 전력을 간편하게 표시할 때 쓰는 간이지수이다. 한국은 해군 전투함정 보유수 서열에서 5위, 전투임무 항공기 보유 서열에서도 5위여서 종합적인 군사능력 평가에서 세계 10위권 내에 드는 강한 국가이나 중국, 러시아와 같은 군사대국과 직접 국경을 맞대고 있는 지정학적 위치 때문에 '상대적 약소국'의 지위를 벗어나지 못하고 있다.[79]

한국이 군사적으로 중국과 러시아를 제압할 수 있는 가능성은 희박하다. 미국 등 우방과의 군사 동맹으로 모자라는 전쟁억지 능력을 보충하고 독자적으로 최소한의 억제 능력을 구축하여 자주권을 지켜 나가야 한다. 무력이 공공화되지 않은 국제사회에서는 군사력이 국가 자주권을 지키는 '최종 무기'가 된다. 위에

---

79 한국을 포함한 주요 국가의 군사능력 평가지수에 관해서는 다음 자료를 참조할 것. 이상우, 『국제정치학강의』, 서울: 박영사, 2005, "제14장 세계 속의 한국," pp.419의 표14-2 '군사력 규모 상위 5개국의 서열.'

서 중국의 군사적 위협을 억지하기 위하여 필요하다고 제시했던 3-K 전력구축 즉, Kill Chain, KAMD, KMPR 전력을 갖추는 정도면 충분하지 않을까 생각한다.

2) 어떤 군사력을 얼마나 가져야 하나?

외국의 무력공격 억지를 위해서는 적敵 공격능력 흡수능력을 핵심으로 하는 방어 전력과 적의 공격 의지를 분쇄하기 위하여 적에게 감당하기 어려운 타격을 가할 수 있는 최소한의 신뢰할 수 있는 공격 전력이 필요하다. 방어 능력의 핵심은 적이 시도하는 피해를 막는 것이다. 적이 10의 전력으로 100의 피해를 시도할 때 우리가 피해를 10이하로 줄일 수 있으면 적은 공격을 재고하게 될 것이다. 중국 공산당이 항일전抗日戰과 국민당 군軍과 싸울 때 채택했던 인민전쟁 개념은 '공간을 희생하여 시간을 벌고 적을 피곤하게 하는 전략'이었다. 제2차 세계대전처럼 상대국의 국민을 대량살상하고 산업시설을 붕괴시키는 총력전을 펼 때는 '민방위' 계획을 잘 세워 목표물을 분산, 은닉시켜 적에게 공격 대비 파괴의 비례가 적도록 만들면 적은 피로가 누적되어 총력전에서 패배하게 된다.

방어전력과 달리 억지전력의 핵심은 적에게 감당하기 어려운 피해를 확실하게 줄 수 있는 공격 능력이다. 최고 지도자를 포함한 적의 지휘체계를 파괴할 수 있는 능력, 적의 전력 핵심을 이루는 '공격 원점'을 선제적으로 파괴할 수 있는 능력, 적의 인구 밀집 지역인 대도시를 황폐화시킬 수 있는 능력 등이 억지전력의 핵심이 된다. 구체적으로 중국에 대해서는 북경과 상해 등 두 도시를 궤멸시킬 수 있는 전력을 갖추면 중국의 공격을 억지할 수 있다. 전체 전력이 열세인 경우에 선택할 수 있는 전략은 '고슴도치 전략'이다. 사자는 한 줌도 안 되는 고기를 얻기 위해 고슴도치의 수십 개의 가시에 찔리려 하지 않는다. 사자는 고슴도치를 죽일 수 있는 충분한 힘의 우위를 가지고 있으나 이익대비 손실이 너무 크기 때문에 고슴도치를 회피한다. 국가 간 전쟁에서도 이 원리는 그대로 적용된다.[80]

21세기는 4차 산업혁명으로 고도로 발달한 과학기술로 전쟁 양상이 근본적으로 바뀌고 있다. 4차 산업혁명은 4차 군사혁명을 가져오고 있다. 이 추세를 이용해야 한다.

자동화 기술의 발달로 무인 전차, 무인 항공기, 무인 함정이 급속히 늘어나고 있다. 아마도 앞으로의 전투는 인간이 멀리서 원격 조정하는 무인 병기들 간의 싸움이 될 것이다. 이미 미국의 경우는 무인기 조종사의 수가 유인 전투기 조종사보다 많아졌다. 앞으로 군사력 구성 요소에서 가장 중요한 병력은 숫자量보다 질質로 평가될 것이다. 단순 전투를 수행하는 병사 수백 명보다

---

[80] 2010년 정부는 새로운 안보 상황에 대처하기 위한 국방계획을 세우기 위해 '국방선진화추진위원회'를 구성하여 1년간의 작업 끝에 '국방개혁 307'이라는 종합 계획서를 작성하였다. 이 계획은 선제적 억지(proactive deterrence)' 능력 구축을 목표로 했다. 이 위원회에서 작성한 72개 개혁안은 모두 이 목표에 맞추어 만들었다.

전문 지식을 갖춘 몇 명의 병사가 더 큰 전투력을 발휘하게 될 것이다. 병력충원제도를 개선하여 전투원의 질을 높이는데 주력하면 인구 크기에서 중국의 20분의 1이 안 되는 한국도 중국과 맞대결할 수 있게 된다.

장차전은 고도로 발달한 전자통신기술로 네트워크 중심전 Net-work-Centered War, 전자전電子戰으로 발전해가고 있다. 가령 상대방의 전자 통신, 전자 제어망을 교란, 무력화시키는 기술과 장비를 갖추게 되면 "전투하지 않고 이기는 싸움"이 가능해질 것이다.

칼, 창, 총으로 전투할 때는 지상 전투가 전쟁의 기본이었다. 거대한 함정을 만들면서 전장은 바다로 넓혀졌다. 항공기의 등장으로 공중까지 전투 마당이 넓어지면서 전투는 입체화되었다. 최근에는 우주 공간도 전투장이 되고 있다. 여기에 전자전이 보태지면서 이제 전장은 5차원 공간으로 확대되었다. 5차원으로 확대된 전장에서는 여기에 적합한 전력을 한발 앞서 갖추는 나라가이긴다. 나라의 크기가 전쟁의 승패를 정하는 것이 아니라 나라의 과학기술 수준과 전쟁기획 능력이 승패를 결정한다. 한국이갖추어야 할 전력이 무엇이 되어야 할지를 알려준다.

21세기의 새로운 전장 환경을 고려할 때 한국이 중국 등의 군사위협에서 벗어나 자주권을 지켜 나가기 위해서는 어느 정도 규모의 군사력을 어떤 방법으로 확보하고 유지해야 할까?

상비 병력 규모는 현재의 60만 명 선을 유지하면 될 것 같다. 다만 병력의 질을 '전문 훈련을 받은 병사'로 높이는 것이 중요하다. 각종 새로운 장비를 운용하고 특히 앞으로의 전장에서 주된 역할을 할 육·해·공 무인전투 장비를 다룰 수 있는 병사라야 한다. 상비군을 50~60만 명으로 유지하기 위해서는 남녀 구분 없이 징집 연령에 도달하는 모든 자원을 징집하는 징병제를 유지해야 한다. 다만 징집된 장병이 사회에 진출할 때 택할 직업과 연계시켜 경력의 단절이 일어나지 않도록 배려하여야 한다.

상비 병력의 근무 형태도 새로운 시대에 맞추어 개선해 나가야 한다. 동원예비군 체제를 확대하여 근무 기간의 상당 기간을 여러 해로 나누어 예비사단에서 근무하게 하는 방법 등도 연구할 필요가 있다. 현역병은 신속기동군으로 편성하여 적에게 능동적으로 타격을 주는 억지전력으로 활용하고 방어전에 있어서는 거점방어에 예비전력을 활용하는 체제를 갖추어야 한다.

억제전력의 가장 효과적인 무기체계는 대량살상 무기와 전자전 전력이다. 적에게 감당할 수 없는 피해를 정확히 가할 수 있어야 하기 때문이다. 대량살상무기 Weapon of Mass Destruction: WMD의 대표적인 것은 핵무기이나 핵무기에 대한 국제사회의 규제가 강하므로 직접 보유하는 것은 득보다 실이 많을 것이다.

확실한 억지전력으로 한국도 억지에 충분한 최소한의 핵무기를 가지자는 주장을 하는 전문가들도 많다. 한국은 핵무기를 만들 수 있는 기술을 가지고 있고 재처리하면 핵무기 연료로 쓸 수 있는 '사용핵연료'도 상당량 보유하고 있다. 정부가 결정만 한다면 1년 내지 2년 사이에 우리가 구상하는 핵억지전력을 갖출 수 있다. 우리가 핵무기를 보유하게 되면 중국과 북한 등 핵무기로 한국을 위협하는 가상 적국의 핵 공격 의지를 억지할 수 있는 '상호확증파괴'를 바탕으로 하는 핵 균형을 이룰 수 있게 된다. 이러한 논리로 전 세종연구소장 송대성宋大晟 박사 등은 핵무기 보유를 주장하고 있다. 그러나 기존 핵보유국들 이외에 새로운 핵보유국이 등장하는 것을 적극적으로 막고 있는 국제연합과 충돌하게 되고 국제사회에서 '절서교란자'로 낙인찍혀 한국은 고립을 면하기 어려워진다. 국제사회의 지지와 협력 없이는 살아남기 어려운 작은 나라로서 한국은 이러한 국제 압력을 이겨 낼 수 없다.

이런 점을 고려할 때 핵무기를 개발하여 보유하기보다는 미국 등 핵보유 동맹국과의 '핵무기 공유' 체제를 구축하는 것이 더 현실적이다. 현재 미국과 NATO 회원 5개국이 운영하고 있는 '핵공유체제'는 전술핵무기를 네덜란드, 독일 등 국가에 배치하고 미국과 공동관리하면서 필요할 때 양국 합의에 의하여 사용하는 체제이다. 한국의 경우 '한반도비핵화공동선언' 등에 묶여 한국 영토 내에 핵무기를 비치할 수 없으므로 괌 등 한국 영토 외의 지역에 미국이 전술핵무기를 비치하고 미국과의 합의로 한국이 필요할 때 한국군의 투발 수단으로 이 무기들을 쓸 수 있도록 해놓는 제도가 바람직하다. 한국이 핵무기를 가지고 있지 않으면서 핵무기 사용 가능성만으로 상대방의 전쟁 의지를 꺾을 수 있기 때문이다.

억제에 필요한 전력은 신뢰도가 높은 비핵무기로도 충분하다. 한국군의 전략증강 계획의 핵심인 3-K 전력만 개발보유하고 있어도 가능하리라 생각된다. 3-K 전력은 앞서 중국의 군사위협 억지 소요 군사력 논의에서 소개한 바와 같다. 적의 공격 징후가 확인될 때 선제적으로 적의 공격무기 발사 장치와 지휘체계를 파괴하는 Kill Chain, 한국 영토로 날아 들어온 공중무기-미사일을 방어하는 무기체계 KAMD, 그리고 적이 감수하기 어려울 정도의 피해를 가할 수 있는 보복공격능력 KMPR을 갖추면 족하다고 생각한다. 이러한 3-K 전력은 우리의 과학기술 수준과 생산 능력을 감안할 때 정부의 결정만 이루어지면 짧은 기간 내에 확보할 수 있으리라 생각된다.

한국이 독자적으로 보유하여야 할 비핵 WMD로는 고도의 능력을 발휘할 수 있는 전자전 무기의 개발 보유를 고려해 볼 필요가 있다. 상대국의 전자통신체계를 일정 기간 마비시킬 수만 있다면 상대방의 전쟁 능력을 효과적으로 무력화시킬 수 있을 것이다.

현재 진행되고 있는 과학기술의 발전 속도를 감안하면서 금세기 내에 우주 궤도에서 선택한 목표물을 정확히 파괴 내지 무력화시킬 수 있는 무기체계가 등장하리라 예상된다. 이 영역에서의 기술 선점이 또한 한국의 전쟁억제 능력을 향상시킬 수 있는 길을 열어 줄 것이다.

내일은
오늘에
만들어진다

내일은 오늘에 만들어진다

1

주어진 환경과 주어진 조건의 제약의 틀 속에서 최선을 다하여 내가 원하는 것을 성취하는 계획을 전략이라고 한다. 환경과 조건에는 내가 고칠 수 있는 것도 있으나 내 힘으로 고칠 수 없는 것도 있다. 그것이 '주어진' 환경과 조건이다. 삶이란 고칠 수 있는 환경과 조건을 고쳐 가면서 '주어진 환경과 조건'을 받아들이고 내 뜻을 펴나가는 행위를 말한다. '내'가 '우리'가 되어도 마찬가지이다.

사람은 자연의 일부이면서 자연이라는 환경 속에서 삶을 이어가는 존재이다. 138억 년 전에 출현하여 스스로 변천을 거쳐 오늘의 모습을 갖게 된 우주는 그 속에서 우리가 삶을 이어가는 마당場이다. 우주는 시간의 흐름에 따라 진화한다. 그러나 인간이 삶을 이어가는 짧은 시간 동안에는 변화가 느껴지지 않는 마당이다. 이 우주가 우리의 삶을 담는 환경이다. 영겁의 시간宇과 무한 공간宙의 두 축이 펼치는 마당場이 우리 인간과 인간이 감지하는 삼라만상을 모두 담고 있는 삶의 터전이다. 인간은 이 환경 속에서 허용되는 변화를 만들어가면서 전체 환경의 제약을 받고 삶을 이어간다. 인간의 삶은 주어진 환경과 조건 속에서 최선을 다하여 이어가는 인간 행위이다.

사람이 만든 환경과 조건도 있다. 내가 아닌 남, 다른 사람들이 만들어 놓은 환경 변화와 조건도 나의 행위를 제약한다. 역시 이런 환경과 조건 중에도 내가 변화시킬 수 있는 것이 있고 '주어진 것'으로 수용해야 하는 것이 있다. 이러한 인간이 만든 '사회적 환경'도 인간의 삶을 제약한다. 주어진 자연환경과 더불어 인간이 만든 '주어진 환경'도 삶의 계획을 세울 때 염두에 두어야 한다.

주어진 환경과 조건이 마음에 들지 않는다고 저항하는 것은 무모한 일이다. 오히려 자기를 해치는 자해 행위가 된다. 자원이 부족한 영토를 탓한다고 없던 자원이 나오는가? 민족 자존심을 내세우고 강대국에 맞선다고 남이 우리를 존중해줄까? 자멸의 길만이 열릴 뿐이다. 주어진 환경에 저항하는 것은 만용蠻勇이다. 이성적 대응이 아니다. 고칠 수 없는 '주어진 환경'과 '주어진 조건'을 염두에 두고 만드는 삶의 계획, 전략만이 우리가 이루고자 하는 꿈을 극대화 시켜 준다.

2

인간은 주어진 자연환경 속에서 최선의 삶을 꾸준히 만들어

오면서 점진적 발전을 이루어온 선형 발전linear progress의 문명사를 써왔다. 21세기는 이러한 인간 문명사를 그동안 유지해오던 선형 발전의 흐름을 뛰어넘는 전혀 새로운 차원의 문명으로 역사를 바꾸는 문명 전환의 세기가 되고 있다. 인간의 물리적 노동을 대체하는 기계의 사용을 넘어 인간의 인지 능력과 판단 능력까지도 대체하는 인공지능의 출현으로 인간의 생활환경은 근본적으로 바뀌고 있다.

인간 통제를 벗어난 과학기술과 그 기술을 이용하여 한 인간 집단이 다른 집단을 지배하는 사회조직 혁명을 가져옴으로써 지금까지의 경험에서 얻어지는 지혜만으로는 다룰 수 없는 새로운 투쟁의 시대가 열리고 있다. 무책임한 정치 지도자의 사악한 결정으로 전인류를 멸절시킬 수 있는 무기를 이미 인간들은 만들어 보유하고 있다. 안정을 이루던 지구 자연환경을 파괴하는 자해 행위를 조장하는 이기적 인간집단도 등장하고 있다.

문화동질성을 공유하는 인간집단인 민족들이 자기 민족의 이익을 앞세워 벌이는 국가 간의 무한 생존 경쟁이 점차로 첨예화하고 있다. 모든 인류가 자유와 물질적 풍요를 누리며 공존하는 범세계적 단일 평화질서의 꿈은 꿈으로 그칠 것 같은 위기감이 감돈다.

이러한 문명 전환 흐름 속에서 벌어지는 국제질서의 변화는 상대적 약소국인 한국과 같은 국가의 생존을 위협하고 있다. 특단의 대응 전략을 세우지 않으면 살아남기 어려운 시대에 들어서고 있다.

3

2천 년이 넘는 역사 속에서 한국민이 만든 나라가 처음으로 남들이 부러워하는 나라로 올라선 지나온 75년의 자랑스러운 역사도 새로운 도전, 새로운 '주어진 환경과 조건' 속에서 허물어질 수도 있다는 위기감에서 '대한민국'의 생존전략을 짚어 보았다. 한국민 모두가 '인간 존엄성이 보장된 자유'를 누리며 풍요로운 삶을 보장받을 수 있는 나라로 대한민국을 지켜 나가기 위해서는 어떤 길을 찾아 나서야 할까를 생각해 보았다. 한국은 세계질서를 뜻대로 만들고 이끌어 나갈 수 없는 제한된 국력을 가진 나라라는 '주어진 환경'을 정직하게 인식하고 어떤 나라와 협력하여 어떤 노력을 펴나가는 것이 살아남는 길인지를 생각해 보았다. 나라의 힘을 키우기 위해서 어떤 희생을 국민 각자가 감당해 나가야 할지도 검토해 보았다.

크고 작은 민족 간의 치열한 생존 경쟁에서 살아남기 위해서는 새 시대 환경에 맞는 '나라의 힘'을 키워야 한다. 국가 간 싸움에서 나를 지킬 수 있는 힘은 세 가지이다. 남이 나의 뜻을 따르지 않을 때 불이익을 줄 수 있는 강제력, 남이 내 뜻을 존중해줄 때 보상을 줄 수 있는 교환력, 그리고 내가 하는 일이 옳다고 남들이 인정하고 스스로 나를 따르게 하는 권위가 그 세 가지 힘이다. 강제력과 교환력에는 군사력과 경제력이 주요한 요소가 된다. 그리고 권위에는 많은 사람들이 승복하는 이념, 모두가 지키는 윤리도덕, 모든 사람들이 존중하는 우월한 문화 등이 주요 요소가 된다. '바른길'을 찾아서 모두가 함께 나갈 수 있도록 이끌어주는 정신인 민족정기가 나라의 힘이 된다.

21세기 환경에서는 과학기술 수준이 나라의 힘을 결정한다. 국민 모두를 전문인력으로 키워 나가야 한다. 나아가서 우수한 인재를 일할 수 있는 자리에 앉힐 수 있는 현능주의적 정치제도를 구축해 나가야 한다. 능력의 차이를 무시하고 기계적 평등을 주장하는 정치논리로는 국가 간 생존 경쟁이 치열해지는 21세기적 국제정치 환경에서 국가 자체의 존립을 지켜 나갈 수 없게 된다.

우리 한민족은 세계 전체 인류의 0.8%를 차지하는 상대적 소수민족이지만 모두가 한마음으로 나라 살리기에 나선다면 충분히 살아남을 수 있다. 노동의 양이 아닌 질이 지배하는 21세기적 시대 환경에서는 국민 한 사람 한 사람을 1당 100의 인재로 키워내면 대한민국을 강대국 반열에 올려놓을 수 있다. '주어진 제약'을 넘을 수 있다고 생각하는 허망한 믿음을 버리고 우리 국민들의 잠재적인 힘을 발굴하여 지혜롭게 전략을 짜면 충분히 우리 자손들이 남부럽지 않게 살 수 있는 나라를 만들고 지켜 나갈 수 있다고 확신한다.

예부터 국가의 위기가 닥치면 우리 국민들은 단합하여 나섰다. 조선왕조의 무능한 군주와 타락한 관리들의 자해 행위가 쌓여 일본 제국에 나라를 넘겨주는 수모를 겪었던 경술국치 10년 만에 한국인들은 계급과 개인의 이해관계를 넘어 모두 하나가 되어 독립만세를 불렀다. 이 기미독립운동은 묻혀있던 한민족의 민족정기를 다시 되살려 냈기에 가능했던 단합된 국민운동이었다.

그 정신이 살아남아 35년간의 일본 식민지배를 이겨내고 자유민주주의공화국 대한민국을 세울 수 있었다. 그리고 6·25라는 엄청난 사변을 이겨내고 반세기만에 세계가 주목하는 선진민주국가를 키워 냈다. 쇠퇴해가는 민족정기를 다시 살려 단합한다면 21세기의 새로운 도전도 우리 국민들은 어렵지 않게 이겨내고 자손들에게 자랑스러운 대한민국을 남겨 줄 수 있으리라고 확신한다.

온 국민의 지혜를 모으는 계기를 만들기 위해 작은 목소리로 나의 제안을 정리해 보았다. 외람된 주장들이 담겨 있더라도 너그러운 아량으로 들어주기를 바란다.

"위험을 당하고 나서 멈추는 것은 미련한 사람도 할 수 있으나 평탄하게 보이는 흐름 속에서 위험을 피할 수 있도록 멈출 수 있는 일은 지혜롭지 않은 사람은 할 수 없다遇險而止 凡夫能之 遇順而止 非智者不能"란 말이 있다. 음미해 볼 말이다.

참고 문헌

21세기 국제환경을 이해하고 한국의 생존전략 환경을 다루는데
도움이 되는 자료를 간추려 소개한다.

1. 인류 문명사에서의 21세기 이해

국내외에서 많은 학자들이 21세기의 시대 환경 예측을 해왔다. 긴
역사 흐름의 연속에서 거시적 안목으로 21세기를 내다보는 책들
을 소개한다. 대부분 과학기술 발달이 가져올 4차 산업혁명의 명
암을 다루고 있다.

- 배철현. 『**인간의 위대한 여정**』. 2017. 서울: 21세기북스.
- 유발 하라리 등 공저. 정현옥·오노 가즈모토 옮김. 『**초예측: 세계
  석학 8인에게 인류의 미래를 묻다**』. 2019. 서울: 웅진지식하우스.
- 이정동 등 공저. 『**공존과 지속: 기술과 함께하는 인간의 미래**』. 2019.
  서울: 민음사.
- Huntington, Samuel P.. *The Clash of Civilizations and the
  Remaking of World Order*. 1996. New York: Simon & Schuster.
- Diamond, Jared. *Guns, Germs and Steel*. 1998.
  한국어판 김진준 옮김. 『**총, 균, 쇠**』. 2013. 서울: 문학사상사.
- ____. **Upheaval**. 2019.
  한국어판 강주헌 옮김. 『**대변동: 위기, 선택, 변화**』. 2019. 서울: 김영사.

- Friedman, George. *The Next 100 Years.* 2010. New York: Anchor Books.
- Ferguson, Niall. *Civilization: The West and the Rest.* 2011. New York:Penguin Books.
- Harari, Yuval Noah. *Sapiens: A Brief History of Humankind.* 2015. New York: Harper Collins.
  한국어판 조현욱 옮김. 『사피엔스』. 2015. 서울: 김영사.
- _____. *Homo Deus: A Brief History of Tomorrow.* 2015.
  한국어판 김명주 옮김. 『호모데우스』. 2017. 서울:김영사.
- _____. *21 Lessons for the 21st Century.* 2018.
  한국어판 전병근 옮김. 『21세기를 위한 21가지 제언』. 2018. 서울: 김영사.
- Crofton, Ian & Jeremy Black. *The Little Book of Big History: The Story of Life, the Universe and Everything.* 2016. New York: Michael O'Mara Books Limited.
- Druyan, Ann. *Cosmos: Possible Worlds.* 2020.
  한국어판 김명남 옮김. 『코스모스: 가능한 세계들』. 2020. 서울: 사이언스북스.

2. 21세기 국제환경과 질서

21세기 국제환경의 변화, 질서의 분화와 더불어 가장 중요하게 떠오르는 미·중간 신냉전체제에 관한 자료들 몇 개 소개한다.

- 현인택. 『헤게모니의 미래』. 2020. 서울: 고려대학교 출판문화원.

- Bell, Daniel. *The New World Order Toward The 21st* Century. 1991. 한국어판 서규환 옮김. 『2000년대의 신세계질서』. 1991. 서울: 디자인하우스.
- Kennedy, Paul. *Preparing for the Twenty-First Century.* 1993. New York: Random House.
- Roskin, Michael G.. & Nicholas O. Berry. *IR: The New World of International Relations. 2nd Edition*. 1993. Englewood Cliffs: Prentice Hall.
- Nye, Joseph S., Jr.. *Understanding International Conflicts. 3rd Edition.* 2000. New York: Longman.
- _____. *Is the American Century Over?.* 2015. Cambridge: Polity Press. 한국어판 이기동 옮김. 『미국의 세기는 끝났는가』. 2015. 서울: 프리뷰.
- Zakaria, Fareed. *The Post-American World.* 2008. New York: Norton.
- Acharya, Amitav. *The End of American World Order.* 2014. Cambridge: Polity Press. 한국어판 마상윤 옮김. 『세계질서의 미래』. 2016. 서울: 명인문화사.
- Mearsheimer, John J.. *The Tragedy of Great Power Politics.* 2014. New York: Norton.
- Kissinger, Henry. *World Order.* 2015. New York: Penguin Books.

3. 중국, 일본 등의 미래 전략

중국, 일본, 싱가포르 등의 미래 전략을 논한 책들이다.

- 김성철. 『**일본외교와 동북아**』. 2007. 파주: 한울.
- 임계순. 『**중국의 미래, 싱가포르 모델**』. 2018. 서울: 김영사.
- Naisbitt, John & Doris Naisbitt. *China's Megatrends.* 2010. New York: Harper Collins.
- Schell, Orville & John Delury. *Wealth and Power: China's Long March to the Twenty-first Century.* 2013. New York: Random House.
- Lee, Kuan Yew. *One Man's View of the World.* 2013. Singapore: Straits Times Press.
- Osnos, Evan. *Age of Ambition: Chasing Fortune, Truth, and Faith in the New China.* 2014. New York: FXG.
- Bell, Daniel A.. *The China Model: Political Meritocracy and the Limits of Democracy.* 2015. Princeton: Princeton University Press.
- Pillsbury, Michael. *The Hundred-Year Marathon.* 2015. 한국어판 한정은 옮김. 『**백년의 마라톤: 마오쩌둥 덩샤오핑 시진핑의 세계 패권 대장정**』. 2016. 서울: 영림카디널.

4. 새 국제질서 속에서의 한국의 생존 전략

21세기 국가전략기획에 관한 책 몇 가지를 소개한다.

- 이홍구 외 9인 공동편집. 『**한국 21세기**』. 1987. 서울: 조선일보사.
- 대통령자문 21세기위원회 편. 『**21세기를 향한 한국의 과제**』. 1991. 서울: 21세기위원회.
- _____. 『**21세기의 한국**』. 1994. 서울: 서울 프레스.
- 21세기 기획단(대통령 비서실). 『**21세기의 한국: 국책연구기관이 본 전망과 과제**』. 1993. 서울: 동화출판사.
- 김우상. 『**신한국책략4.0**』. 2017. 서울: 세창출판사.
- 이용준. 『**대한민국의 위험한 선택**』. 2019. 서울: 기파랑.
- Presidential Commission on the 21st Century. *Korea in the 21st Century*. 1994. Seoul: Seoul Press.

5. 통일정책

한국의 통일정책의 큰 흐름을 정리한 책들이다.

- 이상우 편. 『**통일한국의 모색: 이념, 환경과 정책적 노력**』. 1987. 서울: 박영사.
- _____. 『**함께 사는 통일**』. 1995. 서울: 나남.
- _____. 『**북한정치 변천: 신정체제의 진화과정**』. 2017. 서울: 오름.
- Kim, Samuel S.. *The Two Koreas and the Great Powers*. 2006. New York: Cambridge University Press.

6. 군사정책

한국의 군사정책에 관련된 공개된 자료들을 소개한다.

- 함형필. 『**김정일체제의 핵전략 딜레마**』. 2009. 서울: KIDA Press.
- 노훈 등. 『**국방개혁2030**』. 2010. 서울: 한국국방연구원.
- 박휘락. 『**북핵 위협과 안보**』. 2016. 서울: 북코리아.
- 송대성. 『**우리도 핵을 갖자**』. 2016. 서울: 기파랑.
- 유용원. 『**유용원의 밀리터리 시크릿**』. 2020. 서울: 플래닛미디어.
- Bennett, Bruce. ***Preparing for the Possibility of a North Korean Collapse.*** 2013. Santa Monica: RAND.

7. 새 시대의 정치체제

21세기에 들어서면서 민주주의가 후퇴하고 있다. 그 원인을 규명하는 연구가 많다. 소개한다. 한국이 계급화되는 새로운 국제사회에서 살아가기 위해 고려해야 할 정치체제 개혁에 참고가 될 책들을 소개한다.

- 이상우. 『**자유민주주의 지키기: 21세기 평화질서**』. 2018. 서울: 기파랑.
- Gat, Azar. ***Victorious and Vulnerable.*** 2010. Stanford: Hoover Institution.
- Ferguson, Niall. ***The Great Degeneration: How Institutions Decay and Economies Die.*** 2012.
  한국어판 구세희 옮김. 『**위대한 퇴보**』. 2013. 서울: 21세기북스.

- Kurlantzick, Joshua. *Democracy in Retreat: The Revolt of the Middle Class and the Worldwide Decline of Representative Government.* 2013. New Haven: Yale University Press.
- Schmidt, Helmut. *Was ich noch sagen wollte.* 2015
  한국어판 강명순 옮김. 『구십 평생 내가 배운 것들』. 2016. 서울: 바다출판사.
- Diamond, Larry. *In Search of Democracy.* 2016. New York: Routledge.
- Mounk, Yascha. *The People vs. Democracy: Why Our Freedom Is in Danger & How to Save It.* 2018.
  한국어판 함규진 옮김. 『위험한 민주주의: 새로운 위기, 무엇이 민주주의를 파괴하는가?』. 2018. 서울: 와이즈베리.

8. 한국 사회의 갈등 구조

21세기의 국제정치질서 재편은 한국과 같은 중소 국가에게는 대응에 벅찬 위기를 몰고 온다. 이러한 외우外憂를 슬기롭게 이겨 나가려면 국민의 단합이 절대적으로 필요하다. 외우를 이겨내려면 내환內患의 극복이 우선되어야 한다. 한국은 지금 심각한 사회 내부 갈등을 겪고 있다. 좌우 이념갈등과 함께 세대간 갈등이 사회를 분열시키고 있다. 참고할 저서 몇 권을 소개한다.

- 이갑윤·이현우 편. 『한국의 정치균열 구조: 지역, 계층, 세대 및 이념』. 2014. 서울: 오름.

- 김정훈 등 공저. 『**386 세대유감**』. 2019. 서울: 웅진지식하우스.
- 이철승. 『**불평등의 세대: 누가 한국 사회를 불평등하게 만들었는가**』. 2019. 서울: 문학과 지성사.
- 양승태. 『**대한민국 무엇이 위기인가**』. 2020. 서울: 철학과현실사.

9. 국민의식 통합 과제

생존전략의 주체로서의 단합된 '한국인'을 전략적 시각에서 이해하는데 도움이 되는 책을 소개한다.

- 하영선 편. 『**21세기 한반도 백년대계: 부강국가를 넘어서 지식국가로**』. 2004. 서울: 풀빛.
- _____., 김상배 편. 『**네트워크 지식국가**』. 2006. 서울: 을유문화사.
- 안병직. 『**한국 민주주의의 기원과 미래**』. 2011. 서울: 시대정신.
- 류상영, 박철희, 강원택, 서문기 공편. 『**한국의 오늘과 내일을 말하다**』. 2012. 서울: 오름(동아시아재단 발행).
- 노재봉 등 공저. 『**한국 자유민주주의와 그 적들**』. 2018. 서울: 북앤피플.
- 박웅서. 『**자유와 성장의 관계**』. 2019. 미발간 원고.

<증보판>
21세기 국제환경과
대한민국의 생존전략

발행일 초판 1쇄 발행 2020년 7월 20일

지은이 이상우
펴낸이 안병훈
펴낸곳 도서출판 기파랑
등록 2004년 12월 27일 제300-2004-204호
주소 서울시 종로구 대학로8가길 56(동숭동 1-49) 동숭빌딩 301호
전화 02)763-8996 편집부 02)3288-0077 영업마케팅부
팩스 02)763-8936
이메일 info@guiparang.com
홈페이지 www.guiparang.com

ISBN 978-89-6523-601-6 03300